Ralf Gréus

MIT DEM WOHNMOBIL DURCH TOSKANA & UMBRIEN

Teil 1: Der Westen

Die Anleitung für einen Erlebnisurlaub

In Erinnerung an Gisela und die Zeit, als wir beide zum ersten Mal dic Toskana bereit haben.

DER WOHNMOBIL-VERLAG
D-98634 Mittelsdorf/Rhön

Die Deutsche Bibliothek – CIP-Einheitsaufnahme

Bibliografische Information der Deutschen Bibliothek

Die Deutsche Bibliothek verzeichnet diese Publikation in der Deutschen Nationalbibliografie.
Detaillierte bibliografische Daten sind im Internet über <http://dnb.ddb.de> abrufbar.

Titelbild:
Beim Kloster Sant'Antimo (Tour 11)

3. Auflage 2005

Karten und Fotos:
alle Karten vom Autor
Fotos: S. 62 oben von Gaby Ehrle, S. 149 von Reinhard Korn, S. 168 von Regine Staudt; alle anderen vom Autor

Druck:
Wilhelm & Adam GmbH, 63150 Heusenstamm

Vertrieb:
GeoCenter ILH, 70565 Stuttgart

Herausgeber:
WOMO-Verlag, D-98634 Mittelsdorf/Rhön
Position: N 50° 36.696'; E 10° 08.010' (WGS 84)

Fon: 0049 (0) 36946-20691
Fax: 0049 (0) 36946-20692
eMail: verlag@womo.de
Internet: www.womo.de

Autoren-eMail: Greus@womo.de

ISBN 3-928840-81-9

EINLADUNG

Toskana...
Schließen Sie die Augen und lassen Sie die Gedanken kreisen!

Hügel kommen Ihnen in den Sinn und lange Reihen von Zypressen. Sie denken an die Kunst, an Florenz und Siena, an die mittelalterlichen Plätze anderer Städte und an Marktstände mit frischen Kräutern. Sie sehen sich vor Renaissancefassaden sitzen, mit einem Cappuccino auf dem Tisch. Oder mit einem Rotwein vor Ihrem Wohnmobil über den dunstigen Bergen des Chianti.

Ein klassisches Reiseland wartet auf Sie, wie geschaffen für den Wohnmobilurlaub!

Folgen Sie mit diesem Buch Ralf Gréus durch eine der schönsten Kulturlandschaften Europas und verweilen Sie auf ausgesuchten Stell- und Campingplätzen.

Mit vorliegendem Buch halten Sie bereits die 3. Auflage über die westliche Hälfte unseres seit dem Jahr 2000 in einem Doppelband beschriebenen Reisegebietes in Händen. Es ist zugleich die 6. und die am umfassendsten überarbeitete Ausgabe seit dem erstmaligen Erscheinen des Toskanabuches im Jahre 1991. Die Tipps dieses Reiseführers sind also bestens erprobt, und Sie werden Ihren Urlaub in einer für Wohnmobile geradezu idealen Region erleben.

Dabei wünsche ich Ihnen viel Freude.

Ihre

Waltraud Roth-Schulz

Sehr geehrter Leser, lieber WOMO-Freund!

Reiseführer sind für einen gelungenen Urlaub unverzichtbar – das beweisen Sie mit dem Kauf dieses Büchleins.
Aber aktuelle Informationen altern schnell und ein veralteter Reiseführer macht wenig Freude.
Sie können helfen, Aktualität und Qualität dieses Buches zu verbessern, indem Sie uns nach Ihrer Reise mitteilen, welchen unserer Empfehlungen Sie gefolgt sind (freie Stellplätze, Campingplätze, Wanderungen, Gaststätten usw.) und uns darüber berichten (auch wenn sich gegenüber unseren Beschreibungen nichts geändert hat).
Bitte füllen Sie schon während Ihrer Reise das Info-Blatt am Buchende aus!

Als Dank für Ihre Mühe wird Sie unser Verlag stets über alle Neuerscheinungen informieren.
Außerdem gewähren wir Ihnen bei Bestellungen direkt beim Verlag (mit beigefügtem, ausgefülltem Info-Blatt) ein Info-Honorar von 10%.

Inhaltsverzeichnis

Zeichenerklärungen für die Tourenkarten

Touren / abseits der Touren

- Autobahn
- 4-spurige Straße
- Hauptstraße
- Nebenstraße
- Schotterstraße
- Wanderweg
- (S) WOMO-Stellplatz geeignet für freie Übernachtungen
- (W) (P) (B) Wander-, Picknick-, Badeplatz geeignet für freie Übernachtungen
- (W) (B) Wander-, Badeplatz nicht für freie Übernachtungen
- Kirche, Kloster
- Burg, Schloss, Ruine
- Berggipfel (1493 m)
- Höhle
- Ausgrabungsstätte
- Sehenswürdigkeit
- Aussicht, Rundsicht
- Trinkwasser/Dusche
- (E) Ver-/Entsorgung
- WC Toilette
- (C) empf. Campingplatz
- (C) sonst. Campingplatz

Gebrauchsanweisung

Schon bei der vorletzten Auflage musste ich erkennen, dass die Toskana nicht mehr in einem Band zu bewältigen war. Ich habe nachgelegt und Umbrien als Urlaubsziel mit unglaublichen Schönheiten und ohne Touristenmassen mit ins Programm genommen. Als ich nun zur selben Zeit beide Regionen nachrecherchiert habe, hätte ich am liebsten noch einen 3. Band ins Leben gerufen, so viel Neues ist mir begegnet. Aber ich habe mich beschränkt und dabei nicht wenig Altes über Bord geworfen. An der Aufteilung der Gebiete hat sich nur geändert, dass ich der Übersichtlichkeit wegen den See von Bolsena ganz in Teil 2 verlagert habe. Davon abgesehen betrifft vorliegendes Büchlein den **westlichen Teil der Toskana** und das Chianti, etwa westlich der Linie Florenz – Siena. Den 2. Band mit den östlichen Gebieten der Toskana und mit Umbrien, das ist das Binnenland östlich der Toskana, erhalten Sie als **Band 32** der **WOMO-Reihe**, er heißt genauso wie das vorliegende Buch, jedoch mit dem Untertitel **Teil 2: Der Osten**. Dasselbe Bauchweh, das Verlag und ich schon einst bei der Titelsuche hatten, befiel uns erneut, als wir jetzt noch einmal über den Titel von Teil 1 nachdachten. Wir sind dabei geblieben, auch wenn Umbrien in vorliegendem Buch nicht vorkommt.

Es gibt kaum ein Reiseziel, über das in deutscher Sprache so viel geschrieben wurde, wie über die Toskana. Jeder Autor trägt das Seine dazu bei, um den Reisenden Land, Leute, Kunst und Landschaft näher zu bringen. Dem möchte ich mich anschließen und Ihnen von meinen Fahrten erzählen, die ich mit meiner Familie, teilweise aber auch beim Wandern mit einem langjährigen Freund (der in allen meinen Büchern vielfach abgelichtet ist), erlebt habe. Sie halten also einen subjektiven Reiseführer in der Hand. Es wird demnach nicht ausbleiben, dass Sie manches ganz anders verspüren. Sie werden mir hoffentlich oft zustimmen, bisweilen werde ich bei Ihnen aber auch auf Kritik stoßen. Dabei mögen Sie daran denken, dass ich Ihnen im Grunde neben rein praktischen Ratschlägen nur eine Anleitung für bewusstes Reisen geben werde, also eine Art Gebrauchsanweisung für den eigenen Erlebnisurlaub, in dem das Abklappern von Sehenswürdigkeiten nicht einziges Reiseziel ist.

Unsere eigenen Fahrten verliefen zumeist in den Oster- oder Pfingstferien, gelegentlich auch im Sommer, in etwa auf den Routen, in die ich die einzelnen Reisebeschreibungen aufgegliedert habe. Ich habe daraus literarisch eine einzige, weitgehend vollständige West-Toskana-Reise zusammen gestellt, wobei ich mir vorstelle, dass so ähnlich auch die Abschnitte Ihres Urlaubs aussehen könnten. Sie werden schnell merken, dass die (eine) Toskana-Reise, von der ich Ihnen erzähle, in Wirklichkeit keine einzige war. Jede der 14 Touren ist trotzdem so konzipiert, dass sie auf ihr in zwei bis drei Tagen das jeweilige Gebiet bereisen können. Dabei gilt als oberstes Gebot: Schlagen Sie sich ein zu großes Programm von vornherein aus dem Kopf! Stress, Hektik und Vielfahrerei sollten Sie den anderen überlassen. Streichen Sie lieber touristische Attraktionen aus Ihrem Programm, denn wenn Sie weniges genießen, haben Sie mehr davon, als wenn Sie vieles abhaken!

Was erwarten Sie von einer Fahrt in die Toskana? Kultur, **Bau- und Kunstdenkmäler**, Sehenswürdigkeiten. Kurzum, Sie wollen etwas besichtigen. Wir nennen Ihnen die Hauptsehenswürdigkeiten, und Sie denken bitte daran, dass wir einen Wohnmobil- und keinen Kunstführer geschrieben haben. Die angegebenen **Öffnungszeiten** und noch mehr die **Preise** haben ein sehr kurzes Verfallsdatum, sie dienen hauptsächlich einer groben Orientierung.

Bei einer Urlaubsfahrt sollen aber auch Gaumen und Kehle nicht zu kurz kommen. Also nennen wir Ihnen auch gute **Restaurants**, und zwar vorwiegend solche, die wir auch selbst erprobt haben; schlichte, noblere und diverse Pizzerien. Selbstverständlich informieren wir Sie über das Preisniveau und zumeist auch über die Ruhetage.

Aus gutem Grund ist die Toskana als **Wandergebiet** immer mehr in Mode gekommen, denn die Landschaft lässt sich am intensivsten zu Fuß erleben. Es braucht ja nicht gleich eine ganztägige Wanderung zu sein. Bei Ihnen ist vielleicht nur ein

Spaziergang von zwei Stunden drin, bei dem auch Ihre Kinder nicht meutern. Kein Problem, ich führe Sie auf den schönsten Wanderwegen und erzähle Ihnen auch von unseren Spaziergängen. Ich nenne Ihnen die erforderliche Wanderkarte (häufig geht es auch ohne) und die von uns benötigten Gehzeiten. Damit ich im Text die gehfaulen Leser nicht quäle, und damit diese leichter weiterlesen können, sind längere Beschreibungen von Wanderstrecken grün unterlegt.

Aber deswegen haben Sie diesen Reiseführer nicht gekauft. Sie planen Toskana-Reisen mit dem Wohnmobil und erwarten nun Vorschläge für **Stellplätze**. Sie sind es leid auf tristen Campingplätzen zu schlafen oder endlos auf der Stellplatzsuche herumzukurven. Letzteres haben wir für Sie erledigt und beschreiben Ihnen einsame Stellplätze, aber auch solche in der Nähe von Häusern oder anderen Wohnmobilen, auf denen Sie ruhig schlafen können, selbst wenn Sie zu den ängstlicheren Naturen gehören. Wir helfen Ihnen beim Auffinden solcher Plätze, und manchmal haben wir diese auch fotografiert.

Der Farbdruck hat es erleichtert, die Stellplätze farbig hervorzuheben. Damit Sie hinterm Steuer nicht lange blättern müssen und Ihre(n) Beifahrer(in) weniger nerven: Blau sind die Badeplätze, grün die Wanderparkplätze, rot die Picknickplätze, an denen zumindest Bänke und Tisch für Sie installiert sind, und gelb ist der große Rest, auf dem Sie, wie auf allen vorgenannten, übernachten können. Einige weitere Plätze sind im Text erwähnt, und für alle gilt, dass sie nicht unbedingt für Wohnmobile im Lastwagenformat in Frage kommen, wenngleich ich oftmals auch auf die möglichen WOMO-Größen eingehe (wobei es sehr schwierig ist, sich nur in der Vorstellung in ein Wohnmobil größerer Dimensionen zu versetzen - Maßangaben sind daher nicht mehr als eine grobe Schätzung). Nicht alle unsere Tipps sind Fahrzeugen mit einem Gesamtgewicht über 3,5 to zugänglich, weil manche von uns genannten Strecken für LKW verboten sind, wenngleich ich kaum glaube, dass ein WOMO mit beispielsweise 3,8 to dort Probleme mit einem Bußgeld bekommt.

Bitte beachten Sie auch, dass sich nicht alle Plätze für jede Jahreszeit gleichermaßen eignen. Bei meinen Reisen habe ich mich beispielsweise im Frühjahr für Stellen begeistert, die mir aus verschiedenen Gründen im Sommer zuvor kaum aufgefallen waren (und umgekehrt). Außerdem vermittle ich Ihnen, wenn die Plätze einsam liegen, und den Übervorsichtigen sage ich meistens, welche Plätze „offiziell“, also von der jeweiligen Gemeinde, eingerichtet oder frei gegeben worden sind.

Zusätzlich haben wir in diesem Buch die **Positionen** fast aller Stellplätze angegeben. Einzelheiten dazu finden Sie hinten bei den Tipps unter der Überschrift *GPS*.

Mit anderen Autoren des Verlages habe ich intensive Diskussionen über die Behandlung der **Campingplätze** geführt. Die einen sind der - zutreffenden - Überzeugung, dass Sie diesbezüglich bei dem dicken Wälzer des ADAC besser aufgehoben sind. Durchgesetzt hat sich die Auffassung, dass ein Campingplatz, besonders in einem Urlaub mit Kindern oder wenn Sie für ein paar Tage völlig zur Ruhe kommen möchten, eine Facette des Wohnmobil-Urlaubs ist. Zu einem Wohnmobil-Reiseführer gehört nach unserer Meinung demnach auch die Erwähnung der besten Zeltplätze (zumal wir wissen, dass das Gros unserer Leser häufiger auf Campingplätzen als frei nächtigt). Die Entscheidung, wo Sie Ihr Haupt betten, ob frei oder gegen - in Italien hohes - Entgelt, soll Ihnen überlassen bleiben. Aber ich differenziere nicht nach der sanitären Ausstattung, denn die meisten von Ihnen ziehen den Sanitärraum des Wohnmobils einer angeschmutzten Campingplatz-Dusche vor. Mein Augenmerk liegt auch nicht in der detailgenauen Differenzierung der Campingplatzführer, sondern bei den landschaftlichen und atmosphärischen Reizen. Und ich bitte Sie, nicht zu vergessen, dass sich die WOMO-Führer dem freien Übernachten verschrieben haben. Aber auch die Campingplätze sind - ähnlich einem Stellplatz - in grüner Farbe aus dem übrigen Text hervor gehoben.

Von einem Wohnmobil-Führer erwarten Sie natürlich Angaben über die in der Toskana ständig zunehmenden **Entsorgungsstationen** und über **Wasserstellen**. Davon erwähne ich viele bei den Stellplätzen, einige sind aber auch nur auf den Touren-Karten eingezeichnet. Aber längst nicht an jedem erwähnten Wasserhahn kann das WOMO mit dem Schlauch befüllt werden. Oft müssen Sie das Wasser in Behältnissen eine gewisse Strecke tragen.

Jeder unserer Touren stellen wir eine Übersicht voran, in der wir Ihnen Besichtigungsvorschläge machen, eine oder mehrere Gaststätten empfehlen, in der wir Ihnen Übernachtungsplätze nennen und Sie oft auch auf Wander- und Ausflugsrouten hinweisen. Die den Touren vorangestellten Angaben sind dann im folgenden Text näher beschrieben. Die Übersicht sagt Ihnen auch, wo Sie die zugehörige Tourenkarte finden. Die den Touren vorangestellte **Tourenkarte** soll Ihnen die Orientierung ermöglichen, sie kann aber keinesfalls die professionelle Straßenkarte (eine solche im Maßstab 1:200.000 setze ich voraus) ersetzen. Unsere Karte soll vor allem denjenigen helfen, die Probleme mit den Himmelsrichtungen haben, da diese bei unseren Beschreibungen eine große Rolle spielen. Weil Sie nicht sklavisch den Tourenbeschreibungen hinterherfahren, ist es mit den Aufforderungen ‚rechts' oder ‚links' oft nicht getan, weshalb Sie sich für das Verständnis dieses Buches leider doch etwas mit den Himmelsrichtungen anfreunden müssen. Machen Sie sich bitte mit der **Zeichengebung** (Seite 7) vertraut.

In der **hinteren Umschlagseite** finden Sie eine **Übersichtskarte** der westlichen Toskana, die Ihnen ein erstes Verständnis darüber verschafft, in welchen Teilen des Reisegebietes die einzelnen Touren verlaufen.

Bei den einzelnen Reisebeschreibungen würde sich vieles wiederholen, was man besser zusammenfasst. Wir haben daher den Touren einen weiteren, sozusagen allgemeinen Teil hinzugefügt. Wenn Sie also mit diesem Büchlein verreisen wollen, lesen Sie bitte zunächst die allgemeinen **Tipps** im hinteren Abschnitt des Buches.

Sie wissen schon, dass weder der Verlag noch ich als Autor dafür einstehen können, dass das Übernachten auf den von mir erwähnten Plätzen behördlich erlaubt ist. Genauso wenig übernehmen wir die Gewähr dafür, dass alle sonstigen Angaben richtig sind. Wie alle Reiseführer enthält auch dieses Buch Fehler, und es wird unaktuell. Eine Restaurant-Empfehlung, erst recht ein Geheim-Tipp, ist kurzlebig, was noch gar nichts gegen das möglicherweise kurze Dasein eines Stellplatz-Tipps ist. Sie helfen uns also wirklich sehr, wenn Sie uns schreiben und uns dabei auch Orte nennen, die in diesem Buch (noch) nicht vorkommen (einige Leser werden Ihre Hinweise in dieser Auflage wieder entdecken). Gehen Sie bitte nicht davon aus, dass uns von Ihren Erfahrungen schon ein anderer Leser berichtet hat. **Wir sind auf die Mithilfe unserer Kunden angewiesen**. Sie unterstützen uns genauso, wenn Sie berichten, dass alles noch so ist, wie ich es beschrieben habe (nichts ist öder als einen halben Tag bereits empfohlene Stellplätze abzuklappern, um dann festzustellen, dass sich nichts verändert hat). Wir bitten Sie daher dringend um Ihre Zuschrift an den Verlag oder an

Dr. Ralf Gréus
Bahnhofanlage 18
D 68723 Schwetzingen
Fax: 0049/6221/980531,
e-mail: greus@womo.de

denn ein Wohnmobil-Reiseführer lebt besonders von den Tipps seiner Leser. Um Ihnen das Feedback zu erleichtern, befindet sich am Ende des Buches eine vorbereitete **Antwortkarte**. Ich danke für die Zuschriften. Herzlichen Dank auch an B. und H. aus Heidelberg, die mir wertvolle Insidertipps gegeben haben. Obgleich sie inzwischen stolze Besitzer eines Ferienhauses in der Toskana sind, und es ihre größte Sorge war, dass ich die WOMOs in die Nähe ihres Domizils locken könnte. Dabei waren sie es, die uns einst erst auf den Wohnmobilgeschmack gebracht haben. Ich bedanke mich schließlich bei allen Verantwortlichen dafür, dass sie die Stellplätze zu einem großen Teil über die Jahre erhalten oder ausgebaut haben. Und ich wünsche mir, dass man uns Wohnmobilern irgendwann in ganz Europa so aufgeschlossen ist wie in der Toskana.

Wie in allen meinen Büchern bitte ich Sie am Ende der Vorrede ganz besonders darum, die empfohlenen Stellplätze nicht zu übervölkern und sie nicht mit Müll, Abwasser oder gar dem Inhalt Ihrer Toilette zu verunreinigen.

Ein ständig überbelegter Übernachtungsplatz wird auf Dauer gesperrt !! Das ist schlimmer als wenn Sie sich um ein paar Ecken eine Ausweichlösung suchen.

Tragen Sie bitte dazu bei, dass den Stellplätzen noch eine lange Zukunft beschieden ist. Schließlich möchte auch ich dort gerne selbst mal wieder Urlaub machen.

Ich wünsche Ihnen nun viel Freude in der Toskana, und dass Sie mit dem Wohnmobil wenigstens ein wenig von der Freiheit erleben, die Sie sich erhoffen.

Anreise

Um Ihnen nicht in beiden Bänden dasselbe sagen zu müssen, liefern wir nun zwei grundverschiedene Anreisekapitel: In diesem Buch eine Version aus dem Baukasten des WOMO-Verlages und in Teil 2 eine Fassung ähnlich der aus der Vorauflage:

Wege über die Alpen

Alle Urlauber nördlich der Linie Stuttgart – Nürnberg können auf die teuere Brennerverbindung leicht verzichten und entweder über Basel oder Singen durch die Schweiz fahren. Trotz Vignette kommt das 25 Euro billiger als über den Brenner; wir beschreiben die zwei Hauptstrecken und Tunneldurchfahrten. Die sparsamen Urlauber aus dem Bereich Augsburg/Ulm/München verlassen die »A 96« **vor** dem Pfänder-Tunnel (Pickerl!) und durchqueren Bregenz. Dann geht's ebenfalls durch die Schweiz. Unsere Freunde aus Österreich, viele Münchener und 'psychische Tunnelverweigerer' werden natür-

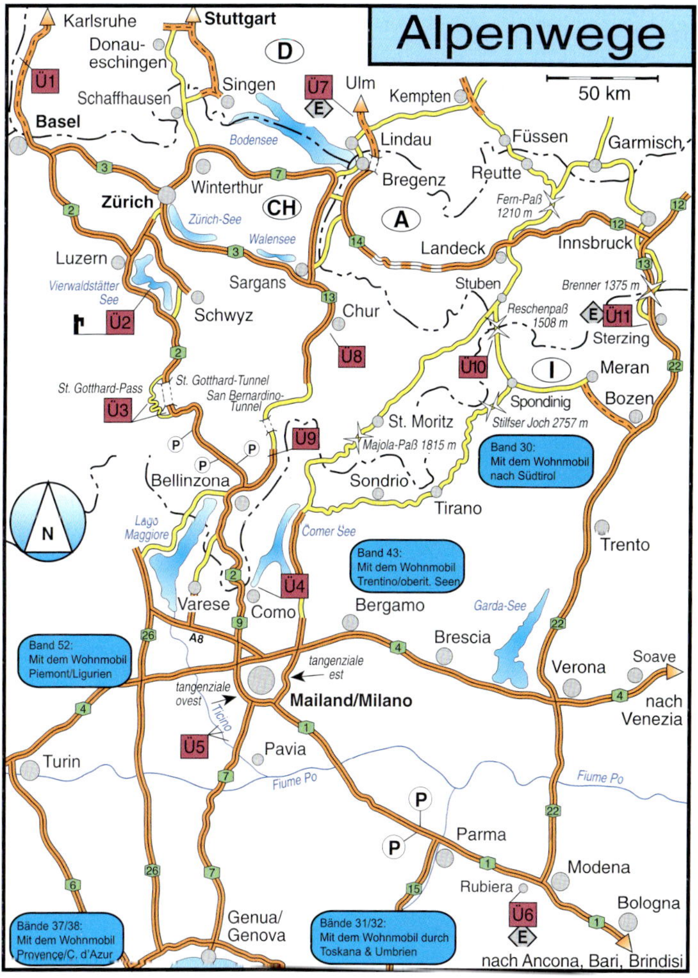

lich über den Brenner fahren, er ist aus diesem Raum die schnellste Verbindung. Zusätzlich haben wir noch zwei ,Gebühren-Verweigerer-Strecken' getestet, denn man kommt auch ohne Straßenzoll über die Alpen, sogar durch die Schweiz! Natürlich ist das mit zusätzlichem Zeitaufwand verbunden; wer aber nicht auf die Uhr schaut, bekommt einige der schönsten Alpengegenden zu Gesicht.

Vorab

WOMOs mit mehr als 3,5 to kommen u. U. billiger durch die Schweiz! Sie brauchen keine Vignette, dafür bezahlen sie zwingend eine **Schwerverkehrsabgabe** (z. B. 32,50 SFr für zehn Einzeltage; das entsprechende Formular gibt's an der Grenze).

AN- und RÜCKREISEROUTEN

Haben die „Vorüberlegungen" Ihnen etwas geholfen? Dann suchen Sie sich jetzt Ihre Tour heraus. Routenführung und Fahrstrecke bis MODENA werden Ihnen die Wahl leichter machen. Und wenn Sie sich nicht entscheiden können - nehmen sie für Hin- und Rückfahrt einfach zwei verschiedene Strecken! **Aber wenn Sie mit der Küste der Westtoskana beginnen, sollten Sie über Genua anreisen oder, was am schnellsten geht, über Parma-La Spezia.**

St. Gotthard-Route I – unser Anreisetipp mit freien Übernachtungsplätzen (Basel – Modena ca. 515 km)

Basel - Luzern - St. Gotthard-Tunnel - Bellinzona Mailand - Modena.

Es handelt sich um die schnellste und bequemste Verbindung – und eine der kürzesten. Nahezu jeder Meter ist gepflegte Autobahn. Einziger Nachteil: Die Autobahn Mannheim - Karlsruhe - Basel ist (nicht nur zur Ferienzeit) meist heillos überlastet; Staus sind geradezu vorprogrammiert. Spätestens wenn es zu eng wird, sollten Sie auf die leeren Autobahnen der anderen Rheinseite flüchten! Von Ludwigshafen bis Wörth ist die »A 65« fertig; genauso wie von die »A 35« von Wörth bis Basel (bis auf ein paar Kilometer am Anfang), und meinen Reiseführer über's Elsass können Sie dabei gut gebrauchen.

Ü 1: Deutsche AB an der AS 64B Hartheim/Heitersheim verlassen. Nach 5,5 km, in der Ortsmitte von Hartheim, links dem Wegweiser *,Zum Rhein'* folgen. Direkt am Rhein ruhiger Picknickplatz mit Tischen und Bänken, Schutzhütte und Grillstelle [N 47° 56,607'; E 7° 35,903'].
Ü 2: Schweizer AB A 2 bei der AS Beckenried-Nord (»km 113«) verlassen und dem Wegweiser *,Klevenalp'* 3400 m folgen. Direkt unterhalb der Seilbahn große, ebene, ruhige Parkplätze [N 46° 57,450'; E 8° 28,393'; 455 m]. Vorher, am Ufer des Vierwaldstätter Sees, scharf links Parkplätze (6 - 20 Uhr gebührenpflichtig) an der Uferwiese (Badegelegenheit) mit Bänken, Brunnen, Toilette und Wasserhahn.
Ü 3a: Schweizer AB A 2 bei der AS Airolo bzw. Göschenen verlassen und ca. 16 km zum St. Gotthard-Pass fahren. Auf dem Pass gemütliche Gaststätte und ruhig-frische Parkplätze u. a. neben dem kleinen See auf der Passhöhe [N 46° 33,425'; E 8° 34,117'; 2102 m]. Der sehr lohnenswerte Umweg über den Pass (statt Tunnel) beträgt 17 km. Zwei Straßenvarianten sind möglich: Die alte, gepflasterte Passstraße oder die gut ausgebaute, neue Streckenvariante für WOMOs aller Größen.

Stellplatz an der *Klevenalp* in Beckenried

Ü 3b: Schweizer AB A 2 bei der AS Airolo/St. Gotthard-Pass/Nufenenpass verlassen und Richtung Nufenenpass bis zur Talstation des Airolo-Liftes fahren, dort viele, ebene Parkplätze [N 46° 31,427'; E 8° 36,195'; 1186 m]; gegenüber St. Gotthard-Käserei mit Gaststätte, Käseverkauf und Schaukäserei.
Ü 4: Italienische AB A 9 bei der AS Como-Süd verlassen und Richtung Como-Zentrum dem Fußballsymbol folgen. Nach 7000 m rechts des Stadions zum Ufer des Comer Sees [N 45° 48,846'; E 9° 04,201']; Toiletten im kleinen Park beim Volta-Tempelchen.
Ü 5a: Italienische AB A 7 bei der AS Pavia-Nord/Bereguardo (»km 21«) verlassen und auf SS 526 nach Bereguardo. Hinter dem Kriegerdenkmal in der Ortsmitte links (Wegweiser: ‚*Fiume Ticino*') zum großen, ruhigen Friedhofsparkplatz am Ortsende links [N 45° 15,222'; E 9° 1,433'; 90 m].
Ü 5b: Von Bereguardo weiter nach Motta Visconti. Von der Umgehungsstraße an der ersten Ampel links zum großen Parkplatz am Ufer des Fiume Ticino mit Tanzcafé, Picknickplatz und Flusswanderweg.
Ü 5c: Von Motta Visconti weiter nach Besate. Am Kriegerdenkmal links auf Schotter 2 km zum ruhigen Fluss-parkplatz am Ticino.
Ü 6: Italienische AB A 5 bei der AS Modena-Nord verlassen, auf SS 9 Rtg. Reggio Nell' Emilia bis Rubiera. Dort an der zweiten Ampel links bis zum Picknickplatz (mit Entsorgung) bei den *Campi sportivi* (Sportplätzen) der Fa. Tetra Pak [N 44° 38,562'; E 10° 46,747'; 56 m].

St. Gotthard-Route II (Singen – Modena ca. 540 km)

Singen – Winterthur – Zürich – Luzern (oder ohne Autobahn Schwyz), dann wie St. Gotthard- Route I.

Mit Sicherheit die Leib- und Magenstrecke der Stuttgarter. Wer dann auch noch weiß, dass man dem Stau am Autobahnende bei Singen entgehen kann, indem man über Donaueschingen – Schaffhausen – Winterthur fährt, der ist fein raus. Südlich Zürich fehlen noch etwa 25 km Autobahn, hier kann's bei Berufs- und Urlaubsverkehr Stau geben.

San Bernardino-Route I
(Singen – Modena ca. 585 km)

Singen – Winterthur – Zürich – Walensee – Chur
San Bernardino – Bellinzona, dann wie Gotthard-Route I.

Bis Zürich befinden wir uns auf der St. Gotthard- Route II, dann geht es auf der Autobahn (N 3) weiter, die inzwischen auch am Walensee fertiggestellt ist. Jedoch vor und hinter dem San Bernardino- Tunnel gibt es je 25 km „nur“ sehr gut ausgebaute Straße.

San Bernardino-Route II
mit freien Übernachtungsplätzen
(Lindau – Modena ca. 495 km)

Lindau – Bregenz – Sargans – Chur,
dann wie San Bernardino-Route I.

Diese San Bernardino-Route ist wesentlich interessanter! Bietet sie doch den Urlaubern aus dem Nürnberger/Ulmer/Münchener Raum eine echte Alternative zur Brenner-Strecke. Spätestens bei der Autobahnabfahrt Lindau muss man jedoch wählen: Weiter auf der AB und bequem durch den Pfändertunnel um Bregenz herum (Pickerl-Pflicht!) – oder sparsam durch Bregenz hindurch und gleich hinüber auf die schweizer Autobahn?

Ü 7: Deutsche AB A 96 an der AS Wangen-Nord verlassen und über schmale Landstraßen nach Kißlegg. Dort ausgeschildert *'Obersee/ Strandbad/WOMO-Symbol'* zum großen Gelände am See/Strandbad mit Ver-/Entsorgung.
Ü 8: Schweizer AB A 13 an der AS Chur-Süd verlassen. Zunächst 3 km Rtg. Lenzerheide, dann links 8 km schmal und steil nach Tschiertschen (großer, ruhiger Parkplatz am Ortsbeginn links mit fantastischer Aussicht).
Ü 9: Schweizer AB A 13 ca. 18 km südlich des San Bernardino-Tunnels an der AS Mesocco-Sud/Soazza verlassen. Großer, ruhiger Parkplatz am Ortsbeginn von Soazza links.

Fernpass-Malojapass-Route (I)
(Kempten – Modena 570 km)

Pfronten – Reutte – Fernpass – Landeck – Stuben/Pfunds – St. Moritz – Maloja-Pass – Chiavenna – Colico – Lecco – Vimercate – Mailand, dann wie St. Gotthard-Route I.

Nach der Entfernungsangabe klingt es gar nicht schlecht, aber der niedrige Preis (kein Pickerl, keine Vignette) hat auch seinen Preis: Fernpass 8 % Steigung, Maloja-Pass 15 %, allein in Österreich und der Schweiz über 250 km Landstraße. Aber wenn Sie Zeit haben - der Silser See oberhalb St. Moritz mit dem verschneiten Corvatsch dahinter - ein Traum.

Fernpass-Reschenpass-Route (II)
(Kempten – Modena 510 km)

Bis Stuben/Pfunds wie Fernpass-Route I, dann Nauders –

Reschenpass – Meran – Bozen (weiter wie Brenner-Route).

Dies ist der Geheimtipp für Pickerlverweigerer. Sie fahren nur auf Landstraßen durch Österreich (Aufpassen: Zwischen Imst und Landeck nicht die AB, sondern die Bundesstraße 171 benutzen!).

Ü 10: Nach dem Grenzübergang nach Südtirol in Reschen rechts Richtung Rojental abbiegen. Stellplatz nach 1.300 m am Reschensee beim Schönebenlift [N 46° 49,435'; E 10° 30,640']. In Rojen wohnmobilfreundliche Gaststätte *Haus Rojen*. .

Brenner-Route I
(München – Modena 515 km)

München – Rosenheim – Innsbruck – Brennerpass Sterzing – Bozen – Trento – Verona – Modena.

Viele werden diese Strecke fahren, weil sie bequem und schnell ist. Aber sie ist mit Abstand die teuerste und auch nicht gerade die kürzeste. Da sich auf ihr auch noch die meisten Italienurlauber drängeln, sollte man sie wirklich nur benutzen, wenn man aus Österreich oder dem Münchener Raum kommt.

Ü 11: Ausgeschilderter WOMO-Parkplatz (Gebühr) „Top Stopp" in AB-Nähe. Direkte Zufahrt von der Autobahn (ausgeschildert) oder von der SS 12 bei Sterzing/Vipiteno [N 46° 52,876' E 11° 26,382'].

Brenner-Route II
(München – Modena 505 km)

München – Garmisch-Partenkirchen – Mittenwald – Seefeld – Zirl – Innsbruck – „alte" Brennerstraße (182/SS 12) – AB-Auffahrt Sterzing (Vipiteno), dann wie Brenner-Route I.

Die österreichische Brennermaut spart man – und das Pickerl. Zwar muss man Innsbruck durchqueren, aber die schöne, alte (verkehrsarme) Brennerstraße belohnt uns wieder. Für uns ist sie eine der schönsten Alpenstraßen. Zumindest bei Staus sollte man sich an sie erinnern.

Nehmen Sie auf **italienischen Autobahnen** die mit ***Viacard*** gekennzeichnete Spur und stecken Sie Ihre Kreditkarte (*Visa* und *Eurocard* funktionieren, nicht die *ec-Karte bzw. Bamkkarte*) in den Schlitz (ohne Geheimzahl und Unterschrift, den Magnetstreifen rechts unten), und Sie düsen nach wenigen Minuten weiter! Und fahren Sie nie rückwärts, falls Sie in der falschen Spur stehen, eine saftige Strafe wäre die Folge.

Irgendwann führt jeder Weg in die Toskana (falls nicht, lesen Sie bitte im hinteren Teil des Buches unter dem Stichwort *Unfall* weiter), so dass Sie uns dort auf unseren 14 Touren begleiten können.

TOUR 1

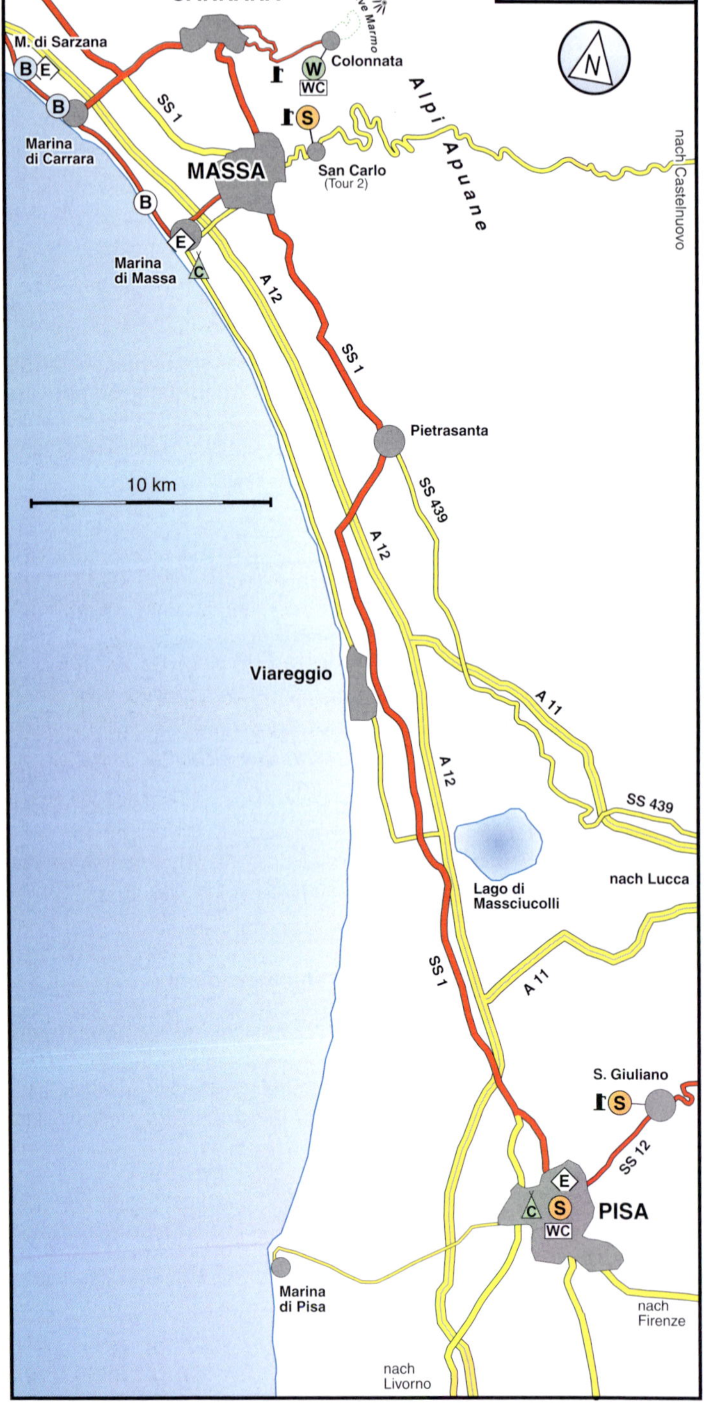

nach La Spezia
CARRARA
Cave Marmo
M. di Sarzana
Colonnata
WC
SS 1
Alpi Apuane
Marina di Carrara
MASSA
San Carlo
(Tour 2)
nach Castelnuovo
Marina di Massa
A 12
SS 1
Pietrasanta
10 km
SS 439
A 12
Viareggio
A 11
A 12
SS 439
Lago di Massciucolli
nach Lucca
SS 1
A 11
S. Giuliano
SS 12
PISA
WC
Marina di Pisa
nach Firenze
nach Livorno

DIE TOUREN

Tour 1: Zwischen Meer und Marmorbergen

Carrara - Colonnata - Nördliche Küste - Pietrasanta - Pisa

Stellplätze:	in und bei Colonnata, bei Marinella di Sarzana, in Pisa, in San Giuliano
Campingplätze:	bei Marina di Massa und in Pisa
Besichtigen:	Marmorsteinbrüche bei Colonnata, Innenstadt und Dom und von Marmormuseum Carrara, Altstadt von Pietrasanta, Lago di Massaciuccoli, Domplatz in Pisa mit „Schiefem Turm", Altstadt von Pisa
Wandern:	in die Marmorsteinbrüche, Wanderung ab Colonnata
Essen:	*Trattoria Venanzio* in Colonnata; Ristorante *Da Bruno* in Pisa

Es ist Freitagmittag, eine Woche vor Pfingsten, als uns kurz vor der Autobahnausfahrt Carrara ein großes, grünes Schild den Anfang der Toskana signalisiert. Wir haben an der ligurischen Küste (siehe meine Hinweise in **Band 52** der WOMO-Reihe) übernachtet, gebadet und uns etwas von der Fahrt erholt. Es ist uns noch gar nicht toskanisch zumute, keine Zypressen und Ölbäume sind zu sehen, stattdessen lange Reihen von Freizeitbooten in einem Kanal rechts der Autobahn. Und es herrscht allgemeine Sommer-, Sonne- und Strandstimmung.

Diese ändert sich aber schnell, als wir ein paar Kilometer hinter **Carrara** auf einem schmalen Sträßchen (für alle WOMO-Größen geeignet, jedoch vor den Kurven wegen Lkw-Verkehr hupen) zwischen grünen Wäldern beim Dorf **Colonnata** die **Marmorsteinbrüche** suchen. Wir folgen den Wegweisern zu den *Cave Marmo*. Sie bedeuten uns, dass wir hier den Abbau des Marmors im Berg besichtigen können, sowie unweit davon seine Weiterverarbeitung. Zwangsläufig müssen wir zunächst mit dem Endprodukt in Form mehr oder weniger kitschiger Marmorfiguren, Schach-, und Käsebretter oder marmorner Eier anfangen. Denn leichtes Donnerrollen hat sich zu einem kräftigen Gewitter entwickelt, und bald zwingen uns bräunlich-weiß marmorierte, die Straße hinab schäumende Wasserbäche zum Anhalten vor einer der Verkaufsbuden. Zum Teil stammt die ausgestellte Ware aus dem Katalog des Tourismusartikel-Großhändlers, viele Stücke kommen aber auch aus der eigenen Werkstatt, wo man beim Hauen, Schleifen,

in den Marmorbrüchen

Drechseln und Polieren des Steins zusehen kann.

Erst nachdem sich das Gewitter in die oberen Regionen der fast 2000 m hohen, inzwischen von Wolken umhüllten Apuanischen Alpen verzogen hat, dürfen wir an mehreren Einschnitten zusehen, wie mit Drahtseilen und mit Hilfe einer Schmiere aus Sand und Wasser ganz langsam große, rechteckige Marmorblöcke aus dem Berg geschnitten werden; mit einer Technik, die man erst im 19. Jahrhundert entwickelt hat. Bis dahin und seit der Renaissance wurde Sprengstoff verwendet - und somit Raubbau betrieben, dessen Abfall auf riesigen Schutthalden schon vom Strand aus zu sehen ist, und den unkundigen Urlauber zunächst glauben lässt, auf den Bergen liege noch Schnee. Vor der Erfindung des Schwarzpulvers, vor allem in der Antike, rammte man Holzpfähle in den Fels und begoss diese mit Wasser. Durch das Aufquellen des Holzes wurde der Marmor in den natürlichen Adern auseinandergesprengt. Auch heute noch geht man hinter Carrara und Massa nicht gerade schonend mit den steinernen Gaben der Natur um, denn das Marmorgeschäft floriert wieder. Nach einer Flaute in den 60er Jahren sorgten vor allem die Ölscheichs beim Bau ihrer Prunkpaläste für den gehörigen Absatz. Inzwischen hat sich aber auch in Mitteleuropa wieder der Geschmack gewandelt, und manch deutscher Bauherr lässt seinen Architekten vor Ort die Badezimmerfliesen aussuchen.

Wir können uns am Rande der Steinbrüche in Ruhe umsehen und sogar ein wenig herumklettern. Aber immer wieder krachen vom Regen gelöste Brocken in die tief eingeschnittenen Abbauschluchten. Sie sind uns Warnung, nicht die Wege zu verlassen, von denen aber auch alles zu sehen ist. Sie können es sich übrigens aussuchen, ob Sie sich die Marmorbrüche an einem Werktag vornehmen oder lieber an einem Sonntag. Während Sie an ersterem besser sehen, wie der Stein dem Berg abgerungen wird, dürfen Sie sonntags ungehindert (bitte aber mit der nötigen Vorsicht) bis unmittelbar zu den Drähten vordringen und die technischen Feinheiten aus allernächster Nähe betrachten. Vor allem kommen Ihnen dann auf den steilen und schmalen Zufahrten auch keine LKW-Brummer entgegen. Nur den reinen, weißen Statuenmarmor, den schon Michelangelo hier oben höchstpersönlich ausgewählt haben soll, werden Sie vermutlich an keinem der Tage aufspüren. Dennoch werden Marmorqualitäten wie die von Carrara weltweit kein zweitesmal abgebaut, und das meist kleinbetriebliche Verarbeitungsgewerbe besitzt einen so hohen Standard, dass man sogar Marmor aus Übersee heranschifft, um aus ihm bei Carrara Endprodukte herzustellen, die dann vom nahen Hafen wieder in aller Herren Länder exportiert werden.

Auf dem Rückweg von Colonnata nach Carrara, den wir über **Fantiscritti** wählen (an der Straßengabelung rechts abbiegen), kommen wir an weiteren Marmorbrüchen und -sägereien vorbei. Dort stehen die diamantbestückten Drähte niemals still, mit denen die großen Blöcke in Platten, Scheiben oder kleinere Quader zerteilt werden.

Die Rückfahrt kann man durchaus auf den nächsten Tag verschieben und in Colonnata die viel gerühmte ***Trattoria Venanzio*** *(Tel. 0585 5758062; donnerstags und sonntags abends geschlossen; möglichst reservieren)* beehren, wo Sie die lokale Spezialität, einen geräucherten Speck *(lardo)* probieren dürfen. Für den ***Lardo di Colonnata*** müssen Sie in Deutschland sehr viel bezahlen, am Ort seiner Herstellung werden Sie durch Schilder zu Produzenten geleitet, wo das ehemalige Essen armer Leute mit viel Kräutern und Gewürzen 6 Monate in Marmorwannen eingelegt wird, was unlängst verboten werden sollte.

In der turbulenten Saison sollten Sie das WOMO in der letzten Kehre vor dem Ort und bei einem Marmorgeschäft abstellen und die restlichen 1,5 km zu Fuß bewältigen. Das gilt leider stets für größere WOMOs, denen ich auch den Parkplatz von Colonnata nicht für die Nacht empfehlen darf. Auf dem Dorfplatz, den ich früher befürwortet habe, hat man (leider erst nach meinem letzten Besuch, so dass ich anhand der Angaben eines Lesers berichte) Parkverbotsschilder angeschraubt. Die Piazza bedarf dennoch wegen ihres Namens der Erwähnung: Alberto Meschi hieß die Persönlichkeit, derer man hier gedenkt, und eine Tafel zeugt von der Disziplin, in der jene rumreich tätig war. Das Schild weist Herrn Meschi nämlich als *Anarchico* aus, dessen Genossen in Colonnata, vor allem auch in Carrara, auf eine bewegte Vergangenheit zurückblicken und sich immer noch in gar nicht geheimen Anarchistenzirkeln treffen.

Der Stellplatz liegt heute in der Nähe, wie ich von dem Leser weiß, den zweitgenannten empfehle ich für größere Fahrzeuge:

WOMO-Wanderparkplätze: Colonnata

ortsnah: **Position:** (Piazza Meschi) N 44°05.145' E 10°09.351';
WOMO-Zahl:4; **Ausstattung**: Toilette, Dusche, Wasser, Geschäft, Gaststätte, Wanderwege;
Zufahrt: von Carrara nach Colonnata bis Sie den Ort sehen; nun folgen Sie bei der ersten Möglichkeit vor dem Ort dem Parkplatzschild nach links.

Marmorgeschäft: **Position**: N 44°05.068' E 10°09.144';
WOMO-Zahl:>5; **Ausstattung**: Imbiss, leicht einsam, Wanderwege;
Zufahrt: über Carrara nach Colonnata; vor Colonnata nehmen Sie links bei oder noch besser hinter einer Rettungsstation den Parkplatz vor dem Marmorgeschäft.

Auch die Wanderfreunde kommen auf ihre Kosten:

Blick vom Wanderweg auf Colonnata und das Meer

In einem der Souvenirläden erstehen wir eine Wanderkarte (*‚Alpi Apuane' im Maßstab 1:25.000*) und machen uns auf den ab der Piazza Meschi rot-weiß markierten Weg, der phantastische Ausblicke auf die Marmorbrüche und bis zum Meer bietet, aber stellenweise sehr steil und anstrengend ist. Wir schaffen daher nicht ganz dem markierten Rundweg, was nicht schlimm ist, da wir mit der Karte eine Abkürzung ausmachen können. Man kann die Streckenlänge fast nach Belieben festlegen und notfalls auf dem Hinweg zurückstiefeln. Das ist angesichts der Fernsicht alles andere als eine Strafe.

In **Carrara** (67.000 Einwohner) sieht man den Häusern an, dass hier vornehmlich Arbeiter zu Hause waren, die seit Jahrhunderten unter schlechten Bedingungen und für einen kargen Lohn in den Steinbrüchen arbeiten mussten. Wir wundern uns daher nicht, dass die Stadt Hochburg italienischer Anarchisten ist und zur Zeit des Faschismus Zentrum der Widerstandskämpfer war. An den Häusern kleben auch heute noch auffallend viele politische Plakate. Auf Marmor, der hier als Baustoff reichlich Verwendung gefunden hat, sogar für das Straßenpflaster und für Trockenmauern. Nicht nur deswegen macht es Spaß, durch Carrara zu laufen, dessen Innenstadt sehr homogen und richtig italienisch wirkt. Außerdem fehlen weitgehend die Touristen, die sich nur für die Marmorbrüche und erst recht für die Verkaufsstände interessieren. Sehenswert ist auch der von seinem Vorplatz merkwürdig abgewendete Dom, der zwar in verschiedenen Stilrichtungen, aber vorwiegend aus Marmor gebaut wurde, wobei letzteres in Carrara schon deshalb selbstverständlich ist, weil dort früher kein Stein billiger war.

Wenn man schon mal hier ist, sollte man auch einen kurzen Museumsbesuch nicht scheuen. Zwischen Marina und Carrara, im Viale XX Settembre (beschildert), erfahren Sie im **Museo del Marmo** alles zum Thema Marmor - vom römischen Abbau bis heute *(10-17, im Sommer bis 20 Uhr).*

Frustrierend ist allerdings die Stellplatzsuche, die bei einer Stadt in Küstennähe geradezu zwangsläufig am Meer stattfindet. Und genau dort darf in diesem Teil der Toskana niemand ein ruhiges, schönes Plätzchen erwarten. Genaugenommen ist von den ohnehin schon wenigen Plätzen der Vergangenheit nur ein einziges Fettauge auf der mageren Brühe geblieben, und das liegt noch auf den letzten Metern von Ligurien:

WOMO-Badeplatz: Marinella di Sarzana

Position: N 44°03.018' E 10°00.457'; **WOMO-Zahl**: >5;
Ausstattung: Toilette (?), Wasser, Entsorgungsstation, Mülleimer, Gaststätte, Geschäfte, laut, bewacht, Sandstrand jenseits der Straße. **Achtung!** Wir sind nicht sicher, ob man hier allzeit übernachten darf, im Hochsommer sehr gut besucht.
Zufahrt: Nördlich von Carrara, an der Küstenstraße, wo diese auf das Meer trifft; **Parkgebühr**: 8 € von der Ankunft bis 8 Uhr am nächsten Morgen oder 5 € für das reine Entsorgen.
Möglicherweise kommt in der Nebensaison **alternativ** folgender Tipp in Frage: Zwischen dem Hafen von **Marina di Carrara** und dem Yachthafen (direkt nördlich der Großen Verladeeinrichtungen – wenn Sie von der Autobahn kommen, in Marina di Carrara an der Ampel nach Süden und bei nächster Gelegenheit rechts abbiegen) gibt es in einer Sackgasse zwischen Hauptstraße und Strandstraße einen Skulpturenpark (die Skulpturen sind deutlich zu sehen) vor dem man ruhige und meernahe Parkplätze antrifft, auf denen mich bei meiner Nachschau nicht der Wunsch zur Übernachtung überkam, Leser haben mir aber später und unlängst von erfreulichen Nächten, jedoch von unerfreulichen Wackersteinen im Meer, berichtet.

Genauso bescheiden ist das Campingplatzangebot. Sehen Sie nur auf die Karte! Zwischen Straße und Meer ist gar kein Raum. Auch insoweit kann ich also nur mit einer Behelfslösung aufwarten, immerhin mit einer direkt am Meer - sofern Sie Platz finden! Aber 35 € pro Nacht müssen Sie für 4 Personen in der Hochsaison schon einplanen und die Ausstattung ist mager:

Campingplatz-Tipp: Marina di Massa *(Italia)*

Ortszentrum: 2,8 km; **Zeiten**: ganzjährig; **Tel**. 0585 780055;
Ausstattung: am Strand, Laden, Restaurant; **Zufahrt**: im Ort beschildert

Sie merken es schon beim Blick auf die Landkarte: Auf rund 40 Kilometern hat sich touristische (und andere) Schwerindustrie angesiedelt, deren Ursprung auf eine Zeit zurück geht, in der man anderswo noch nicht einmal wusste, was ein Urlauber ist. Schon um die Wende zum 20. Jahrhundert war die eigentlich schöne **Versilia-Küste** ein Treffpunkt der Reichen. Man steigerte die Übernachtungszahlen kontinuierlich, bis die Faschisten mit einer Vorstufe des Massentourismus begannen. Der Wolkenkratzer nördlich von Marina di Massa, an dem weiland ein Stellplatz lag (vielleicht verschwinden die Hindernisse auch mal wieder!), ist ein Überbleibsel von Mussolini, der hier eine *Colonia* hochziehen ließ, um die Jugend in den Ferien faschistisch-militärisch zu drillen. Auch heute finden dort die Kinder von Fiat-Arbeitern unter anderen Vorzeichen in den Sommerferien noch Erholung.

Wie Perlen an einer Kette reihen sich die privaten Badeanstalten, die *Bagni*, an die Küstenstraße. Falls Sie irgendwo dazwischen, was sicher schwer sein wird, einen Parkplatz finden, steigen Sie aus und betrachten Sie sich vom Strand die wunderbare Kulisse des Hinterlandes. Sie werden dann erahnen, dass hier vor vielleicht 80 Jahren, am Fuß der zackigen Berge, einer der schönsten Abschnitte des nördlichen Mittelmeers anzutreffen war. Das ist aber Vergangenheit. Der Mensch hat alles zugebaut, betoniert, asphaltiert und mit den Hässlichkeiten ausgestattet, die der Massentourist zu seinem Urlaub zu brauchen scheint. Wer an der Küste (!) nördlich von Livorno lange auf der Suche nach einem ruhigen Plätzchen herumkurvt, vergeudet wertvolle Ferienzeit!

Ziemlich enttäuscht machen wir uns auf den Weg nach Pisa. Unterwegs zweigen wir nach **Pietrasanta** ab, einer der kleineren Städte, an denen man gewöhnlich vorbeifährt, wenn man nicht gerade längere Abschnitte seines Urlaubs in der Versilia, jenem Küstenabschnitt zwischen den Apuanischen Alpen und dem Meer, verbringt. Es entgeht einem dann allerdings auch der nette Domplatz.

Pietrasanta

Bei der Weiterfahrt ziehen wir die Landstraße der Autobahn vor. Wir könnten ja etwas versäumen! Zum Beispiel den **Lago di Massaciuccoli**, den größten toskanischen Binnensee. Er ist Zentrum eines gleichnamigen Naturschutzgebietes, das inzwischen seinen Namen rechtfertigt. Man kann zwar im See nicht mehr baden (er ist auch nur 1,60 m tief), und an seinen schilfbewachsenen Rändern treiben im Sommer Milliarden von Moskitos ihr blutrünstiges Unwesen, aber es nisten hier viele Vögel, und die malerischen Ecken habe ich früher übersehen. Die Mücken setzen auch den Opernfreunden zu, die am Westufer des Sees, in **Torre del Lago** (schöne Lindenallee), zum Grab des Komponisten **Puccini** pilgern oder im Sommer einer Aufführung seiner Opern lauschen. Das Haus des Meisters, die sehr dekorative **Villa Puccini**, in der jener bis zu seinem Tod im Jahr 1924 gelebt und mehrere Werke komponiert hat, kann besichtigt werden *(Führungen; täglich außer Mo. 10-12,30 und 15-18,30, im Winter bis 17,30 Uhr; 3,70 €)*. Die Festspiele finden alljährlich zwischen Ende Juli und Mitte August statt; um Karten habe ich mich bislang nicht bemüht. Ebenso wenig habe ich mir die sehenswerten Ruinen ehemaliger **römischer Thermen** beim Dorf Massaciuccoli angesehen.

Irgendwann steht man vor ihm, dem **„Schiefen Turm von Pisa“**, der mich in jeder neuen Auflage dieses Buches zu Korrekturen zwingt. Nach früheren Berechnungen war ein Umstürzen des Kirchturms für das Jahr 2010 prognostiziert. Über Jahrzehnte oder länger musste man mit ansehen, wie die Neigung jährlich durchschnittlich um 1,2 mm zunahm, und zu seinem Herrgott beten, dass dieser Pisa von schweren Stürmen oder Erdbeben verschonte. Alle Rettungsversuche blieben lange Zeit erfolglos. 1935 hätten unbedachte Zementinjektionen dem *Torre pendente* beinahe ein jähes Ende beschert. Aber irgendwann nahm man das Sanierungsprojekt mit Verstand in Angriff. Es begann mit einer Enttäuschung für die Touristen - und die Kassierer: Nach langen Diskussionen durfte man ab Januar 1990 nicht mehr die 293 Stufen des Campanile, alias „Schiefer Turm", hochsteigen. Wobei zuletzt erwähnter Begriff nie genau gestimmt hat. Denn wenn man gerade auf der sich neigenden Seite war, hatte man eher das Gefühl, beim Hinaufsteigen die Treppen runter zu gehen. Der Bürgermeister von Pisa prophezeite bei der Schließung zwar, der Turm werde schon in drei Monaten wieder offen stehen, während der zuständige Minister drei Jahre für wahrscheinlicher hielt. Beide hatten nicht Recht, wie wir nun wissen. Dies werden sie sehr bedauert haben, denn allein der Umsatz an Eintrittsgeldern (seit 1922, als erstmals Eintrittskarten verkauft wurden, haben bis zur Schließung fast 18 Millionen Besucher gelöhnt) betrug jährlich zuletzt 10 Millionen Euro. Kein Wunder also, dass sich alle Welt mit guten Ratschlägen einmischte. Russische Experten empfahlen ein hydraulisches Stützsystem, und amerikanische Fachleute wollten das 140.000 Tonnen schwere Denkmal gar an Heißluftballons aufhängen, nachdem im März 1995 Alarmstimmung herrschte. In einer einzigen Nacht hatte sich die Schräglage von 4,50 Metern um 2,5 Millimeter verstärkt. Aber bald wirkte sich die 600 Tonnen schwere Bleikonstruktion, die als Gegengewicht um den Turm gelegt worden war, positiv aus. Und man verpasste dem Campanile „Hosenträger"; Stahlseile, die in 20 m Höhe montiert und gut 100 m entfernt im Boden verankert worden sind. Auf diese Weise konnte man das Sorgenkind untergraben und gegenüber der „Neigungsseite" mit einem Gegengewicht aus Eisen und Blei ausstatten und um 45 Zentimeter (!!) aufrichten. Fachleute sind sogar der Ansicht, das Problem für die nächsten 250 Jahre gelöst zu haben. Die Geschäftswelt darf aufatmen. Auf Zehntausenden von Kommoden und Fernsehvitrinen dürfen weiterhin rotschimmernde, campanileartige Fernsehleuchten die Herzen erfreuen. Nur die Fotoindustrie wird von der Computerindustrie abgelöst, wenn es gilt, das Weltwunder wenigstens fotografisch gerade zu rücken - oder es in die Bilddiagonale zu legen.

Und ab Dezember 2001 dürfen wieder Besucher (gleichzeitig maximal 30 Personen mit zwei Fremdenführern) bis zur Spitze in etwa 60 m Höhe steigen. Trotz hoher Eintrittspreise *(ca. 15 €)* wird man mit langen Warteschlangen zu rechnen haben *(Besichtigung zur Zeit nur nach Vorbestellung Tel. 050 560547; www.duomo.pisa.it).*

Mir gefällt es trotzdem in Pisa. Nur die totale Vermarktung

Piazza dei Miracoli

der einzigen Stelle einer ansonsten sehr schönen Stadt ist schade. Auch Sie würden vielleicht gar nicht hierher fahren, gäbe es nicht den Turm. Dabei gehört das gesamte Bautenensemble der *Piazza dei Miracoli*, wie der **Domplatz** genannt wird, zum Eindrucksvollsten, was Architektur überhaupt zu bieten hat: Weißer Marmor über grünem, bewässerten Rasen bestimmt das Szenario. Dem 1064 begonnenen und nach etwa 100 Jahren Bauzeit verlängerten Dom sieht man an, dass Pisa, damals noch am Meer gelegen und aufgrund des Handels eine der reichsten Städte Italiens war, wobei die Bauten des Domplatzes vor allem mit der Beute eines gegen die Araber gewonnenen Seekrieges finanziert worden sind. Darüber lesen Sie ausführlicher in Ihrem Kunstreiseführer. Genauso wie über die bronzenen Domtüren oder die Geschichte des *Torre pendente* und über die vergeblichen Bemühungen der altehrwürdigen Baumeister, ihn nach hundertjähriger Bauunterbrechung durch Korrekturen oberhalb der dritten Säulenreihe zu begradigen, wie man deutlich sehen kann. Sie lesen davon, dass Galilei, der berühmteste Sohn der Stadt, vom Turm die Fallgesetze erprobt und am Leuchter im Dom die Pendelgesetze studiert haben soll. Sie erfahren aber auch, dass dies gar nicht stimmen kann, hat der Universalgelehrte doch seine Entdeckungen schon veröffentlicht, bevor der Leuchter überhaupt aufgehängt worden ist. Fällt Ihnen auch auf, dass das runde romanische Baptisterium (Bauzeit 1153 - 1358) etwa einen Meter höher ist als der schiefe Turm? Bei unseren Besuchen hat der Custode, als sich das Rund der ehemals nach oben offenen Taufkapelle mit Besuchern gefüllt hat, die Türen geschlossen und dann, wenn endlich das letzte Blitzlicht erloschen war, Akustik und Echo des Raumes demonstriert. Und lesen Sie auch etwas über die Kanzeln! Nicola

Pisano schuf für das Baptisterium das bekannteste frühgotische Bildhauerwerk und gleichzeitig die erste freistehende Kanzel, während sein Sohn Giovanni Schöpfer der phantastischen Kanzel im Dom war. Sie werden bei späteren Touren nach Pistoia oder Siena noch mehr von meiner Begeisterung für diese beiden Herren lesen.

Baptisterium

Und vergessen Sie nicht den **Camposanto**, den mittelalterlichen Friedhof in der Ecke des *Platzes der Wunder*, wo die Reichen in heiliger Erde bestattet wurden, die im 13. Jahrhundert auf 53 Schiffen von Golgatha hierher transportiert worden war. Die Fresken aus dem 14. Jahrhundert haben leider im 2. Weltkrieg durch Brandbomben Schäden erlitten, die in den letzten Jahren aber teilweise repariert werden konnten. Sehr beeindruckend sind die römischen Sarkophage (*Camposanto und Baptisterium: 8-20 Uhr, im Winter 9-17 Uhr, Dom Apr.-Sept. 10-19,45 sonst Pause von 12,45-15 Uhr; alle Bauten kosten Eintritt, weshalb sich das Sammelbillett für 10 € - ohne Turm - unbedingt empfiehlt*). Auch wenn Ihre Urlaubskasse etwas schmal ist, dürfen Sie nicht mit den Eintrittsgeldern knausern, die Bauwerke sind auch innen wirkliche Weltwunder und stehen aus gutem Grund auf der Liste des UNESCO Weltkulturerbes !

Nach der touristischen Pflicht nun zur Kür, das heißt in die Stadt Pisa. Denn der Domplatz liegt außerhalb der eigentlichen **Innenstadt**, so wie im Mittelalter die Dome häufig gebaut wurden. Im Gegensatz zu anderen Städten hat das innerstädtische Wachstum den Dom nicht eingeholt, was nicht heißen soll, dass man von hier aus zu Fuß den alten Stadtkern nicht bald erreicht. Wir sind jedes Mal aufs Neue von der Vitalität dieser italienischen Großstadt (knapp 100.000 Einwohner) begeistert. An der traditionsreichen Universität, der ältesten der Toskana, studieren 25.000 junge Menschen, und das bedeutet Betriebsamkeit. Folglich wird auch alles angeboten, was man so zum Leben in Italien braucht. Wir haben selten schönere Nudelgeschäfte gesehen, wo man im Laden zuschauen kann, wie die Pasta frisch aus der Maschine in die Schubladen der Trocknungsregale kommt. Man trinkt in geselliger Runde einen Espresso, oder man lässt sich einfach treiben. Das Bild der Schaufenster wird nicht in dem Maß anderer oberitalienischer Großstädte von Luxusgütern geprägt, bei deren Preisen - sofern überhaupt solche an der Ware sind - ich mich immer frage, woher eigentlich ausreichend Käufer mit dem notwendigen Kleingeld kommen.

Nur darf man nicht den Fehler machen, der uns bei unserem ersten Besuch unterlaufen ist, als wir erst am späten Vormittag den Domplatz erledigt hatten, um dann in der Stadt zu flanieren. Die Geschäfte wurden gerade geschlossen, und es war ausgesprochen trist, während der Mittagspause durch eine einigermaßen intakte italienische Innenstadt zu laufen. Aber wir durften uns mit der sehr sehenswerten kleinen, gotischen Kirche am Arno, der **Chiesa di Santa Maria della Spina**, aus dem 14. Jahrhundert trösten.

Inzwischen haben wir sogar den in früheren Auflagen fehlenden Stellplatz gefunden, er liegt 10 Fußminuten vom Turm entfernt:

WOMO-Stellplatz: Pisa *(Via del Brennero)*

Position: N 43°43.491' E 10°24.624'; **WOMO-Zahl**: >5;
Ausstattung: Wasser, Toilette, Entsorgungsstation, Mülleimer, Gaststätten, **wegen des Marktes nicht in den Nächten auf Mittwoch und Samstag**;
Zufahrt: ca. 700 m östlich der Piazza dei Miracoli; folgen Sie an der SS 12 von Lucca kommend dem Schild *,P+Bus'* bis zu einem riesengroßen Parkplatz (an der Straße von Lucca zur Piazza dei Miracoli oder umgekehrt). **Parkgebühr**: 15 €/24 Std. bis 8 Uhr morgens !
Alternativ ca. 800 m von der Piazza dei M. entfernt und von mir noch nicht aufgesucht: großer Parkplatz beim Friedhof in der Via Pietrasantina, das ist die SS 67, die westlich der Piazza dei M. nach Norden führt – mit Entsorgung und Wasser.
Oder einfach in Seitenstraßen nördlich der Piazza dei M. beim Stadion.

Tagsüber sollte man überall keine Wertsachen im Auto lassen. Viele WOMOs fahren auf den Campingplatz, was keine schlechte Idee ist, weil man auch von hier bequem zur Wunderpiazza laufen kann:

Campingplatz-Tipp: Pisa *(Torre Pendente)*

Ortszentrum: 0,8 km; **Zeiten**: Ostern bis Mitte Oktober;
Ausstattung: Laden, Restaurant, teuer wie alle Zeltplätze in Italien;
Zufahrt: gut beschildert an der Straße nach Marina di Pisa.

Der ist nicht selten überfüllt und bescheiden ausgestattet (jedoch neue Sanitäranlagen). Aber man muss zugeben, dass es hässlichere Plätze gibt, dass eine multinationale Besucherschaft einer oder zwei Zeltplatznächten einen gewissen Pfiff verleiht und dass sich die Glühwürmchen in einer Maiennacht alle Mühe gegeben haben, die Unfreundlichkeit des Herrn, der unsere Ausweise eingesackt hat, vergessen zu lassen.

Meistens fahren wir allerdings hinaus aus der Stadt bis nach Lucca (Tour 2), dort gibt es in Zentrumsnähe bessere Stellplatzmöglichkeiten. Und mit einem weiteren Plätzchen freunden wir uns von Mal zu Mal mehr an: Etwa 7 km von Pisa entfernt, auf dem Weg nach Lucca, kommt man durch die kleine Stadt **San Giuliano**, wo Sie nichts Aufregendes erwarten dürfen. Aber wir haben dort in erträglicher Umgebung am Rande von Rasenflächen eine sehr ruhige Nacht verbracht und waren am nächsten Morgen wieder in Windeseile mitten in Pisa - oder in Lucca.

WOMO-Stellplatz: San Giuliano

Position: N 43°45.698' E 10°26.178'; **WOMO-Zahl**: >5; **Ausstattung**: Wasser (am Tennisplatz), Schwimmbad; **Zufahrt**: wenn man sich auf der SS 12 Richtung Lucca von Pisa kommend am Ortsanfang gleich links hält, gelangt man am Rande eines Neubauviertels zu einem Sportgelände mit Hallenbad und großräumigen Parkplätzen; Wegweiser *'Campo sportivo'* und *'Piscina'*. Es kommen mehrere Stellen in Frage.

Aber vielleicht finden Sie auf eigene Faust ein schönes Übernachtungsplätzchen in der Stadt und parken zuvor Ihr WOMO vor einer kleinen Bar. Sie nehmen einen Aperitif und freunden sich mit dem Mann an der Espressomaschine an. Sie bitten ihn, ein Auge und ein Ohr (eine Alarmanlage ist für solche Fälle sehr nützlich) auf Ihre Behausung zu werfen und gehen gemütlich essen.

Drei Lokale, darunter eine Pizzeria, haben wir getestet, zwei davon waren so schlecht, dass ich die Namen wieder vergessen habe. Aber beim Dritten sind wir dem Ratschlag gefolgt, auf den kaum ein Reiseführer verzichten kann und bei ***Da Bruno*** gelandet *(Tel. 050 560818; mo. abends u. dienstags geschl.)*. Wir sind auf der Via Contessa Matilde (der breiten Straße, die parallel zur großen Stadtmauer hinter dem Camposanto entlang führt) etwa 250 m in Richtung Lucca gelaufen (das ist der Weg zum Stellplatz in der Via del Brennero), um dann gegenüber dem Stadttor nach links in die Via Bianchi einzubiegen. Wir haben dann gleich auf der rechten Seite eine Trattoria vorgefunden, wo zwar nicht ganz billige, aber authentische Speisen aufgetragen werden. Es stimmt wirklich, dass hier auch viele Einheimische tafeln, wie man häufig lesen kann.

TOUR 2

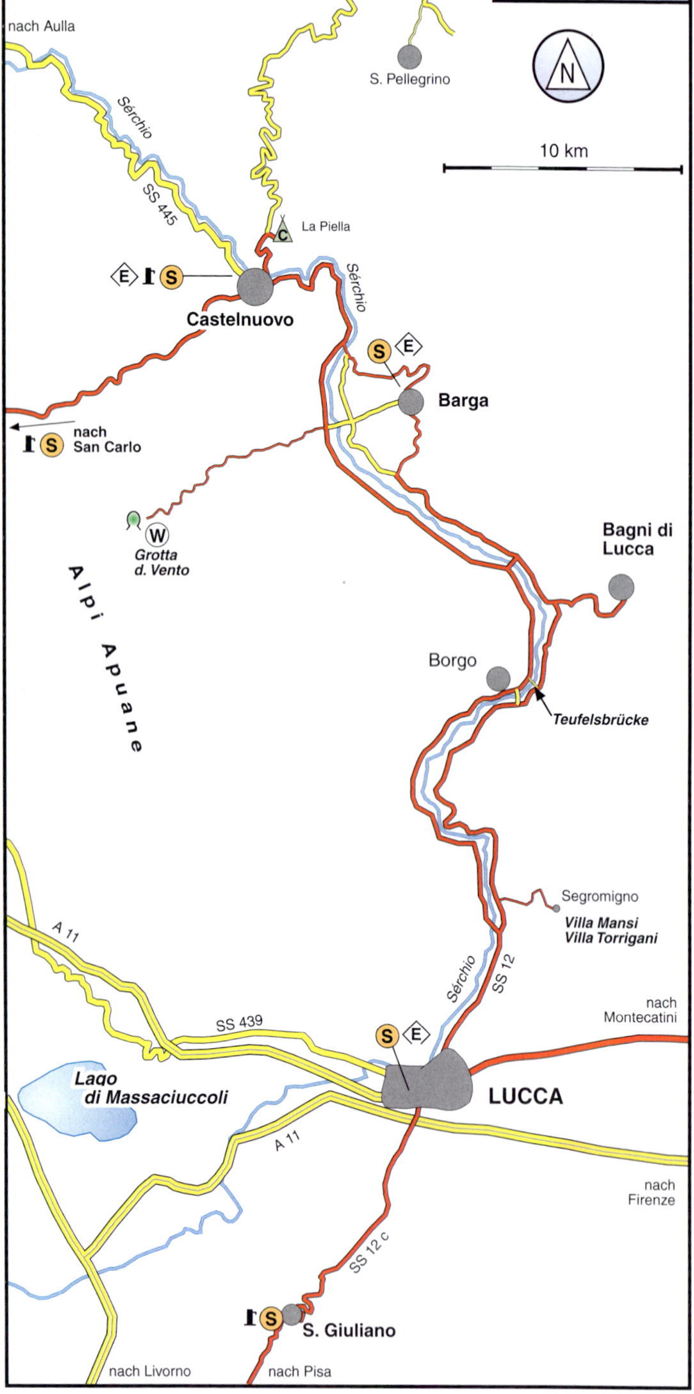

nach Aulla
S. Pellegrino
N
10 km
Sérchio
SS 445
La Piella
C
E
S
Castelnuovo
Sérchio
S
E
Barga
nach
San Carlo
S
W
Grotta
d. Vento
Alpi Apuane
Bagni di
Lucca
Borgo
Teufelsbrücke
Segromigno
Villa Mansi
Villa Torrigani
A 11
Sérchio
SS 12
nach
Montecatini
SS 439
S
E
Lago
di Massaciuccoli
LUCCA
A 11
nach
Firenze
SS 12 c
S
S. Giuliano
nach Livorno
nach Pisa

Tour 2: Nach Lucca und in die Garfagnana

Lucca - Bagni di Lucca - Barga - Castelnuovo

Stellplätze:	in Lucca, in Barga, in Castelnuovo di Garfagnana, in San Carlo
Campingplatz:	bei Castelnuovo
Besichtigen:	in Lucca: Altstadt, Dom, Palazzo Guinigi, Kirche San Michele, Piazza del Anfiteatro; Villen und Gärten bei Lucca; Teufelsbrücke bei Borgo, Bagni di Lucca, Barga, Grotta del Vento
Wandern:	Spaziergang auf dem Stadtwall von Lucca, durch die Grotta del Vento
Essen:	Lucca: in der *Buca di Sant' Antonio*, in der Trattoria *Da Giulio in Pelleria* oder in der Pizzeria *K2*; in der Pizzeria *La Rocca* oder im *Da Carlino* in Castelnuovo

Lucca ist eine der großen toskanischen Städte (88.000 Einwohner), in deren Zentrum wir bei jeder Reise, wenn wir es irgendwie einrichten können, gerne mit dem Wohnmobil fahren, ein rechter **WOMO-Lieblingsort**. Verantwortlich dafür sind nicht nur die in sich völlig abgeschlossene, gut erhaltene Altstadt, ihre Bauwerke und Kunstdenkmäler, sondern auch

Lucca

die Stadtbefestigungsmauer und der rundum verlaufende Grüngürtel. So viel freie Fläche mitten in einer Fast-Großstadt, und das noch dicht beim historischen Stadtkern, sucht man anderswo vergeblich. Nur die Zeiten, in denen man tagsüber hier parken und abends einfach stehen bleiben konnte, sind leider vorbei.

Lucca bietet aber immer noch akzeptable innerstädtische Übernachtungsbedingungen, allerdings sind sie teilweise laut. Das war aber unser lange Jahre und in einer Vorauflage geliebtes Plätzchen an der Mauer auch. So wollen wir nicht meckern und Sie zu den heutigen Stellplätzen führen. Es gibt nämlich zwei für Wohnmobile aller Gewichtsklassen: Der erste ist der **offizielle** WOMO-Platz, wo Sie nichts Lauschiges erwarten dürfen. Aber bei der reinen Übernachtung kann man sich bestens arrangieren, und intensive nachbarliche Beziehungen pflegen. Ähnlich gut besucht ist kaum ein anderer Platz dieses Buches:

WOMO-Stellplatz: Lucca *(Via G. Lupporini)*

Position: N 43°50.399' E 10°29.312'; **WOMO-Zahl**: >5;

Ausstattung: Wasser, Entsorgungsstation, Mülleimer, Gaststätten, Geschäfte (15 Minuten zu Fuß in die Altstadt).

Zufahrt: Der Stellplatz ist als *,Parcheggio'* beschildert, wenn Sie von Westen kommen, am ersten Kreisverkehr westlich vor der Altstadtmauer auf der SS 439 Richtung *Viareggio*, Sie fahren dann am Stellplatz vorbei. Kommen Sie von Osten, müssen Sie erst Richtung *Pisa* fahren, bis Sie auf die SS 439 stoßen. Notfalls sollten Sie die Altstadt - die Mauer immer in Sichtweite – einmal umrunden, der genannte Kreisverkehr liegt dann westlich der Altstadt auf der Strecke.

Früher gefiel mir die Alternative besser, ein riesiger, aber etwas einsamerer Parkplatz, der möglicherweise erst gegen Abend leer wird, an dessen Rand man sich jedoch neben hohe Hecken stellen kann und so wenigstens den vorbeibrausenden Verkehr nicht sieht - ihn aber hört (ab 23 Uhr wird es zumindest an Werktagen ruhiger). In die Altstadt ist es näher als von der Via Lupporini:

WOMO-Stellplatz: Lucca *(Campo fiera)*

Position: N 43°51.000' E 10°29.998'; **WOMO-Zahl**: >5;

Ausstattung: Toilette, Wasser, Mülleimer, Gaststätten, Geschäfte; **Teilbereiche sind möglicherweise verboten**.

Zufahrt: Der Platz liegt auf der Nordseite der Stadtmauer. Sie werden in der Regel von Westen, von der Autobahn, kommen; folgen Sie dann zunächst den Wegweisern ins *Centro* und, wenn Sie die Festungsmauern vor sich haben, nach links den Schildern nach *Abetone* und *Pistoia*. Die Straße führt nun nördlich um die Altstadt, die Mauer immer rechts in Sichtweite. Fahren Sie an der Mauer entlang, bis Sie links einen Supermarkt (hoffentlich fällt unser Orientierungspunkt nie in Konkurs!) sehen. An der nächsten Gabelung dahinter müssen Sie nach links mit dem Wegweiser *‚Fiera'* abbiegen, danach nochmals links. Möglicherweise verpassen Sie die Einfahrt.

Ich wünsche Ihnen bessere Bedingungen als wir sie dort einst hatten. Da hat nämlich der Lucceser Fußballverein ein Spiel gewonnen, was nicht nur einen Sprung in der Tabelle, sondern auch stundenlange Autorunden der Fahnen schwenkenden Tifosi zur Folge hatte - und ein noch längeres Konzert mit Hupen und Fanfaren, bis lange nach 23 Uhr.

Wir sind natürlich nicht nur nach Lucca gekommen, um zu übernachten. Verkehrslärm oder Fußweg, möglicherweise auch Beides, nehmen wir auf uns, weil wir hautnah eine mittelalterliche Stadt erleben wollen, in der keine Museumsatmosphäre und kein übertriebener Touristennepp das wirklich Städtische haben verkümmern lassen.

In Lucca haben schon die Etrusker gewohnt, und angeblich haben hier die Herren Cäsar, Pompeius und Crassus das berühmte Triumvirat besiegelt. Die durch den Seidenhandel groß gewordene Stadt wurde seit dem späten Mittelalter nicht mehr nennenswert zerstört, der im 16. Jahrhundert aus Millionen von Ziegelsteinen erbauten Mauer sei Dank. Diese Befestigungsanlage bietet wegen ihrer 12 m Höhe fast rundum eine hervorragende Sicht auf die Stadt, und selbst im heißesten Hochsommer kann man dort unter ausladenden Platanen im Schatten spazieren oder sogar radeln.

Wir klettern auf den Wall und lassen die vornehmlich roten und braunen Farben des mittelalterlichen Lucca auf uns wirken. Man glaubt gar nicht, wie viele Variationen rötlicher Dächer es gibt. Schon mehrfach haben wir die Stadt auf dem 4,2 km langen Mauerweg umrundet, was ein Erlebnis der ganz besonderen Art war. Zu diesem **Spaziergang** empfiehlt sich der Nachmittag, denn in die Stadt hinein sollte man vor Mittag oder gegen Abend gehen, wenn alle Läden geöffnet sind und das geschäftige Treiben am größten ist.

Alle Teile der Altstadt sind an einem Tag, wenn man früh genug aufsteht, sogar an einem Vormittag, zu erreichen. Deswegen müssen Sie auch keine der vier **Hauptsehenswürdigkeiten** auslassen: Nicht den Palazzo Guinigi, den Dom, die Kirche S. Michele und schon gar nicht den Marktplatz.

Der heißt, Sie erraten es, **Piazza del Mercato** (Piazza del Anfiteatro), und man sieht ihm unschwer an, dass er in römischer Zeit ein Amphitheater war. Im Mittelalter hatte man zwar Häuser auf die untersten Zuschauerränge gebaut und dafür die Steine aus den oberen Etagen des römischen Gemäuers verwendet. Man beschränkte sich aber nicht nur darauf, den

Lucca - Piazza del Mercato

ovalen Ring der Tribüne durch Häuser zu ersetzten, die meisten von ihnen standen am Ende im Innern der Arena. Diese Behausungen wurden aber in der Mitte des vorletzten Jahrhunderts wieder abgerissen, während die Gebäude auf den Bogenfundamenten der Tribüne stehen blieben und so heute einen einmaligen Marktplatz umrahmen, den Sie finden werden, weil er beschildert ist und weil man in Lucca unschwer alle Sehenswürdigkeiten findet.

Der **Turm des Palazzo Guinigi** (liegt auf dem Weg vom Marktplatz zum Dom) ist Ihnen sicher schon beim Mauerspaziergang aufgefallen, seine Zinnen werden nämlich von mehreren Steineichen überragt. Früher war es ein Zeichen von Reichtum und Macht einer Familie, wenn der Turm ihres Hauses möglichst hoch und zudem noch mit Bäumen bewachsen war. Den Torre Guinigi besteigt man aber nicht nur wegen seiner Eichen, sondern vor allem wegen der Aussicht. Hat Sie schon der Spaziergang auf der Stadtmauer erfreut, werden Sie beim Ausblick vom Turm regelrecht begeistert sein, da zu den unfassbaren farblichen Nuancen der alten Stadt hier noch der Blick auf die Berge hinzu kommt *(keine Pause, 2,60 €).*

Wahrscheinlich haben Sie von oben, ganz am südlichen Rand der Altstadt, den **Dom** gesehen, in dessen Innern Sie sich vor allem den **Sarkophag** der **Ilaria del Carretto** ansehen müssen, von Jacopo della Quercia samt dem treuen Hündchen am Fuß der Verstorbenen in Stein gehauen und von neuzeitlichen Strategen vom angestammten Platz in die Sakristei verlagert, um Eintritt erheben zu können *(im Sommerhalbjahr keine Mittagspause; 1,60 €)*. Kostenlos ist noch der so genannte **Volto Santo**, ein Holzkruzifix in einem kleinen Tempelchen in der Mitte des Domes. Das schon im Mittelalter bekannte Heiligtum lockt auch heute noch so viele Gläubige, dass sich mitunter Menschentrauben an den zum Schutz angebrachten Gitterstäben drängen.

Lucca - Dom

Zu guter Letzt stehen wir bei unserem Stadtrundgang, mitten im Zentrum, vor der unübersehbaren Fassade der **Kirche S. Michele in Foro**, deren Name daran erinnert, dass sie auf dem ehemaligen römischen Forum errichtet ist (sehenswertes Tafelbild von Filippino Lippi im rechten Querschiff).

Wer den Hals nicht vollkriegen kann, darf in Lucca noch 90 weitere Kirchenbauten aufsuchen, oder statt der 92 Kirchen ein **Restaurant**. Haben Sie genug Euros in der Tasche und sind Sie auch einer etwas gediegeneren Atmosphäre gewappnet? Dann lassen Sie die Fassade der Kirche S. Michele im Rücken und gehen Sie auf dem ehemaligen Forum an der linken (südlichen) Ecke geradeaus, also in westlicher Richtung. Sie kommen dann nach wenigen Metern an der linker Hand gelegenen ***Buca di Sant' Antonio*** in der Via della Cervia

1/5 vorbei, deren hervorragende Küche seit Jahren gerühmt wird *(Tel. 0583 55881; sonntags abends, montags und im Juli zwei Wochen geschlossen).* Wir können Ihnen aber auch ein preiswerteres, gleichwohl gutes Lokal empfehlen, in dem die rechtzeitige Vorbestellung allerdings unerlässlich ist: Das ***Da Giulio in Pelleria*** an der Piazza S. Donato 45, im nordwestlichen Teil der Altstadt. Wenn Sie durch das große westliche (!) Mauertor in die Stadt kommen, müssen Sie sich links halten, die Trattoria liegt dann in der Nähe der Stelle, wo die Mauer auf der nordwestlichen Ecke abknickt, also links des anderen Tores bei dem großen Parkplatz *(Tel. 0583 55948; sonntags und montags geschlossen; unbedingt vorbestellen - Sie kommen beim Stadtrundgang daran vorbei).*

Wir begnügen uns dieses Mal nach dem Stadtbummel mit einer sehr leckeren **Pizza** im ***K2*** am westlichen Eingang zur Piazza del Anfiteatro *(mittwochs geschlossen).*

Die **Garfagnana** verkörpert bei weitem nicht, was der gemeine Reisende von der Toskana erwartet. Er sieht dort nämlich kaum einen Ölbaum und nur selten eine Zypresse. Aber auch keinen Massentourismus. Dafür ausgedehnte Esskastanienwälder und unglaublich viel, für norditalienische Verhältnisse beinahe unberührte Natur. Die Rede ist von dem Landstrich auf der Rückseite der Alpi Apuane, jener Berge, deren Marmor uns schon bei Carrara begeistert hat. Wer gute Luft, abwechslungsreiche Landschaften und touristische Abgeschiedenheit sucht, ist hier, nördlich von Lucca, gerade richtig.

Und wer Spaß an Prunkvillen hat, biegt ein paar Kilometer nördlich von Lucca aus dem Tal des Sérchio nach Osten ab, um sich zwei Herrenhäuser lucchesischer Aristokraten aus dem 17. Jahrhundert anzusehen: die **Villa Mansi** bei Segromigno mit reich geschmückter Fassade *(Pause von 13-15 Uhr, 6,20 €, montags geschlossen)* und die **Villa Torrigani** in der Nähe *(Pause von 12,30-15 Uhr, 7,80 €, Park kostenlos, dienstags geschlossen).* Interessant sind die alte Möblierung und vor allem die beiden Parks mit Statuen und Wasserbecken.

Spätestens nördlich von **Borgo a Mozzano** halten Sie an, um die so genannte **Teufelsbrücke** (Ponte del Diavolo) aus dem 12. Jahrhundert, die eigentlich Ponte della Maddalena heißt und heutzutage nicht mehr nur den Sérchio, sondern auch dessen kleinen Stausee überspannt, zu fotografieren. Der teuflisch kühne Schwung des großen Bogens will mir aber nicht so recht ins Bild passen, obwohl ich die Kamera aus allen erdenklichen Perspektiven auf ihn halte, bis ich den richtigen

Teufelsbrücke

Standpunkt für den Schnappschuss finde: Man fotografiert die Südseite der Brücke vom westlichen Ufer, aber nicht von den Gleisen der Bahn. Deren Lokführer, so scheint es, bekommen schon auf der Lokführerschule eingebläut, dass hier mit waghalsigen Fotografen zu rechnen ist. Also tuten sie, wie man nur tuten kann, wenn man sich einer Teufelsbrücke nähert. Spazieren Sie einmal über die Brücke ans andere Ufer, die steilen Aufgänge, besonders der auf der Ostseite, lohnen sich!

Wieder im WOMO zögern wir an der nächsten Straßengabelung. Sollen wir nach links dem Sérchio folgen oder uns rechts **Bagni di Lucca** ansehen? Wir entscheiden uns für beides. Zuerst in dem verschlafenen Badeort (7.000 Einwohner) für die leicht angegammelten Zeugnisse des Baustils der Jahrhundertwende, bei deren Anblick ich mir nie sicher bin, ob mir die Häuser im heruntergekommenen oder im restaurierten Zustand lieber sind. In Bagni di Lucca plädiere ich für abblätternden Putz als untrügliches Zeichen der Vergänglichkeit der viel gelobten Gründerzeit. So können inzwischen nicht nur die Reichen ihr Rheuma in einer der 19 Thermalquellen heilen.

Gemessen an der Anzahl der Brunnen ist in dem kleinen Städtchen heutzutage wirklich wenig los. Das war im Jahre 1828 noch ganz anders, als nämlich Heinrich Heine (Gedenktafel an der Piazza San Martino) hier weilte, und bis dato *„nie ein reizenderes Tal"* gesehen hatte. Das muss ihn inspiriert haben, denn er hielt die Marotten der Reichen in *‚Die Bäder von Lucca'* fest, noch vor der großen Stunde des Badeortes. Die schlug erst, als im Jahre 1840 der Herzog von Lucca das erste Roulette der Welt eröffnen ließ und damit die Gastro- und Bagnokonjunktur kräftig ankurbelte, von der die Hoteliers und Kneipiers heute nur noch träumen. So werden beispielsweise von den 40 Zimmern des Hotels *Roma* nur noch 12 vermietet (wenn überhaupt), obwohl die Herberge einst Sommerresidenz einer Frau Baciocchi war, der Schwester Napoleons. Das schönste thermale Freibad ist das der *Villa Alda* im Zentrum des Ortes. Die Badesaison dauert dort vom 1.4. bis zum 30.11. Das Stadtbad *Bernabo* hingegen ist ganzjährig geöffnet (schöne alte Marmorwannen).

Anstatt dem Tourismus auf die Beine zu helfen, versetzte man ihm in den letzten Jahren den Todesstoß: Man eliminierte nämlich den innerörtlichen WOMO-Stellplatz und wird sich bald eingestehen müssen, dass man solange nicht nach vorne blicken kann, als nicht wieder ein ordentlicher Stellplatz eingerichtet, beschildert und weltweit beworben ist. Ich habe zuletzt entgegen allen Zuschriften keinen mehr gefunden und denke nicht daran, hier auch noch ein *Ristorante* zu empfehlen.

Barga - Blick vom Rande des Domplatzes

Nach der Besichtigung der Bäder von Lucca kehren wir um und fahren erneut entlang des Sérchio nach Norden. In **Barga** (10.000 Einwohner) wollen wir Städtchen und Dom besichtigen und ein Übernachtungsplätzchen suchen. Spätestens dort wird uns klar, warum sich die Reise in diesen unbekannten Teil der Toskana so sehr lohnt. Kunsthistoriker kommen bei der Beschreibung des **Duomo** ins Schwärmen, sie vergessen aber in ihren Abhandlungen die prächtige Lage. Wenn ich lange genug auf einem Mäuerchen am Rande des Domplatzes sitze und betrachte, wie sich die grüne Domwiese mit dem Rot der Hausdächer, den blaugrünen Wäldern, den weißlichen Bergen der Apuanischen Alpen und dem Travertin des Gotteshauses zu einer Farbenkomposition zusammen fügt, bin ich drauf und dran, den Dom von Barga, zumindest, wenn die Sonne scheint und im Frühling, in die erste Liga toskanischer

Sehenswürdigkeiten aufsteigen zu lassen, auch wenn er nach der klassischen Reiseliteratur dort nicht hin gehört. Trotz der wunderbaren von zwei Löwen und einem Zwerg getragenen Kanzel und einem Löwengesicht, das eher ein menschliches Antlitz mit Mähne ist.

Barga - Kanzelträger im Dom

Mit Stellplätzen in Barga haben die Vorauflagen nicht brilliert, weshalb ich nachrecherchiert habe und fündig wurde, obwohl ich sonst beim Nachrecherchieren leider nicht immer Erfolg habe. Aber einen offiziellen Stellplatz hat man wohl erst, so berichten mir Leser, in Arbeit genommen, als ich mich schon anderen Problemzonen zugewandt hatte:

WOMO-Stellplätze: Barga

Position: N 44°04.582' E 10°28.805'; **WOMO-Zahl**: >5;
Ausstattung: Gaststätten, Geschäfte, eigentlich nur für Pkw erlaubt, aber von WOMOs unbeanstandet genutzt und dafür, besonders nachts, auch groß genug, **ein schöner Stellplatz**, besonders am Rand unter Bäumen; **Zufahrt**: mitten in Barga beim Wegweiser zum Schwimmbad *(piscina Comunale)* abbiegen und gleich danach bei der Fiat-Werkstatt dem Wegweiser zum Parkplatz folgen.
Wer sich daran stört, dass hier eigentlich nur Pkw parken dürfen, fährt weiter Richtung Schwimmbad und bettet sich etwa 1 km außerhalb des kleinen Ortszentrums auf einem **anderen Stellplatz** ohne jegliche Restriktionen direkt beim Schwimmbad; **Position**: N 44° 04.582' E 10° 28.805'; **WOMO-Zahl**: >5.
Es müsste noch einen **weiteren**, vermutlich offiziellen Platz mit **Entsorgungsstation** geben, den ich aber nicht gefunden habe; laut Leserinfos ist er mit *‚P'* an der Stadtmauer beschildert und vermutlich erst neuerdings in Funktion (schreiben Sie mir die GPS-Daten).

Sie können uns auch nach **Castelnuovo di Garfagnana** (6.000 Einwohner) begleiten. Den Trinkwasserbrunnen, 3 km vor dem Städtchen, lassen wir links liegen, da unser Tank noch voll ist. Dafür kaufen wir in den kleinen Gassen am Fuße der mitten im Ort liegenden Burg ein und erfreuen uns an einer pittoreske Kleinstadt mit noch vielfältigen Geschäften, italienischem Alltag und fast ohne Touristen, aber trotzdem nicht am Ende der Welt.

Bepackt mit unseren Vorräten machen wir uns auf in Richtung S. Pellegrino. Am nördlichen Ortsausgang von Castelnuovo haben wir einen Campingplatzwegweiser entdeckt. Warum ihm nicht nachfahren? Die Strecke zieht sich aber in die Länge, und nach einer Weile stehen wir beim Örtchen La Piella vor einem verschlossenen Tor, wo es uns nicht gelingt, festzustellen, ob die Wegweiser von gestern sind, oder ob die saisonale Campingplatzeröffnung erst noch bevorsteht. Immerhin ist es Mai, und die Saison hat längst begonnen. Inzwischen ist der Platz aber definitiv wieder offen:

Campingplatz-Tipp: La Piella

Ortszentrum: ca. 8 km; **Zeiten**: April bis Ende Oktober (möglicherweise wechselnd); **Tel**. 0583 62916 oder 0583 62913; **Ausstattung**: Laden, Restaurant (zumindest im Sommer); **Zufahrt**: in Castelnuovo nach Norden (beschildert).

Die Lage oben im Gebirge ist wunderschön und total ruhig. Bei der Hin- und Rückfahrt oder auch bei der Weiterfahrt in Richtung S. Pellegrino (das mit dem gleichnamigen Sprudel nichts zu tun hat) wird uns klar, dass hier Naturliebhaber und Einsamkeitsfanatiker eine Reihe schöner Plätzchen finden können. Uns sind allerdings einige Stellplatzalternativen am Rande kleiner Wäldchen zu einsam, da wir augenblicklich auch nur als Einzelfamilie in einem einzigen Auto unterwegs sind. Die wirklich prachtvolle Landschaft fordert eine Übernachtung hier oben aber geradezu heraus.

Am Ende stehen wir unten in Castelnuovo, und der Übernachtungsplatz am Rande des Sérchio ist alles andere als eine Notlösung. Schließlich können wir von hier zu den Bergen aufschauen:

WOMO-Stellplatz: Castelnuovo

Position: N 44°06.745' E 10°24.303'; **WOMO-Zahl**: >5; **Ausstattung**: Wasser, Entsorgungsstation, Mülleimer, Gaststätte, Geschäfte, Schwimmbad.
Zufahrt: Am Schwimmbad und Sportplatz finden Sie seitlich des Flusses unter einigen Pappeln mehrere Möglichkeiten, insbesondere 200 m hinter dem Stadion einen neu gebauten WOMO-Stellplatz.
Fahren Sie in Castelnuovo Richtung *Modena* und *'Stadio'*, am Ortsende links durch ein Industriegebiet, über die Brücke, danach links bis zum Stadion oder auf den Platz zwischen Schwimmbad und Stadion, wo es uns am besten gefallen hat; möglicherweise ist eine direkte Zufahrt vom Ortszentrum ebenfalls beschildert.

Auch die Carabineri scheinen die Stelle sehr zu mögen. Damit niemand ihr süßes Nichtstun beobachten kann, stellen sie ihr Auto in eine von der Straße nicht einsehbare Ecke und lehnen sich gemütlich zu einem Schläfchen zurück. Da wollen wir natürlich nicht stören und ziehen uns in die gegenüberliegende **Pizzeria *La Rocca*** zurück. Eine gute und die Reisekasse schonende Idee *(montags geschlossen)*, wenn man über die sterile Einrichtung hinwegsieht und sich nur für das entscheidet, was der Koch beherrscht. Das dürfte sich auf das backen von Pizza beschränken, das ihm ebenso gut gelingt wie ein ordentlicher Belag (länger nicht mehr getestet, von Lesern aber weiterhin gelobt).

Wer es gepflegter liebt, sitzt im ***Da Carlino*** in der Via Garibaldi 15, im Zentrum des Ortes richtig. Die Küche ist hervorragend, die Preise sind, was in dieser Gegend nicht überrascht, sehr anständig *(leider auch montags geschlossen; Tel. 0583 644270).*

Ein höchst unerfreuliches Geräusch weckt uns am Morgen. Der Regen trommelt so gleichmäßig auf unser Dach, dass ich schon vor dem Blick aus dem Fenster seine Ausdauer ahne. Ich ziehe die Bettdecke über die Ohren und dämmre dem Zeitpunkt entgegen, an dem sich das Aufstehen nicht mehr vermeiden lässt. Als ich einen zaghaften Blick hinter den Kombirollo riskiere, ist der Tag ist noch düsterer als befürchtet. Wo gestern der Fluss beidseitig von anmutigen Bergen gesäumt war, ist heute nur noch ein graues Nichts. Unseren geplanten Vorstoß weiter hinein in die Garfagnana, zum Oberlauf des Sérchio, müssen wir abblasen. Falls es Ihnen besser geht, falls Sie kurvenfest oder sogar auf dem Heimweg sind, können Sie von Castelnuovo über Fivizzano bis nach Aulla an die Autobahn A 15 weiterfahren. Vielleicht kommen Sie aber gerade erst von zu Hause, und die Garfagnana ist Ihr erstes Toskana-Ziel, dann bietet sich diese Strecke als Variante zur Küstenautobahn an (Aulla – Castelnuovo 50 km).

Wir beschließen, das Bergtal zu verlassen und in Richtung Lucca zurückzufahren. Unterwegs wollen wir etwa auf der Höhe von Barga einen Abstecher in die Apuanischen Alpen, zur **Grotta del Vento**, wagen. In einer 3,5 km langen Tropfsteinhöhle kann einem ein Regentag nichts mehr anhaben. Erst recht nicht, wenn hier die längste Tropfsteinhöhlen-Tour Europas angeboten wird. Die Erreichbarkeit ist nun wieder gewährleistet, seit die 14 km lange Zufahrtsstrecke erneuert und verbreitert wurde. In der Höhle selbst werden unterschiedlich lange Führungen angeboten; die kürzeste dauert eine Stunde, die lange Rekord-Tour deren drei *(Eintritt ab 6,30 € pro Nase; April - Sept. täglich von 10-18 Uhr stündlich, um 11, 15, 16 und 17 Uhr zweistündig, um 10 und 14 Uhr dreistündig; von Okt. - März nur So).* Nehmen Sie warme Kleidung mit, die Temperatur in der Unterwelt beträgt konstant 10,7 Grad. Irgendwo habe ich von einem „Rausch von Formen und Farben" gelesen, genauso ist es! Ich selbst bin kein großer Höhlen- und Grottenfan und behaupte trotzdem, dass die Grotta del Vento eine der Top-Sehenswürdigkeiten der Toskana ist.

Im Freien gibt es neben den obligatorischen Nippesläden auch mehrere Lokale. Besser ist es aber, wenn Sie hier dem Hunger widerstehen und auf dem Rückweg seitlich des kleinen Sträßchens zuschlagen. Mehrfach wird Ihnen auf Schildern eine fangfrische und preiswerte *Trotta* angeboten, eine Lachs- oder Regenbogenforelle, die zwar in künstlichen Becken, aber dennoch in frischem Gebirgswasser groß geworden ist. Zubereiten müssen Sie diese allerdings selbst, woraus nichts wird, wenn in Ihrem WOMO-Schrank statt einer anständigen Pfanne nur das fürchterliche Aluminium-Kochtopf-Set zu finden ist, das irgendwann fast jeden Camper begleitet und diesen täglich rätseln lässt, weshalb das Essen im Reisemobil ständig anbrennt.

Es würde mich nicht wundern, wenn Sie sich, vor allem im Frühling, ein wenig in die Apuanischen Alpen verliebt und sich nicht haben satt sehen können. Dann durchqueren Sie doch im nächsten Urlaub das Gebirge auf der touristisch noch unentdeckten Route von Massa nach Castelnuovo. Sie brauchen für die Fahrt durch eine wundervolle Gegend, die Sie an mehreren ehemaligen Steinbrüchen vorbei führt, knapp 1 ½ Stunden. Möglicherweise auch gut 1 ½ Tage. Dann allerdings haben Sie den schönen Stellplatz ausgiebiger benutzt als den Anwohnern und mir lieb ist. Die Aussichtsterrasse von **San Carlo** ist ein reiner Übernachtungsplatz; wegen seines tollen Blicks auf Massa, Carrara und das Meer aber einer von der aufregenden Sorte:

WOMO-Stellplatz: San Carlo

Position: N 44°02.443' E 10°09.320' **WOMO-Zahl**: höchstens 5;

Ausstattung: Wasser (gegenüber am Beginn der Straße mit dem Geländer), Mülleimer, Gaststätte (im Sommer), Pizzeria, möglicherweise ist der Parkplatz im Sommer abends voll geparkt.

Zufahrt: In Massa ist der Wegweiser *,San Carlo'* teilweise schlecht zu sehen, Sie müssen Ihn aber finden, sonst gelangen Sie nicht auf die Straße nach Castelnuovo. Am westlichen Ortseingang von San Carlo kommen Sie auf der Durchfahrtsstraße am Parkplatz vorbei.

Finen **alternativen Stellplatz**, der aber nicht so schön liegt, finden Sie ebenfalls an der Durchfahrtsstraße, jedoch am östlichen Ortsrand von San Carlo.

Genießen Sie auch auf der Weiterfahrt durch abgelegene Bergdörfer ein Stück unbekanntes Italien!

an der Straße bei San Carlo mit Blick auf Massa und das Meer

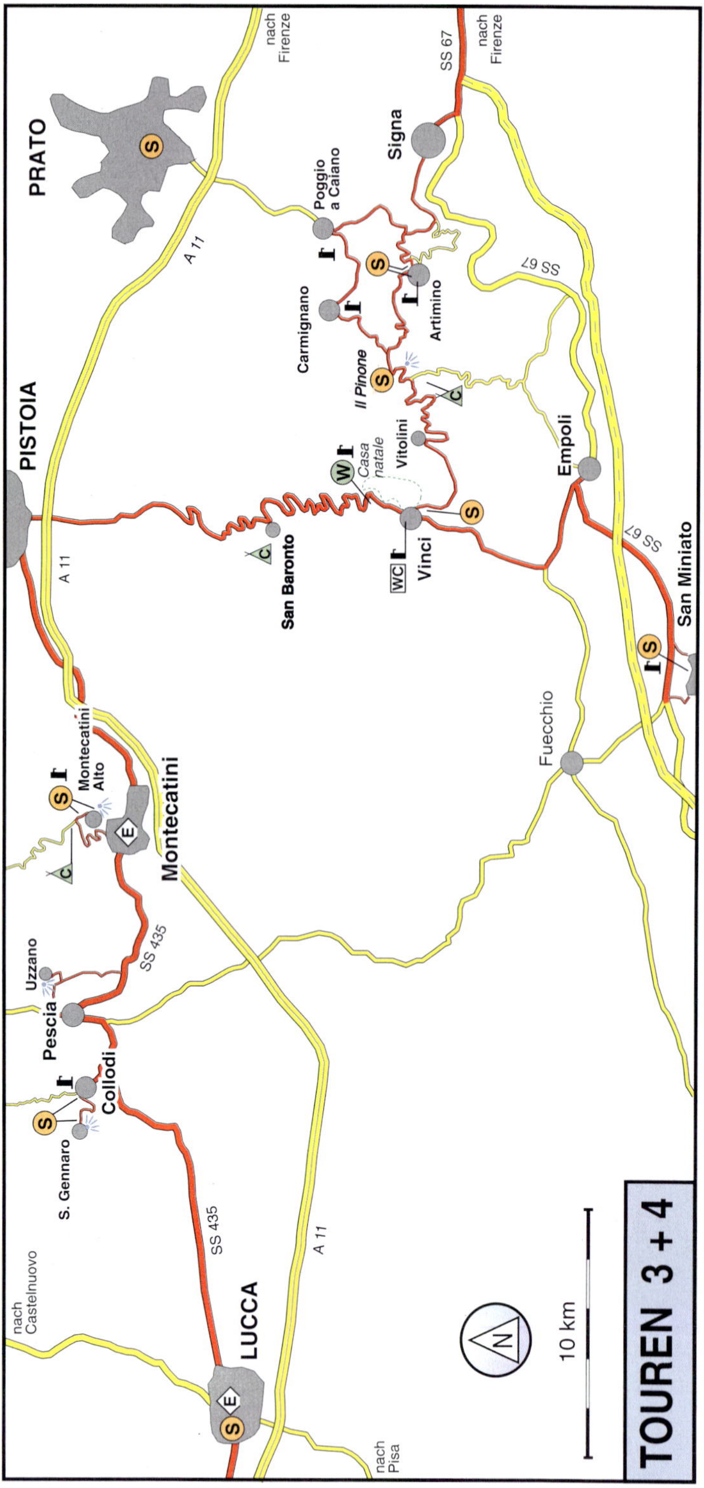
TOUREN 3 + 4
10 km
N
PRATO
PISTOIA
LUCCA
Montecatini
Montecatini Alto
Pescia
Uzzano
Collodi
S. Gennaro
San Baronto
Vinci
Casa natale
Vitolini
Il Pinone
Carmignano
Artimino
Poggio a Caiano
Signa
Empoli
San Miniato
Fuecchio
nach Firenze
nach Firenze
nach Castelnuovo
nach Pisa
A 11
A 11
A 11
A 11
SS 435
SS 435
SS 67
SS 67
SS 67
WC

Tour 3: Zwischen Florenz und der Küste

Collodi - Montecatini - Pistoia - Vinci - San Miniato

Stellplätze:	in Collodi, in San Gennaro, in Montecatini Alto, bei Vinci, in San Miniato
Campingplatz:	in Montecatini Alto, bei San Baronto
Besichtigen:	Pinocchio-Park und Garten der Villa Garzoni in Collodi, Montecatini, in Pistoia: Dom, Ospedale del Ceppo; Kanzel in der Kirche Pieve Sant' Andrea; in Vinci: Geburtshaus und Leonardo-Museum ; San Miniato
Wandern:	Spaziergang in Collodi, Wanderung um Vinci
Essen:	Ristoranti *Gaia* und *Il Salotto di Gea* in Montecatini-Alto, Pizzeria *Leonardo* in Vinci

Schlechtes Wetter treibt uns aus dem Tal des Sérchio auf die weitläufigen Hügel nördlich der Arno-Ebene. Über Bagni di Lucca kurven wir auf schmaler Straße durch das urige Dorf Villa Basílica in den kleinen Ort **Collodi**. Das scheint hauptsächlich aus Geschäften und Buden zu bestehen, in denen hölzerne Pinocchio-Puppen aller Arten und Größen feilgeboten werden. Denn *Carlo Collodi* war das Pseudonym eines gewissen *Carlo Lorenzini*, der seine Kindheit in Collodi verbracht hat und sich deshalb den gleich lautenden Künstlernamen gab, als er in den Jahren 1881 bis 1883 die Kindergeschichte ‚*Pinocchios Abenteuer*' schrieb; zuerst als Fortsetzungen für eine Zeitschrift, später als Italiens populärstes

im Collodi Park

Kinderbuch. Eine solche Publicity verpflichtet, und so entstand der ***Collodi-Park*** eine bei Kindern und Erwachsenen gleichermaßen beliebte Ansammlung von Plastiken und Gebilden aus dem Leben des Kinderbuchstars. Der Park spricht aber Erwachsene mehr an als Kinder, denn die Figuren sind leicht abstrakt und aus Bronze sowie Edelstahl zusammengeschweißt, was unsere Kinder etwas enttäuscht hat, als sie noch im Pinocchio geeigneten Alter waren. Dafür ist die in Form eines Labyrinths gestaltete Parkanlage sehr schön und schattig. Es gibt vielfältige Spiel- und Klettermöglichkeiten, und über die Jahre hat sich nichts verändert. Nur der Eintrittspreis ist mehr als inflationär gestiegen *(6,80 € für Erwachsene und 3,50 € für Kinder; täglich von 8,30 Uhr bis Sonnenuntergang).*

Collodi hat aber noch eine weitere, kunsthistorisch wesentlich beachtenswertere Attraktion zu bieten: Das auf einem Bergrücken malerisch gelegene Dorf und davor die schlossähnliche **Villa Garzoni** mit ihrem in Terrassen angelegten Park, dem angeblich schönsten Barockgarten Italiens. Dessen Besichtigung ist ebenfalls eindeutig zu teuer: 5 € für jeden Erwachsenen und noch einmal 3 € für jedes Kind. Zur Besichtigung des Schlosses hätten wir noch einmal fast denselben Betrag auf den Tisch der Contessa legen sollen, was wir allerdings dankend ablehnen. Die adlige Familie, der die ganze Anlage gehört, braucht offensichtlich Bares, das der kräftig gebeutelte Tourist dann beim Verlassen des Parkes zum dritten Mal ablegen soll, wird er dort nämlich noch in eine *Cantina* gelotst, wo allerlei Ess- und Trinkbares verköstigt und

Blick auf Collodi - von der Straße nach San Gennaro

eingepackt werden kann *(Park: ab Februar von 9 Uhr bis Sonnenuntergang, ab Oktober 10 - 16 Uhr).*

Das **Dörfchen** und die **wunderbare Sicht** von dort oben sind aber gratis. Und gäbe es weder Pinocchio- noch Garzoni-Park, wir würden Ihnen allein schon dieses Ausblicks wegen die Reise nach Collodi empfehlen.

Für die Übernachtung haben wir uns einen der beiden hintereinander liegenden großen Parkplätze am Pinocchio-Park ausgesucht. Am nächsten Morgen müssen wir uns allerdings etwas beeilen, weil kräftige Männer gerade dabei sind, rund um unser WOMO Marktstände aufzubauen. Aber das macht nichts, wir fahren einfach zum Parkplatz auf die andere Seite des Baches. Vorbei am Restaurant *Gambero Rosso*, dessen Speisekarte mehr verspricht als die Köche halten.

WOMO-Stellplatz: Collodi

Position: N 43°53.972' E 10°39.119'; **WOMO-Zahl**: >5;
Ausstattung: Wasser (aus einem großen Brunnen beim Parkplatz auf der anderen Bachseite), Mülleimer, Gaststätten, Geschäfte;
Zufahrt: von der SS 435 nach Collodi, südlich des Ortes links und gleich wieder rechts zum ‚P'.

Den schöneren Stellplatz haben wir erst mit Hilfe eines Lesers entdeckt: Fahren Sie schräg gegenüber des Pinocchio-Parkplatzes bergauf nach **San Gennaro**. Von einem Parkplatz am Ortseingang werden Sie die tolle Aussicht genießen, die allerdings mit dem eindrucksvollen Blick auf Collodi nicht konkurrieren kann, den Sie von der kurzen Zufahrtsstraße haben. Der Übernachtungsplatz von San Gennaro ist leider nicht geräumig und dient zudem den Bewohnern als Parkmöglichkeit. Er darf also nicht ganz zugekeilt werden. Dafür gibt es auf dem Weg dorthin Stellmöglichkeiten für einzelne WOMOs:

WOMO-Stellplatz: San Gennaro

Position: N 43°53.955' E 10°38.450'; **WOMO-Zahl**: 2 - bitte nicht mehr!;
Ausstattung: Mülleimer;
Zufahrt: vom Parkplatz beim Pinocchio-Park in Collodi 50 m nach Norden, dann Wegweiser links nach San Gennaro, dort vor dem Dorf links.
Weitere einzelne Stellflächen sehen Sie seitlich der Zufahrt.

Eigentlich wollten wir früh aufstehen, um im benachbarten **Pescia** den Blumenmarkt zu besuchen, der aber schon um 9,30 Uhr schließt. Hier werden vor allem im Sommer von montags bis samstags ab 6,30 Uhr Hunderttausende von Blumen, hauptsächlich Nelken, verkauft. Im Sommer setzt man täglich bis zu 3 Millionen Blütenstängel um. Während die Pflanzenhändler zusammenpacken und Geld zählen, sitzen wir im 5 km entfernten Collodi noch beim Frühstück, so dass wir uns später in Pescia mit einem Einkaufsbummel in der schönen Altstadt begnügen müssen. Vor allem die Piazza Grande macht uns an, eigentlich mehr Straße als Platz, aber sehr harmonisch.

Auf dem Weg nach Osten verlocken nun weitere schöne Bergdörfer, von denen uns **Uzzano Alto**, also der hoch gelegene alte Ortsteil, sehr gut gefällt. Bedauerlicherweise ist der dortige Parkplatz ziemlich abschüssig, so dass wir das bekannte familiäre Restaurant *Bigiano* auslassen.

unterhalb von Uzzano Alto

Dass ich in mehreren Vorauflagen schrieb, ich sei in **Montecatini Terme** nicht ausgestiegen, ist mir peinlich, seit ich dann doch mal ausgestiegen bin. Das Parken oberhalb des Kurbezirks ist zwar ein wenig illegal (WOMOs werden aus dem Kurbereich verbannt – der Parkplatz an der Straße, die von Montecatini Alto auf das Kurgelände trifft, wird dennoch von WOMOs beparkt, er ist jedoch kein Übernachtungsplatz), die Thermen sind aber ausgesprochen sehenswert.

Auf jeden Fall die **Tettuccio-Terme** mit ihren schönen Jugendstil-Dekorationen. Man bedauert dort beinahe, nicht an Krankheiten der Leber, des Magens oder sonstiger Verdauungsorgane zu leiden, zu gerne würde man sein Glas unter einen der Hähne halten. Je nach Anweisung des Arztes unter kalt oder warm, und am liebsten während der ruhmreichen Zeit der großen Bäder zu Beginn des 20. Jahrhunderts. Was aber gar nicht funktionieren würde, da das prunkvolle Gebäude der Tettuccio-Terme erst 1927 erbaut wurde, in einem da schon längst überholten Stil. Aber noch heutzutage würde man, litt man an genannten Krankheiten, mit einer großen Zeitung im

Tettuccio-Terme

Sessel sitzen, daran vorbei den vereinzelten jungen Damen nachschielen und dem Kurorchester lauschen. Auf jeden Fall trüge man gewienerte Schuhe, und an den Beginn des Rentenalters könnte man sich schon fast nicht mehr erinnern. Damit die Gesunden und die Gaffer mit den kaum noch putzbaren Turnschuhen nicht am Ende noch die Kurschatten auf falsche Gedanken bringen, darf man als Tourist nur eine Stunde am Tag unter Säulen durch die Hallen wandeln und sich im Café des *Stabilimento Tettuccio*, alleine das lohnt schon das Aussteigen, an niedliche Tische setzen *(die Therme ist täglich von 11-12 Uhr zur Besichtigung freigegeben, 5 €; zu anderen Zeiten muss man den vollen Tagespreis von 12 € zahlen, darin sind dann die Wässer inbegriffen).*

in der Tettuccio-Terme

Jahrelang haben wir auch nicht die Kurve zum höhergelegenen **Montecatini Alto** gekriegt, was ebenfalls eine Unterlassungssünde war. Dass der Blick von dort in die (stark besiedelte) Ebene den gut befahrbaren Weg lohnt, haben wir zwar vermutet, dass das Dorf noch einen spürbaren, wenn auch nur kleinen Rest von Ursprünglichkeit behalten hat, schon weniger, dass es aber zwei ordentliche Übernachtungsplätze gibt, einen netten Campingplatz und wenigstens zwei leckere **Restaurants**, ist eine Überraschung. Der Reihe nach: Die klotzige Kuranstalt am Ortsrand ist offenbar dem Spardruck im italienischen Gesundheitswesen zum Opfer gefallen, zumindest steht sie leer. Das scheint Montecatini Alto wenigstens optisch zu Gute gekommen zu sein. In der romanischen Kirche aus dem 13. Jahrhundert sind wir so die einzigen Besucher. Auch die Stellplätze haben sich noch nicht herumgesprochen. Den ersten entdecken Sie kurz vor dem Dorf, also nördlich, links der Straße. Der einzige Makel sind die Müllcontainer, die auf der einen Seite des Platzes der reizvollen Sicht im Wege stehen.

WOMO-Stellplatz: Montecatini Alto *(nördlich)*

Position: N 43°54.062' E 10°47.376'; **WOMO-Zahl**: >5;
Ausstattung: Wasser (seitlich des nördlichen Stadttors), Mülleimer, Geschäfte und Gaststätten in der Nähe;
Zufahrt: von Montecatini Wegweiser *'Montecatini Alto'* oder *'Camping Belsito'*, bergauf, an der letzten Gabelung rechts, dann nach 200 m links.

Zum anderen Schlafplatz fahren Sie weiter um den Ort herum auf dessen Südseite. Hier finden Sie eine Balustrade mit Bänken und den schon gerühmten Fernblick. Der Stellplatz ist allerdings in die Mitte zwischen die Fahrbahnen verlagert und dient nicht nur Ihrer Erbauung, sondern auch der Vorbeifahrt weniger Autos. Fast nichts im Leben ist vollkommen:

WOMO-Stellplatz: Montecatini Alto *(südlich)*

Position: N 43°53.606' E 10°47.290'; **WOMO-Zahl**: >5;
Ausstattung: Mülleimer, Gaststätten, Geschäfte;
Zufahrt: am vorgenannten Stellplatz geradeaus weiter, unterhalb des Dorfes um dieses herumfahren.

Blick vom südlichen Stellplatz

Aber Sie haben ja die Wahl und dürfen sich zudem für den Campingplatz *Belsito* entscheiden, der ortsnah (15 Minuten zu Fuß) mit einem Pool glänzt und teilweise auch mit schönem Blick auf die toskanischen Hügel:

Campingplatz-Tipp: Montecatini Alto *(Belsito)*

Ortszentrum: 1 km; **Zeiten**: ganzjährig;
Ausstattung: für toskanische Verhältnisse eher preiswert, Schwimmbad, Laden, Restaurant;
Zufahrt: nördlich des Ortes (ab Montecatini beschildert).

Zwei Restaurants haben wir für Sie getestet: Von der Sommerterrasse des ***Ristorante Gaia***, oberhalb des südlichen Stellplatzes, genießen wir ein überdurchschnittlich gutes Essen, das jedoch nicht ganz mit dem einmaligen Blick mithalten kann (*Reservierung ist, wie auch bei nächst genanntem Lokal, nicht erforderlich*). Das ***Il Salotto di Gea*** hat am Dorfplatz erst unlängst eröffnet und unterscheidet sich von seinem größeren Nachbarn dadurch, dass die Fixierung auf die Touristen nicht so deutlich hervortritt. Man kocht also anspruchsvoller *(Tel. 0572 904318; montags geschlossen)*. Wundern Sie sich nicht, wenn plötzlich in der Eisdiele daneben binnen Minuten alle Tische besetzt werden. Dann hat nicht etwa in der Kuranstalt die Stunde des Freigangs geschlagen, sondern die **Bergbahn** von Montecatini ist angekommen. Um das zu ergründen brauchten wir allerdings zwei Urlaube.

Pistoia - Dom

Und am Morgen nach den kriminalistischen Ermittlungen eilen wir, um mehrere positive Erfahrungen reicher, nach **Pistoia** (95.000 Einwohner), um dort noch rechtzeitig anzukommen, bevor in den Gassen in der Nähe des **Domplatzes** die Marktstände weggeräumt und die Kirchentüren abgeschlossen werden. Die Renovierungsarbeiten am Baptisterium sind längst abgeschlossen, und im Dom dürfen Sie sich im rechten Schiff den **Silberaltar** nicht entgehen lassen. Von 1287 bis 1456 haben unzählige Künstler, darunter sogar der Architekt der Florentiner Domkuppel, Brunelleschi, an den 628 Figuren gewerkelt, die der Reliquie des heiligen Jakobus einen standesgemäßen Rahmen verleihen *(8-9,30 und 10-12,30 und 15-18 Uhr; 1,60 €)*. Seitlich des Doms ist das Touristenbüro untergebracht. Wo Sie sich einen kostenlosen Stadtplan holen sollten, ohne den Sie die anderen Sehenswürdigkeiten nur schwer finden.

Pistoia - Baptisterium

Danach können Sie an den Keramik-Reliefs in der Vorhalle des Doms schon mal Appetit auf die Handschrift des Giovanni della Robbia bekommen. Derselbe Künstler hat nämlich auch das Krankenhaus der Stadt mit tollen, farbenprächtigen Terrakotta-Friesen verziert, auf denen die sieben Werke der Barm-

Pistoia - Relief am Ospedale del Ceppo

herzigkeit abgebildet sind. Das **Ospedale del Ceppo** finden Sie, wenn Sie den Dom im Rücken an der gegenüberliegenden Seite des Domplatzes nach rechts laufen, bei nächster Gelegenheit links und dann geradeaus, bis sie vor der Klinik stehen.

Die größte Sehenswürdigkeit der Stadt ist nach unserem Geschmack aber die **Kanzel** von Giovanni Pisano in der Kirche **Pieve Sant'Andrea** *(am Ospedale schräg links hoch zu einem kleinen Platz, davor links und die nächste Straße rechts).* Giovannis Kanzeln, wie auch die seines Vaters Nicola, muss man sich alle ansehen, und zwar langanhaltend und ausreichend beleuchtet. Giovanni schuf später die noch kunst-

Pistoia - Eingangsportal von Sant'Andrea

vollere Kanzel für den Dom von Pisa, während sein Vater durch die Kanzeln im Baptisterium von Pisa und im Dom von Siena berühmt geworden ist (siehe auch bei den Touren 1 und 9). Mit Worten lassen sich die Schönheit dieser Kanzeln und die Genialität ihrer Erschaffer kaum beschreiben, wobei viele Reiseführer der Kanzel von Pistoia kaum mehr als einen Nebensatz widmen *(an der Kirchentür, die stets verschlossen scheint, stehen nicht mal die Öffnungszeiten, und wir waren bei allen Besuchen die einzigen Staunenden).*

Nach der Mittagspause in einer *Tavola Calda* nehmen wir die Kurven nach Vinci in Angriff. Schon beim Blick auf die Karte kostet die Fahrt hierher Überwindung, und unten von der Ebene aus traut man dem Monte Albano, den es zu überqueren gilt, mehr als seine 627 Höhenmeter zu.

Auf halber Strecke kommen Sie an einem empfehlenswerten Campingplatz vorbei, den vielleicht gerne in Anspruch nimmt, wer bemerkt hat, dass der beschilderte und in der Konkurrenzliteratur beschriebene Stellplatz von Pistoia alle denkbaren Negativmerkmale vereint und indiskutabel ist:

Campingplatz-Tipp: San Baronto *(Barco Reale)*

Ortszentrum: 1,5 km; **Zeiten**: 1.4. – 30. 9.; **Tel**. 0573 88332
Ausstattung: Schwimmbad, Laden, Restaurant;
Zufahrt: an der SP 9 ca. 20 km südlich von Pistoia in San Baronto beschildert.

Schlagartig sind wir in einer anderen Welt, in einer Toskana-Landschaft wie aus dem Bildband, da wir das stark be- und zersiedelte Becken mit den Städten Pistoia, Prato und Firenze hinter und unter uns zurücklassen. Wenn man bedenkt, dass sich im Arnotal, jenseits des Gebirges und besonders in der Umgebung vom Empoli, die Industrieansiedlungen fortsetzen, ist es schon erstaunlich, dass wir hier ein kleines, umgrenztes Gebiet vorfinden, das, jedenfalls dem äußeren Anschein nach, eine heile Toskana-Welt verkörpert. Die Hügel, die niedlichen Ortschaften und die einzelstehenden Gehöfte erinnern uns stark an das Chianti-Land, jedoch wurden im Bereich des Monte Albano schon früher die alten Bauernhäuser zu Wochenendheimen umgebaut. Wir durchqueren nämlich ein Naherholungsgebiet dreier Großstädte, was uns aber an einem Werktag gar nicht bewusst wird. Nur wenn sich gelegentlich eine Aussichtsmöglichkeit hinunter in die Ebene bietet, merken wir, wie nahe wir den ineinandergewachsenen Städten sind. An das Chianti-Gebiet erinnert auch der Wein, der sich hier ebenfalls Chianti nennen darf; nur nicht *Chianti classico*, und das Qualitätszeichen des schwarzen Hahns auf der Flasche ist hier auch verboten. Hier oben, am Monte Albano,

Blick auf Vinci

kennt man aber noch das kleine, aber sehr feine Weinanbaugebiet um Carmignano, wohin unsere nächste Tour führt.

Vinci (14.000 Einwohner) verdankt seinen Ruhm nicht sich selbst, sondern dem Zufall, dass in einem abgelegenen Bauernhaus, 2,5 km nördlich, am 15. April 1452 eine Magd einen Sohn zur Welt brachte, den sie Leonardo nannte. Vielleicht sollte der Knabe vor der Menschheit verborgen bleiben, wahrscheinlich hat die Mutter gerade deswegen abseits der Stadt geboren. Denn Leonardos nichtehelicher Vater war ein Herr aus den allerbesten Florentiner Kreisen, ein Notar heißt es. Die ***Casa natale***, das Geburtshaus, besichtigen wir anlässlich unserer nächsten Wanderung, dabei führt uns die freundliche Wächterin sogar in das Geburtszimmer Leonardos *(täglich von 9,30-19 Uhr; Eintritt frei).* Ob dieser hier und in jenem Haus tatsächlich das Licht der Welt erblickt hat, darf bezweifelt werden. Aber Ungläubigkeit ist nicht erwünscht, wenn man sich vorstellen möchte, an der Geburtsstätte eines Universalgenies zu stehen. Also zweifeln wir nicht.

Nach Vinci fährt man nicht wegen des Namens und auch nicht wegen des Geburtshauses. Sondern wegen der schönen Lage, der beiden Stellplätzen und vor allem wegen des **Museo Leonardiano** *(9,30-19 Uhr; im Winter bis 18 Uhr fast das ganze Jahr von 12-14,30 Uhr Mittagspause; 2,50 €).* Das kleine Museum überrascht uns angenehm, weil hier nicht allerlei quer durch die Lebensgeschichte Leonardos präsentiert wird, was zweifellos auch aufregend wie das Leben dieses Künstlers, jedoch schon wegen der Sprachprobleme schwer verständlich wäre. Stattdessen hat man sich im Wesentlichen darauf beschränkt, etwa 100 von Leonardo gezeichnete technische Modelle nachzubauen. Über jedem Schaustück hängt nun eine Abbildung der Handzeichnung Leonardos, damit der Betrachter sich sowohl von dem Erfindungsreichtum des Meis-

im Museo-Leonardiano

ters wie auch von der Detailtreue der modernen Modellbauer überzeugen kann. Besonders alle Arten von Lastenkranen, Getrieben und Übersetzungen zeugen von dem Bedürfnis der Renaissance nach technischer Unterstützung der menschlichen Arbeitskraft. An fast jedem Gerät findet man dann auch eine kleine Kurbel oder ein Rädchen, an dem man durch Drehen die Funktionalität nachvollziehen oder testen kann. Ein hoffnungslos überforderter Museumswächter tippt dem Besucher dabei manchmal mahnend, aber letztendlich vergeblich auf die Schulter. Man müsste sich schon selbst die eine Hand mit der anderen festhalten, um diesen tollen Modellen zu widerstehen. Ich glaube auch, dass die Museumsführung hauptsächlich nur hemmungsloses Herumhantieren, das früher angeblich möglich war, verhindern will, da man sonst mit der Reparatur der teilweise 70 Jahre alten Maschinen nicht mehr nachkommt. Die zaghafte, heimliche Berührung nach verstohlenem Blick zum Wächter gehört also dazu. Leonardo, dessen Universalgeist - man denke nur an Mona Lisa - Ausdruck der Renaissance war, hat aber der Menschheit nicht nur Gutes getan, wie man an den Modellen eines Panzers und anderer Kriegswerkzeuge sehen kann. Man muss auch wissen, dass seine Schöpfungen nicht unbedingt eigene Erfindungen waren. Lediglich die Umsetzung in eine technische Konstruktionszeichnung, vielleicht auch die Verfeinerung einer Idee, stammen hier und da von ihm - oder sind nur von ihm der Nachwelt überliefert.

Der sich an den Museumsbesuch anschließende Bummel

durch das kleine Städtchen hat uns hungrig gemacht, so sind wir die ersten Gäste des abends um 19,30 Uhr öffnenden **Ristorante-Pizzeria *Leonardo*** am Fuß der Burg *(mittwochs geschlossen).* Die leckeren Pizzas, auf hauchdünnem Teig und zu akzeptablen Preisen, werden allzeit in unserer besten Erinnerung bleiben, zumal uns die Wirtsfamilie auch nicht schief ansieht, als wir unser Abendessen auf Pizza beschränken. Überraschenderweise suchen wir die auf der Speisekarte erwartete *Pizza Leonardo* vergeblich, dafür wird *Chianti Leonardo* ausgeschenkt. Wenn Herr da Vinci wüsste, welch mäßiger Säuerling mit seinem Bartgesicht vermarktet wird!

In früheren Auflagen habe ich Ihnen empfohlen, vor der Pizzeria *Leonardo*, also an der nördlichen Umfahrung der Burg, quer zu den Markierungen zu nächtigen. Das rate ich nun nicht mehr, da inzwischen der Verkehr hier vorbei fließt. Zudem hat man den offiziellen Stellplatz im Jahre 2004 ausgebaut und aufgewertet:

WOMO-Stellplatz: Vinci *(Sportplatz)*

Position: N 43°46.854' E 10°55.704'; **WOMO-Zahl**: >5;
Ausstattung: Wasser, Entsorgungsstation, Wanderwege;
Zufahrt: von Vinci Richtung Vitolini und Carmignano beim Sportplatz seitlich der Straße (beschildert).

Landschaftlich wesentlich reizvoller ist der einsame Parkplatz an der Casa natale, an dessen Zufahrt Sie einen Wasserhahn anzapfen dürfen:

WOMO-Wanderparkplatz: Vinci *(Casa natale)*

Position: N 43°47.994' E 10°56.341'; **WOMO-Zahl**: höchstens 5;
Ausstattung: Wasserhahn, Wanderwege, WOMOs sind nur auf der oberen, asphaltierten Ebene erlaubt, abends und zum Frühstück können Sie die Klappstühle eine Etage tiefer unter Ölbäume tragen;
Zufahrt: von Vinci nach Norden zur *,Casa natale'*.

Man kann auch weiterfahren und auf halbem Weg nach Carmignano unterhalb des Restaurants *Il Pinone* bleiben; zu dieser interessanten Stelle führen wir Sie anlässlich der nächsten Tour.

Unsere Wanderung, für die Leser, die überhaupt wandern, ein Muss, führt durch selten schöne Olivengärten und beginnt in Vinci an der Burg:

Die Sonne scheint, als wir zunächst mehr oder weniger den Wegweisern und der Straße zur *Casa natale* folgen, wobei wir zwischendurch den Weg durch Olivenhaine abkürzen oder verschönern. Wir haben gelesen, dass die Ölbäume um Vinci ungewöhnlich silbrig glänzen. In der Tat fällt uns auf, dass die Kulturen hier nicht nur viel Raum einnehmen, sondern auch besonders gepflegt sind. Auf der ganzen Wanderung sehen wir immer wieder Bauern beim Zurückschneiden oder -sägen des knorrigen

Wanderung bei Vinci

Holzes oder beim Verbrennen der abgeschnitten Äste. Wir beobachten, wie mit speziellen Maschinen, teilweise sogar mit kleinen Raupen, der Boden unter den Bäumen umgepflügt wird, und dass bei Neuanpflanzungen an jedes kleine Olivenbäumchen eine Bewässerungsmöglichkeit geführt ist.

Die Landflucht scheint hier nicht so ausgeprägt wie in anderen Gebieten, so dass die Tradition der **Ölgewinnung** weniger tangiert worden ist. Hinzu kommt, dass der kalte Winter 1984/85 mit seinen brutalen Nachtfrösten der Gegend um Vinci weniger anhaben konnte, weshalb hier weniger Ölbäume, die allenfalls Temperaturen bis minus 20 Grad aushalten, erfroren sind.

Wenn man den ganzen Tag den **Olivenbaum** vor Augen hat, beschäftigt man sich automatisch näher mit ihm, das gebietet schon sein Alter: Bleibt er nämlich von starken Frösten und menschlichen Sägen verschont, kann er leicht mehrere hundert Jahre alt werden. Es dauert viele Jahre, bis ein

Baum erstmals Früchte trägt, von denen man schließlich 10 kg benötigt, um davon 1½ Liter Öl der ersten Qualitätsklasse *(Olio extra vergine di oliva)* zu pressen. In der Toskana werden die Oliven größtenteils zeitiger geerntet als in Sizilien, Spanien oder Griechenland, damit das Öl weniger fettsäurehaltig, und geschmacksintensiver wird. Solche Früchte muss man Stück für Stück mit der Hand pflücken, während sie anderswo auf unter den Bäumen ausgebreitete Netze oder Tücher geschüttelt oder mittels spezieller Kämme, die durch die Äste streichen, geerntet werden. Auch in der Toskana ist nicht jede einzelne Olive handverlesen, jedoch wendet der Erzeuger, der auf sich hält, zunehmend diese Erntemethode an. Der Markt für hochwertige Öle ist groß, und die Preise sind hoch.

Am Parkplatz beim Geburtshaus wählen wir den Weg entlang der Straße Richtung Faltugnano (empfehlenswert ist auch die Wanderung auf der geradeaus führenden Straße über Santa Lucia). Bevor wir die wenigen Häuser von Faltugnano erreicht haben, verlassen wir die Straße auf einem der nach rechts abbiegenden Wege. Je nach Länge der Wanderung wählt man die Alternativen: Die erste Gelegenheit kommt schon bald, nachdem die Straße in einer Haarnadelkurve den Bach überquert, im Wald leicht bergauf und dann um eine Linkskurve geführt worden ist. Ziemlich genau in dieser Kurve zweigt nach rechts ein Asphaltsträßchen ab, von dem man wieder mehrere Möglichkeiten nach links oder rechts zum Abbiegen hat. Wir wandern hier auf Sicht, denn den Turm der Burg von Vinci sehen wir ständig unter uns, und wenn einmal ein Weg nicht weiterführt, werden wir uns nicht verirren, sondern einfach umkehren. Wir hätten die Straße nach Faltugnano genauso gut erst weiter oben nach rechts verlassen können. Am Ende kommen wir nach drei Stunden am Sportplatz (Stellplatz)von Vinci heraus und haben wegen der sich ständig verändernden schönen Blicke auf die Stadt einen halben Film verknipst (leider gibt es keine Wanderkarte und keine Markierungen – vielleicht inzwischen doch, die Orientierung ist trotzdem nicht schwer).

Will man von Vinci über Vitolini nach Carmignano weiterfahren, kommt man nicht nur nach wenigen Kilometern an dem schon erwähnten Stellplatz vorbei, man trifft auch auf die Strecke der 4. Tour, die man in Vinci recht gut beginnen kann.

Wir entschließen uns stattdessen zu einem Abstecher ins mittelalterliche **San Miniato** (26.000 Einwohner). Die Stadt südlich des Arno und der Schnellstraße nach Pisa ist erstaunlicherweise vom Tourismus nur wenig tangiert, in vielen Reiseführern wird sie nicht einmal erwähnt. Bei der Zufahrt müssen Sie aber der Größe Ihres WOMOs Rechnung tragen. Nur ab dem nördlich gelegenen Dorf Scala gibt es keine Beschränkungen. Zwar stehen auch dort an der Straße entsprechende Verbotsschilder, die aber nur für Innenstadtbereiche von San Miniato gelten, die wir mit dem Auto ohnehin meiden. Die Stellplätze jedenfalls sind problemlos zu erreichen:

WOMO-Stellplätze: San Miniato

Position: N 43°40.924' E 10°51.140'; **WOMO-Zahl**: >5;

Ausstattung: Mülleimer, Gaststätte, nicht in der Nacht auf Dienstag.
Zufahrt: Nähern Sie sich der Stadt möglichst von der SS 67, also von Norden, und fahren Sie solange, bis Sie seitlich der Straße unterhalb einer großen Mauer einen geräumigen Parkplatz finden (unterwegs Wegweiser '*Centro*' und '*Carabinieri*' und vorbei an der nach rechts bergab führenden Zufahrt zu einem Parkhaus!) Hier gibt es massenweise Stellplätze, die sicher und schön liegen, aber leider ohne die erhoffte Fernsicht.

Die **Alternative** kenne ich nur aus der schwärmerischen Post und dem nebenstehenden Foto von Gaby, einer Leserin, die Ihnen die wohl bessere Stelle empfiehlt (GPS-Daten und genauere Angaben nehme ich gerne zur Kenntnis): Es ist die **Piazza L. Benvenuti**, die sich 200 m nördlich des Ortsendes befindet, wohl an der westlichen Verbindung zur SS 67. Jedenfalls wurde der wirklich schöne Panoramaplatz Gaby von der Polizei empfohlen, und er erstreckt sich über zwei Ebenen. Sie werden ihn voraussichtlich finden.

Wer nicht nur wegen der berühmten weißen Trüffeln nach San Miniato gereist ist (Trüffelmarkt an mehreren Wochenenden im November), nimmt zu Fuß die beiden lang gezogenen Hauptstraßen in Angriff und steht bald vor dem kleinen Dom (aus dem 12. Jahrhundert) - auf der Bergkuppe oberhalb unseres Mauerstellplatzes und unterhalb der ehemaligen Burg des deutschen Kaisers Friedrich II. Der Campanile des Doms ist übrigens älter und diente, was man ihm noch ansieht, ehemals der Festung, die schon im 10. Jahrhundert begonnen worden war.

San Miniato

Zum Höhepunkt von San Miniato sind es von hier nur noch wenige Schritte. Wir erklimmen nämlich den ehemaligen **Burgturm** der Kaiserpfalz, der wieder aufgebaut wurde, nachdem er im 2. Weltkrieg zusammen mit Teilen der Stadt von deutschen Truppen zerstört worden war. Diese traurige Tatsache hat mit dem Beinamen der Stadt *al Tedesco* (*die Deutsche*), der übrigens nach dem letzten Krieg abgeschafft wurde, als man sich von den deutschen Besatzern distanzierte, nichts zu tun. Der Titel erinnert vielmehr an den deutschen Staufer-Kaiser Friedrich II., der genau wusste, warum er hier oben strategisch günstig eine mächtige Burg mit einem weiten Einflussbereich bauen ließ. So ist auch der Blick einzigartig: Unten die auf drei lang gezogene Bergrücken gestreckte Stadt und rundum auf Hügellandschaften wie aus dem toskanischen Bildkalender. Der liebe Gott tut sein Bestes, er taucht das Ganze in ein mildes Nachmittagslicht, und zwei Stunden später beschert er uns auch noch einen violettfarbenen Sonnenuntergang. Auch wenn das Licht bei Ihrem Besuch nicht ganz so schöne Bilder malt, sollten Sie lange genug verweilen. Der Blick gilt als einer der schönsten der Toskana.

San Miniato

Wer mit uns schon öfter in Italien unterwegs war, weiß, dass wir uns an Karfreitag gerne in einer mittelalterlichen Stadt aufhalten, wo die Prozession im Fackelschein eine besonders folkloristische Note bekommt. Der Umzug von Assisi (siehe Teil 2) ist konkurrenzlos, der von San Miniato rangiert in der Prozessionstabelle relativ weit oben.

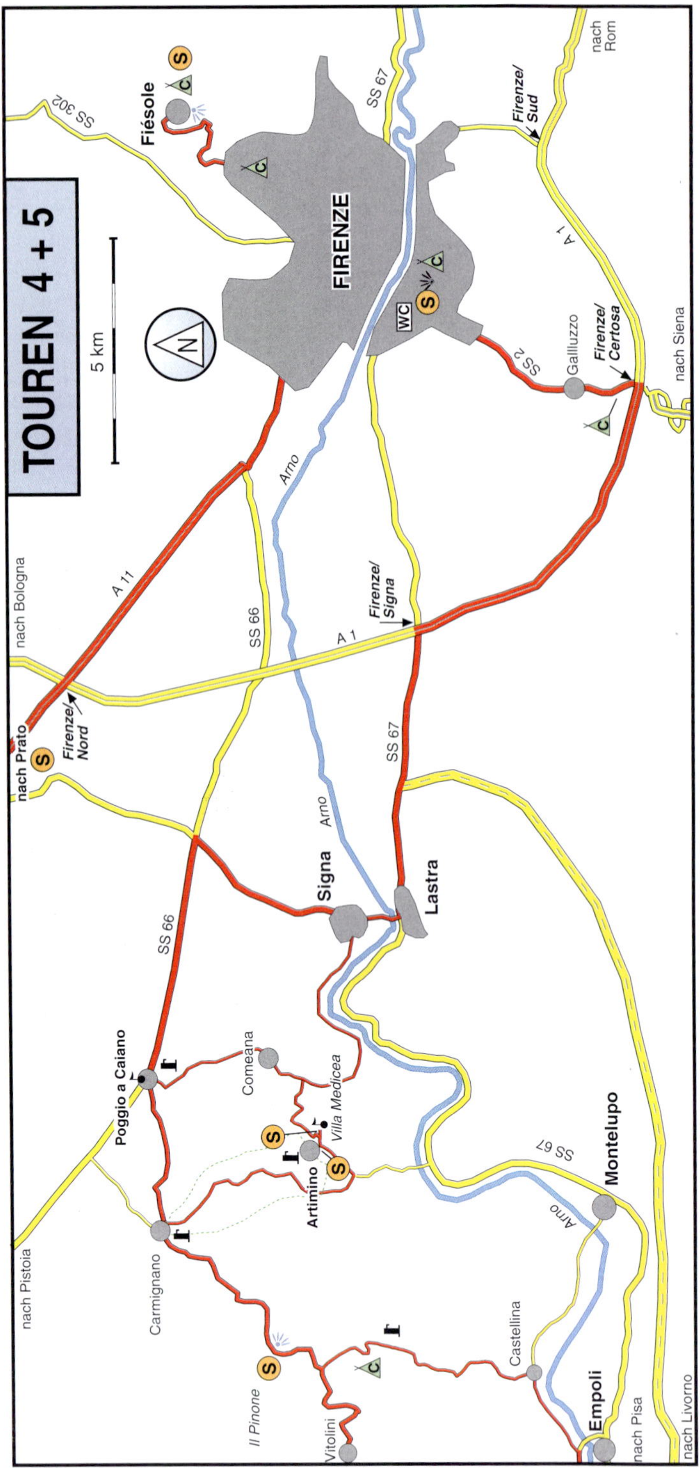
TOUREN 4 + 5
5 km
N
FIRENZE
Fiésole
SS 302
SS 67
nach Rom
Firenze/Sud
A 1
WC
SS 2
Galluzzo
Firenze/Certosa
nach Siena
Arno
A 11
nach Bologna
SS 66
Firenze/Signa
nach Prato
Firenze/Nord
Signa
Lastra
Poggio a Caiano
Comeana
Villa Medicea
Artimino
Montelupo
Carmignano
nach Pistoia
Il Pinone
Vitolini
Castellina
Empoli
nach Pisa
nach Livorno

Tour 4: Ins Jagdrevier der Medici

Poggio a Caiano - Artimino - Carmignano

Stellplätze:	in oder bei Artimino, unterhalb des Gasthauses *Il Pinone* an der Straße von Vinci nach Carmignano
Campingplatz:	*San Giusto* bei Carmignano
Besichtigen:	Medici-Villen in Poggio a Caiano und Artimino
Wandern:	von Carmignano nach Artimino
Essen:	*Ristoranti Da Delfina* in Artimino, *Il Pinone* an der Straße von Vinci nach Carmignano
Karten:	auch auf Seite 46

In Empoli, einer Stadt unten am Arno, in der die Flaschen für den toskanischen Wein hergestellt werden, schwanken wir, ob wir der Hauptstraße im Flusstal ostwärts folgen sollen, oder ob nicht das kleine Sträßchen, das sich nordwestlich von Empoli in die Berge schlängelt, reizvoller ist. Wir entscheiden uns, wie meistens bei solchen Alternativen, für den zuletzt genannten Weg und können Ihnen nur empfehlen, dieselbe Wahl zu treffen. Es gibt sogar zwei Strecken, die beide auch von großen WOMOs befahren werden können, entweder über Vitolini oder ab Castellina nordöstlich von Empoli. Nach rund 20 Kilometern und zahlreichen Fotopausen parken wir in **Poggio a Caiano**. Das Städtchen am Ufer des Ombrone würde kein Mensch besuchen, hätte sich nicht der Medici-Fürst „Lorenzo der Prächtige" in den Jahren zwischen 1480 und 1485 hier ein Landhaus bauen lassen, das auf dem Hügel

Villa in Poggio a Caiano

eines großen Parkes ein klassisches Beispiel für einen wohlproportionierten Profanbau der Renaissance ist. Auch wenn die zweiflügelige Treppe erst anfangs des 19. Jahrhunderts hinzu gebaut worden ist und bei genauem Hinsehen einen Stilbruch entlarvt. Wir sind an einem Werktag gegen Mittag *(nur geführte halbstündige Besichtigungen 9-16,30 Uhr, Juni, Juli, August bis 18,30 Uhr; an jedem 2. und 3. Montag eines Monats geschlossen; 2,50 €)* die einzigen Besucher, so dass uns die Wächter in aller Ruhe durch die prachtvollen Säle führen können. Ich frage mich nur, ob schon „Lorenzo Il Magnifico" an einem der beiden Billardtische spielte und höre später gerüchteweise, Mussolini habe die Villa diesbezüglich bereichert. Dafür sind die beiden prachtvollen Betten echt. Starben in ihnen Lorenzos Nachfahren (aus einer anderen Linie), der Großherzog der Toskana, Francesco I., und wenige Tage danach seine Gemahlin, Bianca Capella? Als Opfer eines heimtückischen Giftmordes, angezettelt vom Bruder Francescos, seines Zeichens Kardinal? Oder raffte beide, wie andere Quellen berichten, die Malaria dahin? Jedenfalls wurde der Kardinal nach dem Doppeltod des Bruders und der Schwägerin Großherzog der Toskana und nannte sich fortan Ferdinand I. Geplagt vom schlechten Gewissen und der Prunksucht erbaute er - richtiger, er ließ erbauen - in **Artimino**, ganz in der Nähe, ein nicht weniger eindrucksvolles Eigenheim, die heute nach ihm benannte **Villa ‚La Ferdinanda'**.

Artimino - Villa Ferdinanda

Um zu dem Dorf südwestlich von Poggio a Caiano zu gelangen, muss unser WOMO kräftig Schwung holen. Artimino liegt nämlich auf einer Bergkuppe, zu der sich ein schmales Sträßchen emporschlängelt, das ganz unten hinter Comeana mit einer Steigung beginnt, die von einem durchschnittlichen, also überladenen WOMO das Äußerste fordert. Haben Sie keine Angst, auch Ihres wird das kurze Stück schaffen.

An dieser Stelle der Reiseerzählung überlege ich mir, ob ich nicht lieber schreiben soll, der Weg wäre zu steil, oder ob es nicht besser wäre, den Ort vielleicht ganz unerwähnt zu lassen. Wer schon einmal in Artimino war, wird uns die Existenz dieses Reiseführers möglicherweise nie verzeihen. Wenn sich irgendwann am Abend Massen von WOMOs seitlich des Stadttors drängen, ist der Reiz ein bisschen kleiner. Während ich dieses schreibe, beschleicht mich wieder der Gedanke, dass das Schreiben eines Wohnmobilreiseführers aus diesem Grund eine durchaus zwiespältige Angelegenheit ist. Und es erstaunt mich sehr, dass der nachfolgend beschriebene Stellplatz an der Mauer von Artimino die Jahre überdauert hat. Jetzt habe ich Sie zwar auf Artimino richtig heiß gemacht, aber hoffentlich auch ein wenig verantwortungsvoll.

Und ehrlich gesagt ist es auch weniger die Medici-Villa, die uns so begeistert, als vielmehr die unvergleichliche Lage, das Restaurant *Da Delfina* und zwei passable Übernachtungsplätze. Fangen wir mit ihnen an: Der erste eignet sich eher für den etwas ängstlichen Wohnmobilisten, man findet ihn, wenn man auf das Stadttor zufährt, links desselben (Zufahrt im folgenden gelben Rahmen). Die Straße ist beim Torbogen platzartig ausgeweitet, und vor der Mauer können mehrere Wohnmobile hintereinander stehen. Nur der in früheren Auflagen versprochene Blick auf Ferdinands Schloss und die anmutige Landschaft ist durch einige geradezu dreist platzierte Müllcontainer getrübt:

WOMO-Stellplatz: Artimino *(Stadttor)*

Position: N 43°46.968' E 11°02.210'; **WOMO-Zahl**: 3-4;
Ausstattung: Mülleimer, Gaststätte, Geschäft (im Ort), Weinverkaufsstelle, Wanderwege, tagsüber gelegentlich zugeparkt;
Zufahrt: von der westlichen Straße Signa - Comeana hoch nach Artimino; dort rechts Richtung Stadttor, dann aber an der Zufahrt zum Ort links abbiegen und am *Da Delfina* vorbei fahren bis vor die Stadtmauer; das letzte Stück ist identisch mit der Zufahrt von Vinci und Vitolini.

Eine weitere Stelle ist nicht weniger interessant, aber einsamer und bietet nur Platz für ein einziges WOMO. Mit einigem Geschick sowie mehreren Unterlegbrettern gelingt es, unser WOMO auf wiesenartigem Untergrund zwischen mehrere Olivenbäume zu manövrieren. Wir müssen zwar ordentlich rangieren, aber der tolle Blick belohnt Sie für die Mühe. Ich werde noch bereuen, Ihnen dieses Plätzchen verraten zu haben. Aus den Erfahrungen meines Elsass-Führers, wo ich ähnliche Geheimtipps preisgegeben habe, weiß ich, dass Sie mich respektlos angrinsen werden, wenn mich das Leben bestraft, weil ich irgendwann einmal nach Ihnen angereist bin.

So blicken Sie dann statt meiner hinab ins Arnotal, Ihnen zu Füßen liegt die Stadt Signa, und weiter hinten erkennen Sie in der toskanischen Nachmittagssonne die Domkuppel von Florenz. Sie denken an den Trubel, den Verkehrslärm und Gestank, aber auch an die Touristenscharen dort unten, denen Sie in völlige Einsamkeit entrückt sind. Keine Frage, die Medici wussten schon, warum sie diese Gegend und den halben Monte Albano zu ihrem privaten Jagdrevier erklärt und sogar begonnen haben, dieses mit einer Mauer zu umschließen.

WOMO-Stellplatz: Artimino *(Villa)*

Position: N 43°47.086' E 11°02.660'; **WOMO-Zahl**: 1;
Ausstattung: Gaststätte, Wanderwege, einsam, schöner Blick, es liegen einige Papiertaschentücher herum, was Ihnen sagt, dass der Platz am Wochenende ungeeignet ist.
Zufahrt: Von der westlichen Straße Signa-Comeana hoch nach Artimino; bevor die Straße oben nach links zur Medici-Villa abbiegt, sehen Sie links zu einen Wegweiser zum privaten Parkplatz der *Villa Medicea*. Dem folgen Sie, an der gleich einmündenden Parkplatzzufahrt fahren Sie geradeaus und an einem Heiligenbild vorbei. Nach etwa 30 m liegt dann rechts die schöne Ausbuchtung, und Sie können mit den Rangierarbeiten anfangen, um das WOMO gerade und zur schönsten Sicht zu positionieren.

Falls Sie den schönen Aussichtsplatz ergattert habe, werden Sie Ihn vermutlich gegen Abend nicht mehr räumen. Dann entgeht Ihnen (wenn Sie nicht hinlaufen, was etwa 10 Minuten dauern dürfte) aber ein sehr gutes Restaurant. Das passiert leider auch, wenn Sie sich nicht rechtzeitig im ***Da Delfina*** angemeldet haben. Das Lokal war schon früher bei Einheimischen sehr beliebt; und ist es geblieben, als der Michelinstern nach kurzer Zeit wieder verlosch. Ohne Reservierung bekommen Sie nur durch Zufall Platz *(Tel. 05587 18074 oder 18119; im August, sonntags abends und montags geschlossen).* Im Sommer lässt Delfina, die Küchenchefin, auf der Terrasse decken, von der Sie bei erlesenen Speisen, beispielsweise einer vorzüglichen Ribolita, einem Brennnesselauflauf oder einem Kaninchen mit Oliven und Pinienkernen, einen tollen Blick genießen. Leider hat der Ruhm die Preise in die Höhe getrieben; 40 Euro müssen Sie pro Person schon übrig haben. Aber man ist freundlich geblieben und, für einen Esstempel keineswegs selbstverständlich, alles andere als hochgestochen.

Dort ist dann auch die Gelegenheit gekommen, einen örtlichen Rotwein zu kosten, einen *Villa Medicea Riserva*, der in guten Jahren zur toskanischen Oberklasse zählen kann, in schlechten aber auch mal ziemlich abfällt. Die Flaschen kosten im Lokal kaum mehr als in der Verkaufsstelle, die Sie an Ihrem Mauerstellplatz nicht übersehen werden.

Nach diesen Genüssen bleibt unser Wohnmobil abends vor der Mauer, und wir setzen uns noch auf die steinerne Bank direkt am Stadttor. Nachtigallen trällern, Fledermäuse huschen vorbei, und wir hören, wie der Koch in Delfinas Zauberküche ein letztes *bistecca fiorentina* hackt. Ab und zu bahnt sich noch ein Auto den Weg durch die Kurven. Und nachdem die letzten Kellner nach Hause gefahren sind, wird es ganz still in Artimino. Denn mit uns schlafen hier höchstens 200 Artiminianer.

Am nächsten Morgen stellen wir fest, dass in der **Villa ‚La Ferdinanda'** ein kleines, archäologisches Museum eingerichtet worden ist, wo vornehmlich etruskische Funde aus der Umgebung ausgestellt werden *(Foto Seite 64; die Öffnungszeiten wechseln bislang von Jahr zu Jahr, zuletzt täglich außer Mittwoch von 9,30-12.30 Uhr, nur Führungen, 4 €).*

Den Besuch des Landschlösschens kann man auch in eine Wanderung einbauen, dazu gleich mehr. Vorher sollen sie noch Bekanntschaft mit einem schönen Stellplatz machen, auch wenn dieser nicht mehr ganz so phantastisch ist wie auf unserem Foto:

WOMO-Stellplatz: *Il Pinone*

Position: N 43°47.240' E 10°59.479'; **WOMO-Zahl**: >5;
Ausstattung: Gaststätte, etwas einsam, teilweise Superblick, auch hier verraten die im Gras liegenden Papiertaschentücher, dass nicht jedes Pärchen nach der Disco gleich nach Hause fährt – am Wochenende ist der Stellplatz deshalb vermutlich völlig ungeeignet;
Zufahrt: ein paar hundert Meter jenseits der Passhöhe der Straße von Vinci nach Carmignano führt der Weg nordöstlich von Vitolini beim Restaurant *Il Pinone* an einem großdimensionierten Parkplatz mit geschottertem Untergrund vorbei.

Vom oberen Rand erleben Sie immer noch einen weiten Blick: Vorne halblinks die Burg von Carmignano, dahinter in der Ebene Pistoia und Prato, rechts davon Florenz, dessen Domkuppel alles überragt, und davor Artimino mit der Villa Ferdinanda. Dieser Blick ist einer der aufregendsten, den ich von der Toskana kenne! Leider sind dort, wo auf unserem Foto nur Wiese zu sehen ist, also zwischen Stellplatz und Straße, nun Büsche gewachsen, die vom größten Teil des Parkplatzes Sicht nicht mehr zulassen und stattdessen verschwiegene Zonen gebildet haben, wo sich mancher und manche statt eines Autositzes ein WOMO-Bett wünschen. Trotzdem immer noch eine nette Stelle.

Einst lockte uns auch das kleine Pinienwäldchen rund um das **Restaurant *Il Pinone*** *(mittwochs geschlossen)* oberhalb des Parkplatzes. Beim Vorbeifahren lasen wir dort: „*Tutte le serre Pizza*" („*Jeden Abend* .....") ein Grund mehr, hier zu übernachten. Als es auf 20 Uhr zuging, stellten wir das WOMO in das Wäldchen, obgleich zwischen Parkplatz und dem Lokal nicht einmal 200 m Luftlinie liegen. Aber ein Wohnmobil in der beginnenden Nacht mutterseelenallein in der Landschaft und ohne Bewachung musste ja nicht sein.

Wie viele Urlauber mögen auf die Werbung schon hereingefallen sein? Denn es gab keine Pizza, sondern nur das teurere, normale Essen. Wir ärgerten uns, blieben und geben zu, wenn auch mit einer hervorragenden Flasche *Carmignano* milde gestimmt, dass es uns nicht schlecht geschmeckt hat. Wir ließen das WOMO dann auch für den Rest der Nacht unter den Pinien, und ich darf Ihnen noch mitteilen, dass der Wirtshaushund im nahen Zwinger ein durchaus wohnmobilfreundliches Wesen besaß, er bellte nämlich so gut wie nicht. Dafür gibt es eine Freiluft-Disco, die im Sommer am Wochenende stören dürfte. Hervorzuheben ist noch die große Zahl der im Freien bewirtschafteten Tische.

In der Nähe kann man sich auch auf einem herrlich gelegenen Zeltplatz einquartieren. Leser haben mir unisono von guter Luft, aber auch von toten Hosen berichtet:

Campingplatz-Tipp: Vitolini *(San Giusto)*

Ortszentrum: >5 km; **Zeiten**: 1.3.–31.10.;
Tel. 05587 12304, www.campingsangiusto.it/;
Ausstattung: kleiner Laden, kleines Restaurant;
Zufahrt: an der Straße von Vitolini nach Carmignano beschildert.

Nun aber endlich zur Wanderung:

Sie führt von Carmignano nach Artimino und zurück. Man wandert weitgehend auf Sicht, zunächst in der Nähe der östlich von Carmignano nach Süden abzweigenden Straße bis hinunter ins Tal. Gegenüber einem leer stehenden Haus mit dem klangvollen Namen *Villa delle Ginestre* durchqueren wir eine Wiese, um dann auf einem schon von weitem sichtbaren Pfad steil bergauf zu klettern. Am Ende dieses Anstiegs kommen wir nochmals über Wiesen und stehen dann total erschöpft vor der Medici-Villa bei Artimino. Für die Mittagspause suchen wir uns den Halbschatten eines Olivenbaums am Rande des Villenparks aus, so dass

Pause bei Artimino

wir das Schloss, den Torturm Artiminos und tief unten das Arnotal auf einmal im Blick haben. Wieder kommt volles Verständnis für die Medici, jedenfalls bezüglich der Auswahl ihres Jagdreviers, auf.

Wir stiefeln dann weiter durch Artimino, wo Frauen vor den Türen sitzen und in Heimarbeit Armeekleidungsstücke stopfen. Wir hören in den Häusern neben der Küche kleine Webstühle rattern, die Textilstadt Prato ist nicht weit.

Wanderung nach Carmignano

Den Heimweg beginnen wir bei der kleinen Kneipe auf der Rückseite des Ortes. Für ein paar Meter werden wir sogar von einer Markierung runter zur Straße geleitet . Auf der Straße wenden wir uns nach rechts und dann bei nächster Gelegenheit, nämlich nach etwa 700 m hinter einer kleinen Brücke, auf einem Fahrweg nach links. An dessen Ende muss man nach einer Haarnadelkurve schräg bergauf ein Stück in die alte Richtung zurückgehen, ehe man aus dem Wald tritt und nun Carmignano wieder vor sich sieht oder wenigstens erahnt. Eine Hürde ist noch zu nehmen: Vor einem einsamen Haus wacht ein mordsmäßiger, nicht angebundener Hund, sozusagen der natürliche Feind des Wanderers, der uns in nicht ganz eindeutiger Haltung entgegen hechelt. Frauchen und Herrchen kommen aber bald hinterher und ersparen uns das weitere Nachdenken über die richtigen Verhaltensmaßnahmen. Am Ende treffen wir wohlbehalten in Carmignano ein und blicken noch einmal zurück auf die rund 13 km unserer Wanderstrecke, die von hier aus fast vollständig zu überblicken ist (*Kompass-Karte, Nr. 660, Firenze-Chianti, 1:50:000;* die Wege sind dort aber nur andeutungsweise eingezeichnet und nicht markiert, Sie kommen trotzdem zurecht).

Tour 5: Florenz & Co

Florenz - Fiésole - Prato

Stellplätze:	in Florenz, Fiésole und Prato
Campingplätze:	in Florenz und Fiésole
Besichtigen:	für die vielen Sehenswürdigkeiten von Florenz reicht hier der Platz nicht; römisches Theater und Ausblicke in Fiésole; Dom und Innenstadt von Prato
Wandern:	Wanderungen bei Fiésole
Essen:	Ristoranti *Cammillo* und *Dino* in Florenz, Ristorante *Il Polpa* in Fiésole
Karte:	Seite 64

Ich habe mir wirklich viel Mühe gegeben und mehrfach einen neuen Versuch gewagt. Aber eine tiefe Freundschaft hat sich zu **Florenz** trotzdem nicht entwickelt. Beim ersten Mal, vor vielen Jahren im März, die meisten Touristen waren noch zu Hause, keimte ein Anflug von Zuneigung. Vielleicht weil wir damals noch ohne WOMO unterwegs waren? Für eine Wohnmobilreise eignet sich Firenze nur bedingt, so Leid mir eine solche Aussage in einem Wohnmobilführer auch tut. Fahren Sie lieber mit dem Zug; anlässlich einer (silbernen) Hochzeitsreise und möglichst im Winterhalbjahr. Die Kunstwerke sehen dann genauso aus wie im Sommer, aber die Touristenströme sind dünner.

Ich habe an mir gearbeitet, besonders für die Folgeauflagen dieses Buches, und der Lustgewinn hat mit der Gewöhnung auch deutlich zugenommen. Vor allem, als ich mit dem Frust eingerüsteter oder verschlossener Kirchen besser fertig wurde, als ich mir nicht mehr die Hacken wund gelaufen und die Besichtigungstouren mit dem Fahrrad in Angriff genommen habe. Und richtig Spaß hatte ich erst, als ich mich von dem Anspruch gelöst hatte, möglichst viele Kunstwerke an einem Tag oder in einem Urlaub zur Brust zu nehmen - und gleichzeitig auch noch das Kunstverständnis aufzubringen, das mir die Kunstreiseführer abverlangen.

Sie haben sich zu einer Wohnmobilreise entschlossen und sind der - durchaus fragwürdigen - Meinung, zur Toskana gehöre zwingend auch Florenz. Dann achten Sie darauf, dass Sie nicht zu lange in der Stadt bleiben, dass Sie sich bei der Kunst beschränken. Dass Sie diese aber lustvoll konsumieren.

In einem Umfang, der Ihnen kein Pflichtbewusstsein abnötigt! Und passen Sie auf, dass Florenz nicht den ganzen Toskana-Urlaub überdeckt. Zu breit ist nämlich die Schattenseite dieser mit 400.000 Einwohnern größten toskanischen Stadt: Bis zu 4 Millionen Besucher drängen Jahr für Jahr durch das historische Zentrum zwischen Dom und dem Palazzo Vecchio. Außer den Hauptsehenswürdigkeiten hat dieser Teil von Florenz aber nichts (mehr) zu bieten. Kaum eine gewachsene Kneipe, keine richtigen Einkaufsläden und nur noch wenige Bewohner, die zudem ständig weniger werden. Denn die Mieten kann nur zahlen, wer zur Geschäftswelt der Reichen gehört oder vom Tourismus lebt, was sehr oft ein und dasselbe ist. Die heutigen Mieter sind Banken, Nobelgeschäfte und jede Menge Fast Food-Lokale. Zum Hamburger gibt es dort ein aufgewärmtes Pizzastück, und eine „Kugel“ Eis kostet auch schon mal an die 2 Euro.

Diese Auswüchse werden indessen von einem echten Kunstliebhaber kaum wahrgenommen, der hier eine auf der Welt einmalige Ansammlung von Kunstdenkmälern der Renaissance antrifft und Wochen damit zubringen kann, diese abzuklappern. In unzähligen Büchern sind die Werke katalogisiert, beschrieben, ans Herz gelegt oder zum absoluten Muss erklärt. Genau da liegt einer der Gründe für mein gestörtes Verhältnis zur Stadt: Ständig hat man das Gefühl, ein Banause zu sein, weil man so vieles noch nicht gesehen hat. Nur wer reichlich Zeit hat oder den Mut zur Kunstlücke, übersteht den Florenzaufenthalt ohne größere Enttäuschungen. Wer nur über wenige Urlaubstage verfügt und zugleich Perfektionist ist, mache einen großen Bogen um die Stadt -

oder picke sich zwei, drei Highlights gezielt heraus!

Es ist nicht möglich, Ihnen im Rahmen eines Wohnmobilreiseführers den richtigen Einstieg in die Kunst einer solchen Stadt zu vermitteln. Ich versuche es daher erst gar nicht, zumal mir dafür auch die notwendigen Kenntnisse fehlen. Wer sich eingehend informieren möchte, lese zum Beispiel den DUMONT-Klassiker von Klaus Zimmermanns, *Florenz*; oder, wenn man tiefer einsteigen will, *Florenz* von Mary McCarthy. Die meisten unserer Leser werden Florenz nur für ein paar Tage besuchen, ihnen empfehle ich das anschauliche und keineswegs hochgestochene Kapitel über Florenz von Christoph Hennig in seinem Buch, *Toskana*, im Oase-Verlag. Eine gute Mischung bietet auch Michael Müller im gleichnamigen Verlag mit seinem Titel *Toscana*.

Eine sehr subjektiv getönte **Auswahl von Sehenswertem**, das mir besonders gefallen hat, kann ich mir aber doch nicht verkneifen:

Das architektonisch genialste und beeindruckendste Bauwerk ist zweifelsohne die achteckige **Domkuppel**, für die der Architekt Filippo Brunelleschi 14 Arbeitsjahre seines Lebens geopfert hat. Zu ihr kann man vom Inneren des Doms aus hochklettern. Da sie zweischalig konstruiert ist, wurden schon bei ihrer Erbauung Treppen in den Hohlraum zwischen den beiden Schalen gesetzt, die heute dazu dienen, der staunenden Nachwelt ihre ganze Größe von 42 m im Durchmesser, aber auch von fast 90 m Höhe einen Blick auf die Altstadt zu offenbaren *(die unterschiedlichen Öffnungszeiten füllen im Internet - www.duomofirenze.it/ - eine ganze Seite, ich vereinfache sie daher: mo.-fr. von 10-17 Uhr, samstags bis 16,45 Uhr, sonntags 13,30-16,45 Uhr; die Kuppel: 8,30-19 Uhr oder kürzer, 6 €, die Warteschlage ist weniger schlimm als sie*

aussieht; Campanile: 8,30-19,30 Uhr, weitere 6 €; dafür ist der Dom selbst noch kostenlos). Beim Anblick der Domfassade habe ich mich lange gewundert, weshalb sie so neu und grün-weiß-rot-italienisch wirkt, bis ich gelesen habe, dass sie erst im 19. Jahrhundert an den bis dahin unfertigen Dom geklebt und erst 1887 vollendet worden ist. Der Dom selbst ist übrigens die viertgrößte Kirche der Christenheit, und die Fresken des Jüngsten Gerichts, mit denen das Kuppelgewölbe von Vasari und Zuccari ausgeschmückt wurde, gehören mit 400 Quadratmetern zu den größten Fresken der Welt.

Am **Baptisterium** gegenüber des Domes betrachte ich mir immer wieder die weltberühmten Bronzetüren, um darauf auch nach Jahren Neues zu entdecken. Die Südtür (der heutige Eingang) stammt von dem von mir so hochgeschätzten Andrea Pisano (1330), während dem Auftrag für die anderen Pforten schon damals ein Wettbewerb voraus gegangen ist, dessen Teilnehmer klangvolle Namen trugen: Donatello, Brunelleschi, Jacobo della Quercia und Lorenzo Ghiberti. Letzterer setzte sich durch und belohnte das Vertrauen. Sehen Sie selbst! Und versäumen Sie auch nicht (jetzt maße ich mir schon den erhobenen Zeigefinger Kunstliteraten an) die großartigen Kuppelmosaiken aus dem 13. Jahrhundert *(Montag - Samstag 12-19 Uhr, Sonntag 8,30-14 Uhr, 3 €).*

Mehr als das Innere des Doms mag ich die sehr geräumige **Kirche S. Croce** des Franziskanerbettelordens, die im Laufe der Jahrhunderte von vielen bedeutenden Künstlern ausgestattet wurde. Vor allem die Wandmalereien von Giotto in den beiden Kapellen rechts des Chores und das so genannte Basisrelief *'Verkündigung'* des Bildhauers Donatello (rechts vor der zweitletzten Säule vor dem Querschiff) ziehen mich immer wieder unter das hohe Gebälk dieser Kirche, deren Fassade ebenfalls erst im 19. Jahrhundert angesetzt wurde.

Beim Gang durch das Mittelschiff komme ich dann an Grabstätten von Michelangelo, Galilei, Ghiberti und Macchiavelli, um nur einige zu nennen, vorbei; ferner am Grabmal des in Ravenna beerdigten Dante. An der Stirnwand des linken Querschiffs hängt dann noch das berühmte Holzkreuz von Donatello *(9,30-17,30 Uhr, 4 €).*

Ich verlasse nun das verkehrsberuhigte - aber trotzdem vor allem von Zweirädern stark befahrene - historische Zentrum über den **Ponte Vecchio**, der einzigen Arno-Brücke, die im Jahre 1944 nicht von der den Alliierten weichenden Deutschen Armee gesprengt worden ist. Die mir aber auch nur von weitem, dann allerdings sehr, gefällt, ist sie nämlich die Brücke zum (Touristen-) Geschäft zahlreicher Gold- und Silberschmiede, die hier seit dem Jahre 1593 das Brückenverkaufsmonopol besitzen.

Florenz - Ponte Vecchio

Mein Ziel südlich des Arno ist die **Kirche Santa Maria del Carmine**, der ausdrucksstarken Fresken wegen. Genau genommen finden Sie diese auch gar nicht in der Kirche selbst, die ist nämlich im Jahre 1771 abgebrannt. Unversehrt blieb lediglich die heute abgetrennte **Capella Brancacci**. Ein Reiseführer nennt diese *„einen kostbaren Schatz europäischer Malerei*", andere sprechen von *„den schönsten Fresken von Florenz*". Beide meinen den von Masolino begonnenen und von Masaccio zwischen 1425 und 1428 weitergeführten, jedoch schließlich auch von Filippino Lippi nicht ganz vollendeten Freskenzyklus aus dem Leben Petri, der als das erste große Werk der Renaissance-Malerei und als deren Meilenstein gilt. Sie wollten schon lange mal wissen, was eigentlich die Malkunst der Renaissance auszeichnet? Hier haben Sie

'Sündenfall' von Masolino

ein anschauliches Beispiel: Betrachten Sie sich zunächst den älteren *'Sündenfall'* von Masolino oben am rechten Pfeiler. Die Figuren sind starr und ausdruckslos. Ganz anders als bei der ein paar Jahre später von Masaccio gemalten *'Vertreibung aus dem Paradies'* am linken Pfeiler oben. Die Gesichter sind individuell und ausdrucksstark, Gefühle sind deutlich zu erkennen, und die Bewegungen der Menschen sind nicht nur schematisch dargestellt, sondern dem Leben entnommen. Seine Eva ist sogar schwanger. Sie werden mir sicher zustimmen, dass diese Fresken eine der schönsten Sehenswürdigkeiten von Florenz sind, zumal die Leuchtkraft der Farben nach kürzlicher Restaurierung ungewöhnlich hoch ist *(werktags 10-17 Uhr, sonn- und feiertags von 13-17 Uhr; Dienstag geschlossen; 3,10 €).*

'Vertreibung' von Masaccio

Nachdem Sie nun zumindest ahnen, was Renaissance bedeutet, und da Sie obendrein **Masaccio**, den bedeutendsten Vertreter der Frührenaissance, kennen gelernt haben, möchten Sie sicher mehr von ihm sehen. Viel hat er übrigens nicht hinterlassen, starb er doch schon mit 27 Jahren. Sie müssen nun den Arno wieder überqueren, um in der Kirche **Santa Maria Novella** das *,Fresko der Dreifaltigkeit'* (von 1427) zu finden. Das ist nicht schwer, denn etwa vor der Mitte der linken Seitenwand steht oft eine Gruppe von Kunststudenten, die ein auf den ersten Blick eher unauffälliges Wandgemälde bestaunen, das einen bahnbrechenden Einfluss ausgeübt hat. Es ist nämlich nach der mathematischen Zentralperspektive, also perspektivisch richtig, aufgebaut, und alle Figuren sind im gleichen Maßstab gemalt, was damals eine Neuerung war. 70 Jahre jünger (1486 bis 1490) und wegen der zu dieser Zeit schon obligatorischen, anschaulichen Einzelheiten besser als Renaissancebild zu erkennen ist das schöne Fresko von Ghirlandajo hinter dem Hauptaltar. Älter wiederum sind die Fresken in der Kapelle des Kreuzgangs, die, zumal sie Eintritt kosten, zu Unrecht wenig beachtet werden (*Kirche: 9,30-17 Uhr, freitags, sonn- und feiertags 13-17 Uhr, samstags geschlossen; 2,50 €*).

Von Santa Maria Novella ist es dann nicht mehr weit zur Kirche **San Lorenzo**, deren Bau 1420 von Brunelleschi begonnen worden ist und die über drei Jahrhunderte den Medici als Grabstätte diente. Die nüchterne, aber klare Architektur des Gotteshauses muss man mögen. Hochberühmt ist, rechts vom Chor, das Grabmal von Lorenzo II. in der neuen Sakristei der Cappelle Medicee, ein Werk Michelangelos aus der Zeit zwischen 1520 und 1534 *(werktags 10-17 Uhr; 2,50 €).*

Vermutlich inzwischen ständig geöffnet ist der **Palazzo Medici-Riccardi**, direkt neben San Lorenzo. Das ist gut so, denn die Fresken von Benozzo Gozzoli (dessen Meisterwerke Sie auf der 8. Tour und spätestens im 2. Teil unseres Reiseführers, im umbrischen Montefalco, erneut erfreuen werden), in der Kapelle *(1. Stock, Zugang von der 1. Treppe rechts im Hof)* gehören zu den schönsten Wandmalereien der Stadt. Im *'Zug der Heiligen drei Könige'* ist einzigartig das Leben unter den Medici abgebildet, mit Persönlichkeiten, die im Jahre 1439 zum Konzil von Florenz herbeigeeilt waren *(9-19 Uhr; 4 €).*

In diesem Sinne könnte man nun seitenlang weitermachen. Aber nach den geschilderten Attraktivitäten ist nicht nur ein Rundgang, der am Dom begonnen hat, abgeschlossen. Ein Tag hat auch nicht gereicht. Bevor ich unten, vor allem mit den Museen, weitermache, muss ich erst mal mein müdes Haupt betten. Erschöpft ziehe ich mich ins WOMO zurück. Das steht die ganze Zeit über auf dem Campingplatz *Michelangelo* (dem früheren *Parco Comunale*) im Viale Michelangelo, seitlich unterhalb des gleichnamigen Piazzale:

Campingplatz: Firenze *(Michelangelo)*

Ortszentrum: 1 km; **Zeiten**: ganzjährig; Tel. **Tel 055 6811977;**
Ausstattung: Laden, Imbiss, vier Personen müssen in der Hochsaison locker 40 € legen;
Zufahrt: suchen Sie bei der Autobahnausfahrt *Firenze-Certosa* (und wählen Sie nur diese!) die Richtung Florenz. Sie fahren von hier mindestens 3,5 km immer geradeaus, schon nach weniger als 1 km an einem Campingplatz vorbei, der als Notlösung in Frage kommt. Nach 3 - 4 Kilometern gabelt sich die Straße, Sie wählen den rechten Weg und sehen bald mehrere Wegweiser *'Piazzale Michelangelo'* oder *'Camping'*, bis Sie vor dem Tor des Zeltplatzes stehen.

Ich komme gleich noch auf andere Plätze und auf freie Stellplätze zurück. Der *Parco Comunale alias Michelangelo* ist

Florenz - *Camping Michelangelo*

der Hauptplatz von Florenz und einfach zu finden (siehe im grünen Rahmen) und wird häufig als unschön, voll oder laut gescholten - teilweise zu Unrecht. Man hat, zumindest vom Männerklo, einen tollen Blick auf *La Cupola*, gute, heiße Duschen, und man steht stadtnah. Zu Fuß braucht man etwa 30 Minuten zum Palazzo Vecchio, außerdem hält der Bus vor der Tür (die Linie 12 fährt, wenn man den Campingplatz verlässt, nach links, die Linie 13 nach rechts in die Stadt, beide sind möglich, beide kann man auch für den Rückweg wählen). Beim ersten Mal werden wir zu unfreiwilligen Schwarzfahrern, denn im Bus gibt's keine Tickets - dafür an der Campingplatzrezeption, wo Sie schon bei der Anmeldung auch einen kostenlosen Stadtplan bekommen, der unverzichtbar ist, sowie einen Plan der Buslinien. Aber der Campingplatz hat auch Nachteile: Es kann an manchen Stellplätzen sehr laut werden, und gut besucht, wenn nicht voll, ist der *Michelangelo* das ganze Jahr. Im Sommer muss man unbedingt vor 16 Uhr einchecken. Dann werden schon zu dieser Tageszeit WOMOs eingelassen, obgleich im Grunde gar kein Platz mehr frei ist. Man steht dann in der ersten Nacht irgendwo am Rande eines Weges und kann erst am nächsten Morgen ein Grasstück ergattern.

Was ist zu tun, wenn man zu spät kommt und die Damen an der Rezeption nur noch genervt den Kopf schütteln? Man behilft sich vielleicht mit einem Übernachtungsplatz, den ich gleich den notorischen Freecampern nenne. Man fährt aber nicht zur Hauptverkehrszeit quer durch Florenz zum anderen, noch kleineren Campingplatz bei der Jugendherberge, und schon gar nicht nach Fiésole. Für die Florenzbesichtigung müssen Sie von dort nämlich längere Busreisen auf sich nehmen. Nein, man kehrt um, fährt zur Autobahnausfahrt *Certosa* zurück und nimmt kurz davor den nicht schönen und auch lauten Campingplatz. Übel gelaunt steht man hier am nächsten Morgen früh auf und kehrt zum *Michelangelo* zurück. Dort steigt dann die Stimmung wegen der zahlreich frei gewordenen Plätze (auf einem derartigen Stadtcampingplatz gibt es auch in der Hochsaison eine erhebliche Fluktuation) - und man macht sich zur Besichtigungstour auf, als sei nichts gewesen, als habe man hier schon genächtigt.

Wegen der wirklich idealen, stadtnahen Lage gibt es für mich eigentlich keine Alternative zum Campingplatz beim Piazzale Michelangelo. Nur der Vollständigkeit halber will ich noch auf den von uns nicht getesteten

Campingplatz: Firenze *(Villa Camerata)*
Ortszentrum: 2 km; **Zeiten**: ganzjährig; **Tel**. 055 601451;
Zufahrt: im Viale Righi 2, im Park der Jugendherberge am östlichen Stadtrand und der Straße nach Fiésole.

hinweisen. Die Buslinie 17B braucht angeblich ca. 30 Minuten bis zum Bahnhof oder zum 2 km entfernten Domplatz; der Platz soll ruhig und schattig sein. Es gibt noch eine dritte Alternative, die wir schon selbst erprobt haben, den Campingplatz in Fiésole. Hier steht man im Hochsommer deutlich kühler und hat von manchen Bereichen einen wunderschönen Blick auf Florenz. Der Platz ist aber auch ziemlich teuer, schon in der Vorsaison gut besucht und nicht sehr geräumig. Für den Bildungsaufenthalt ist er zudem wegen der Entfernung nach Florenz *(Buslinie 7)* weniger geeignet:

Campingplatz: Fiésole *(Panoramico)*
Ortszentrum: 7 km; **Zeiten**: ganzjährig; **Tel**. 055 599069;
Ausstattung: im Sommerhalbjahr Laden und Restaurant, Pool;
Zufahrt: 1 km nördlich von Fiésole (beschildert).

Näheres zu Fiésole siehe weiter unten. Einen Stellplatz für die freie Übernachtung habe ich in Florenz nie aufgesucht. Davon rate ich schon deshalb ab, weil man tagsüber das WOMO bewachen lassen sollte (falls Sie überhaupt in der verkehrsberuhigten Innenstadt einen Parkplatz finden). Und für einen Teil des Geldes kann man gleich auf den Campingplatz, wo es sicher beschaulicher zugeht. Wenn Sie das partout nicht wollen, fahren Sie raus aus der Stadt zu den Stellplätzen, die wir Ihnen anlässlich der 4. Tour empfohlen haben. Für den harten Kern dennoch ein Tipp: An der Zufahrt zur Kirche San Miniato - bitte nicht direkt an der Balustrade - entdecken Sie ein paar schattige, aber laute Plätze. Stiller wird's, wenn Sie den Weg weiterfahren, rechts um die Ecke den Berg hoch, und Ihr Auto bei einer Mauerpforte und einem kleinen Park (etwas uneben) verstecken. Diese für alle WOMO-

Größen geeigneten Plätzchen, die aber eher ein Notbehelf sind, liegen nahe dem Campinggelände beim Michelangelo-Platz und sind wie oben beschrieben zu finden - am Schluss dem Wegweiser *,San Miniato'* folgen! Und nicht fluchen, wenn zu viele unser Buch dabei haben oder die Stadtverwaltung auf den Geheimtipp reagiert und Verbotsschilder aufgestellt hat, was bislang über mehrere Jahre unterblieben ist. Eine Toilette gibt es unterhalb, an der Straße zum Campingplatz, dem Viale Galileo. Ich bin sicher, dass man in der Villengegend um den Piazzale Michelangelo, auf dem das Übernachten verboten ist, weitere ruhige Seitenstraßen findet:

WOMO-Stellplatz: Firenze *(San Miniato)*

Position: N 43°45.594' E 11°15.842'; **WOMO-Zahl**: höchstens 5;

Ausstattung: Toilette, Mülleimer, schöne Sicht;

Zufahrt: wie oben zum Campingplatz *Michelangelo* (Autobahnabfahrt Firenze-Certosa, zunächst immer geradeaus, später Wegweiser *,Camping'* oder *,Piazzale Michelangelo'*), zuletzt **mit dem Wegweiser *,San Miniato'*** südwestlich des Piazzale Michelangelo von der Hauptstraße, das ist der Viale Galileo, schräg bergauf abbiegen und alsbald bei passender Gelegenheit seitlich der Straße parken; siehe auch im vorstehenden Text.

Der offizielle Übernachtungsplatz im Viale F. Strozzi an den Mauern der Fortezza da Basso ist vermutlich auf Dauer einem Bauvorhaben zum Opfer gefallen. Von einem Ersatz hat sich bis zu uns noch nichts herumgesprochen.

Zurück zur Kunst:

Falls Sie vom *Camping Michelangelo* mit dem Fahrrad auf Tour gehen, was wirklich sehr zu empfehlen ist, verlassen Sie den Campingplatz nach rechts und radeln Sie die erste Straße rechts nach dem Piazzale Michelangelo bergab! Am Arno strampelt man nach links und ist in wenigen Minuten am Ponte Vecchio und, links von diesem, am **Palazzo Pitti**, einem heutigen Kunstmuseum (mit berühmten Werken von Raffael und Tizian) und der ehemaligen Behausung der Medici, der Großherzöge und des Königs Vittorio Emanuele II. *(täglich außer montags von 8,15-18,50 Uhr; 8,50 €).*

Hier findet man auch einen der Eingänge zum **Bobolischen Garten**, einem meiner Florentiner Lieblingsorte *(9-17,30 Uhr, von Mai bis August bis 18 Uhr oder länger; 2 €).* Sein Gelände diente ursprünglich als Steinbruch für den Palazzo

Pitti, später und noch zu Medici-Zeiten wurde hier eine der schönsten Parkanlagen Italiens gestaltet. Am liebsten liege ich auf den Wiesen beim Forte di Belvedere, dessen Name eigentlich keines Kommentars bedarf. Dennoch: einer der schönsten Blicke auf Florenz.

Noch berühmter ist der Ausblick von der Terrasse des **Piazzale Michelangelo**, direkt neben unserem Campingplatz.

Blick vom Piazzale Michelangelo

Die Michelangelo-Statuen sind zwar nur Kopien (das Original des David steht in der Galeria Accademia nördlich von Dom und Palazzo Medici-Riccardi; eine weitere Kopie auf der Piazza della Signorina neben den Uffizien; trotz einhelliger Schwärmerei, die rechte Hand ist überproportional zu groß), aber das interessiert hier oben niemanden. Der Blick wendet sich nach vorn über den Arno, seine Brücken und auf die Stadt. Ganz abgebrühte Wohnmobilisten (viele Italiener) übernachten hier sogar - ungeachtet penetranter Verbotsschilder. Der tolle Blick verleitet, obwohl der Campingplatz - und unser Notstellplatz - wirklich unmittelbar daneben liegen.

David - Piazza della Signorina

Noch eine von mir sehr geschätzte Sehenswürdigkeit habe ich bislang nicht erwähnt: Vom Piazzale Michelangelo sind es nur ein paar Schritte auf dem Viale Galileo südwärts zum hohen Freitreppenaufgang der romanischen **Kirche S. Miniatio al Monte**, einer der ältesten und im Inneren auch schönsten Florentiner Kirchen *(täglich* *von 8-19,30 Uhr, Oktober-März Pause von 13-14,30 Uhr; kostenlos).* Der Blick ist vom Kirchenvorplatz mindestens so phantastisch wie vom Piazzale Michelangelo.

San Miniato al Monte

Sie vermissen in meiner Aufzählung die **Uffizien**, eines der drei bekanntesten Kunstmuseen der Welt? Ich fühle mich dort von der großen Zahl bedeutender Bilder fast erschlagen und habe es nie richtig geschafft, mich nur mit den wesentlichen Gemälden zu begnügen *(Di.-So. 8,15-18,50 Uhr, Mo. geschlossen; 8,50 €)*. Eigentlich müsste man sich auf wenige der in 39 Sälen (nach einem Attentat von 1993 sind wieder alle geöffnet) teilweise hinter Panzerglas präsentierten Bilder beschränken und beim nächsten Florenzbesuch einen weiteren Teil nachholen - oder einfach mal nur die schönen Deckengemälde in Ruhe bewundern. Wenn nicht die elend lange Warteschlange wäre, die vor Überfüllung in den Bildersälen bewahrt! Nehmen Sie was zu lesen mit! Wenn die Reihe der Kunstfreunde die ganze Gasse seitlich des Eingangs hinunter reicht und noch ein Stückchen unten um die Ecke, warten Sie etwa eine Stunde (genauso wenn der andere Eingang benutzt wird und sich die Schlange bis zum Gebäudeende zieht). Neuerdings zeigt Ihnen eine Tafel die Wartezeit an. Sie übertreibt, lassen Sie sich nicht abschrecken. Die Uffizien sind das Beste von Florenz!

Fast so lohnend finde ich das National-Museum für Bildhauerei, das **Museo del Bargello** unweit des Piazzale Vecchio. Hier gibt es keine Wartezeiten, und man darf eine einmalige Sammlung italienischer Skulpturen von Michelangelo bis Donatello bestaunen *(8,15-13,50 Uhr, 4 €)*.

Das durch die **Eintrittspreise** in der Urlaubskasse gefressene Loch wird kleiner, wenn Sie einen Museumsführer für 5 Euro erstehen, den es an fast jeder Kasse gibt. Der verschafft Ihnen überall 50 % Rabatt.

Gemütliche abendliche Restaurantbesuche bieten sich dem Reisemobilisten in Florenz nicht gerade an. Denn ein unbewachtes WOMO im Dunkeln versetzt uns in einer Großstadt stets in Unruhe. Entsprechend dünn ist auch unser Erfahrungsschatz. Er beschränkte sich lange auf ein Lokal südlich des Arno, nahe dem Ponte Vecchio, das zu Fuß von unserem Campingplatz zu erreichen ist: Mittelteuer, gut, mit einem typisch toskanischen Touch und lange nach unserer Entdeckung auch bei Michelin präsentiert sich das **Ristorante *Cammillo*** an der Straße Borgo Sant' Jacopo 57r *(wenn Sie vom Zentrum, als von Norden kommen, hinter der Brücke rechts; Tel. 055 212427; mittwochs und die ersten drei Wochen im August geschlossen).*

Ich war noch nicht dort und kaum ein Leser wird sich das Vergnügen eines italienischen Esstempels mit drei Michelinsternen gönnen. An die 200 Eurolein muss man pro Esser rechnen. Demnach nur der Vollständigkeit halber: ***Enoteca Pinchiorri***, in der Via Ghibellina 87, nördlich der Kirche S. *(Tel. 055 242777; im August, sonntags und montags geschlossen).* Die besten Erfahrungen habe ich zuletzt im ***Dino***, in der Via Ghibellina 51r, einer Querstraße nördlich von S. Croce, gemacht. Zwar werden auch hier viele Touristen bewirtet, aber immerhin auch Einheimische. Und das Essen ist wirklich gut. Spitze ist sogar der *stracotto del granduca*, ein Schmorbraten in Rotwein *(Sonntagabend und Montag geschlossen; Tel. 055 241452).*

Hätten wir eines Tages nicht den Campingplatz von **Fiésole** (15.000 Einwohner) aufgesucht, die Stadt, wegen ihrer Kühle gerade im Sommer ein klassisches Florentiner Ausflugsziel, wäre uns verborgen geblieben, so sehr drängt es uns sonst nach Florenzaufenthalten aus dessen Dunstkreis. Dabei hat sich schon die Besichtigung des **römischen Theaters** rentiert *(im Sommer 9,30-19 Uhr, im Winter bis 17 Uhr und dienstags geschlossen; 6,50 €)*. Weniger wegen seiner archäologischen Bedeutung, seines mittleren Erhaltungszustandes und seiner 2.500 Besucherplätze, als wegen der extrem schönen Lage.

Unbedingt empfehlenswert ist es, seitlich des Doms das steile Gässchen namens Via di San Francesco zum Park und zum **Aussichtsplatz** (genannt: *Banchine - Bänkchen*) zu klettern. Der Lohn ist einer der schönsten Blicke der Toskana! Dieser und die Lage von Fiésole inspirieren uns zu einer

Fiésole - Ausgrabungsgelände

spontanen, kleinen Wanderung, die nicht ohne Grund in vielen Reiseführern beschrieben wird, einen weiteren legendären Blick auf Florenz bietet (ähnlich dem vom Campingplatz) und vor Ort gut beschildert ist:

Die Wanderung trägt überall die alles sagende Bezeichnung: *Passeggiata panoramica* und beginnt rot-weiß markiert am oberen Rand des großen Platzes rechts des Reiterdenkmals in der Via G. Verdi. Nach etwa 35 Minuten haben wir das Plateau des Monte Ceceri erreicht, wo eine Tafel daran erinnert, dass Leonardo da Vinci hier, oberhalb eines Steinbruchs, einst ziemlich erfolglose Flugversuche unternommen hat. Wählt man nach dem Plateau mit der Gedenktafel den linken Weg, steht man 40 Minuten später wieder mitten in Fiésole oder noch früher auf dem Campingplatz.

Stattdessen kann man den rechts den sich Richtung Maiano zwischen Steinbrüchen hinabschlängelnden Pfad wählen. Halten Sie sich dort zunächst links, dann auf einem breiteren Weg rechts und folgen Sie der Markierung mit der Nr.7 Richtung Maiano. Bald leitet Sie eine blau/pinkene Markierung zum Hotel Villa San Michele. Direkt vor dessen Tor zweigt nach links ein Pfad ab, der Sie nach Fiésole geleitet *(nach Heitzmann/Gabriel im Rother-Verlag; die Kompass-Karte, Firenze-Chianti, Nr. 660, stellt den Wegverlauf nur teilweise dar; 2,5 Stunden).*

Gäbe es in Fiésole außer dem schönen **Campingplatz** (siehe oben und Foto Seite 86, das den Blick darstellt) einen richtigen Stellplatz, es wäre ein Lieblingsort. Schon in Florenz haben wir den Notstellplatz präsentiert. Warum nicht auch in Fiésole? Auf ihn passen allenfalls drei WOMOs, und die im Sommer vielleicht nicht einmal:

WOMO-Stellplatz: Fiésole *(Behelfsstellplatz)*

Position: N 43°48.294' E 11°18,303'; **WOMO-Zahl**: 3;
Ausstattung: Geschäfte und Gaststätten in der Nähe, Wanderwege, nur bis 7 m Länge;
Zufahrt: von der SP 54 biegen Sie nordöstlich des Ortes mit dem Wegweiser zum Campingplatz in die Via Peramonda ein, die Straße geht in einem Rechtsbogen bergauf; wo der Weg zum Campingplatz (150 m unterhalb desselben) im rechten Winkel nach rechts abzweigt, fahren Sie auf gleicher Höhe geradeaus und biegen knapp 100 m weiter nach links bei einer Kappelle auf einen wirklich kleinen Parkplatz. Zurück müssen Sie die genannten knapp 100 m gegen die Einbahnstraße fahren. Damit ich nicht wieder böse Briefe von Leserinnen bekomme, fährt dann Ihre Frau, und Sie gehen voraus.
Alternativ kommt möglicherweise als richtiger Stellplatz der bei unserer Nachschau mit Bauarbeiten belegte Parkplatz in Frage, wenn Sie in Fiésole auf dem großen Platz vor dem Dom links fahren, links des Theaters durch eine Engstelle und kurz danach auf besagten Platz (**Position**: N 43°48.528' E 11°17.544').

Eine Nacht in Fiésole lohnt sich schon des Essens wegen, denn das **Ristorante *Il Polpa*** ist eines unserer toskanischen Lieblingsrestaurants: traditionell, italienisch, ungekünstelt, erschwinglich mit teils hervorragenden Gerichten, besonders mit Trüffeln *(an dem großen Platz, etwas oberhalb des Domes, Sie sollten reservieren, Tel. 055 59485; im August, von Juni bis September sonntags, sonst mittwochs geschlossen).*

Noch ein Ziel nahe Florenz habe ich jahrelang ausgelassen: Erst als mir die Idee für dieses Buch im Kopf herumspukte „musste" ich nach **Prato**. Viel zu spät, wie ich dann feststellte. Dabei vermutet man nichts Schönes, wenn man sein Wohnmobil in der Nähe der Stadtmauer parkt (Näheres siehe beim Stellplatz). Heruntergekommen wirkende Kleinindustrie säumt die Straßen bis mitten ins *Centro*. Hier werden (bzw. wurden, denn die Tendenz ist abnehmend) fast ausnahmslos Textilien hergestellt, teils aus Lumpen, aber auch aus neuen Garnen. Überall sieht man Webstühle und Nähereien. Prato ist die Textilstadt Italiens, der vor allem die Lumpenverwertung in den 50er Jahren den Aufschwung brachte. Die Stadt wuchs zwischen 1950 und 1975 von 50.000 auf 160.000 Einwohner. Diese Entwicklung spiegelt sich im Straßenbild nieder, vor allem im Zentrum, wo ein geschäftiges Treiben herrscht. Laden neben Laden ohne jeden touristischen Hintergrund.

Welch ein Unterschied zum nahen Florenz! Wer italienisch einkaufen möchte, fahre nach Prato. Es gibt in der Toskana nichts Vergleichbares.

Prato - Dom

Richtig lohnend wird der Besuch aber erst durch den **Duomo**. Schon der Domplatz, auf dem meistens Verkaufsbuden - für Textilien natürlich - aufgestellt sind, ist schön anzusehen. Es scheint beinahe zwangsläufig, dass hier an einer Ecke des Doms eine Außenkanzel hängt. Von ihr wird den Gläubigen fünfmal im Jahr (Ostern, 1.5., 15.8., 8.9. und an Weihnachten) das im Dom verwahrte Heiligtum präsentiert: Ein Stoffgürtel von Maria höchstpersönlich. Zu auffällig ist mir der „Zufall", dass die Reliquie in der Textilstadt ausgerechnet aus einem Stück Stoff besteht. Gut gefallen mir die Reliefs der Kanzel von Donatello und Michelozzo. Es sind Abgüsse, deren Originale im Dommuseum besichtigt werden können. Das Beste aber sind die **Fresken von Filippo Lippi** in der Hauptchorkapelle hinter dem Altar. Fast hätte ich den rechts versteckten Beleuchtungsapparat nicht gefunden. Die angeblich schönsten Fresken der Frührenaissance wären mir im Dunkeln verborgen geblieben. Es scheint, als wäre man sich in Prato nicht ganz bewusst, wie beeindruckend die Wandbilder sind. Sonst würde man die Kirchentür nicht über Mittag bis zu 3 ½ Stunden verrammeln, weshalb wir schon zweimal vergeblich an ihr gerüttelt haben *(7-12 und 15,30-19,30 Uhr, Sept.-Juni 15-18,30 Uhr; aber wer will schon um 7 Uhr Fresken betrachten?).* Wegen diese unfreundlichen Öffnungszeiten möchte vielleicht mal jemand in Prato übernachten, ruhiger als erwartet (die Beschreibung stammt von einem Leser):

WOMO-Stellplatz: Prato

WOMO-Zahl: >5; **Ausstattung**: Mülleimer, Gaststätten, Geschäfte;
Zufahrt: umrunden Sie (westlich des Flusses) die Stadtmauer bis Sie an der westlichen Ecke gegenüber dem Krankenhaus einen Parkplatz finden (etwa dort, wo die Straße von Pistoia auf die Mauer trifft); wegen der Einbahnstraße ist die Zufahrt nicht ganz einfach;
Parkgebühr: von 20-8 Uhr kostenlos.

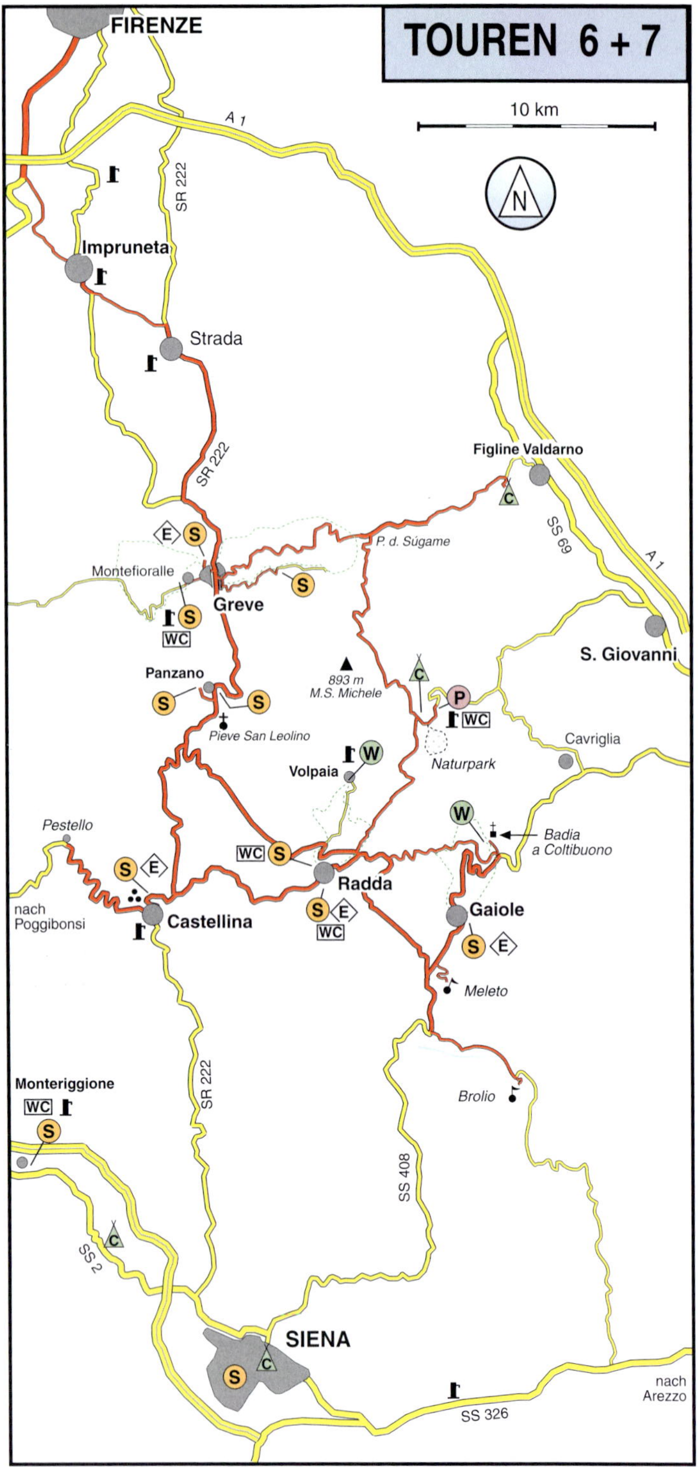
TOUREN 6 + 7
10 km
N
FIRENZE
A 1
SR 222
Impruneta
Strada
SR 222
Figline Valdarno
C
SS 69
A 1
E
S
P. d. Súgame
Montefioralle
S
Greve
S
WC
S. Giovanni
Panzano
S
S
893 m
M.S. Michele
C
P
WC
Pieve San Leolino
Cavriglia
W
Volpaia
Naturpark
Pestello
W
Badia
a Coltibuono
S
E
WC
S
Radda
nach
Poggibonsi
Castellina
S
E
WC
Gaiole
S
E
Meleto
Monteriggione
WC
S
SR 222
Brolio
SS 408
C
SS 2
SIENA
C
S
nach
Arezzo
SS 326

Tour 6: Im Zeichen des schwarzen Hahns

Greve - Castellina - Radda - Castello di Brolio
Badia a Coltibuono

Stellplätze:	in und bei Greve, in Panzano, bei Castellina, in Radda, in Volpaia, in Gaiole, bei der Badia a Coltibuono, beim Tierpark von Cavriglia
Campingplätze:	bei Figline Valdarno, beim Tierpark von Cavriglia
Besichtigen:	Greve, Montefioralle, Taufkirche Pieve di Panzano, Castellina, Radda, Castello di Brolio, Badia a Coltibuono, Tier- und Naturpark von Cavriglia
Wandern:	siehe bei der 7. Tour; Spaziergang durch den Tierpark von Cavriglia
Essen:	*Gallo Nero* in Greve, *Trattoria del Montigliari* oder Ristorante *Il Vescovino* in oder bei Panzano, *Pestello* bei Castellina, Pizzeria-Trattoria *Da Michele* in Radda, Restaurant der Badia a Coltibuono

‚*Siete nel territorio del Gallo Nero*' lesen Sie nun mehrfach auf großen Schildern an der Straße, wenn Sie südlich von Florenz über Impruneta (man kann genau so gut die Autobahnabfahrt *Firenze-Sud* nehmen) auf die SR 222, die *Chiantigiana*, eingeschwenkt sind. ‚*Sie sind im Gebiet des schwarzen Hahns*', dem Emblem des Consorzio del Gallo Nero, das bei vielen als Gütesiegel italienischen Rotweins gilt, für nicht wenige Flaschen zu Unrecht. Im Jahre 1924, als es in Italien noch kein Weingesetz gab, und jede erdenkliche Traubenbrühe als *Chianti* exportiert wurde, schlossen sich die Gemeinden der

Region des *Chianti Classico*, also des Gebiets zwischen Florenz und Siena, dessen Herzstück die Städtchen Radda und Gaiole sind, zu einer Vereinigung zusammen, um die Qualität ihrer Weine zu garantieren. Die Gründungsmitglieder dachten dabei wohl an die *Lega Chiantigiana*, ein militärisches Bündnis derselben Region aus dem 13. Jahrhundert.

Eigentlich hatten wir uns ein Weingut als Etappenziel ausgesucht. Aber dann haben wir am Morgen in Florenz getrödelt. So ist es schon Nachmittag, als wir in **Greve**, dem Hauptort (11.000 Einwohner) des Chianti und einem **WOMO-Lieblingsort**, eintreffen.

Unser ehemaliger Stellplatz in der Stadtmitte war noch nie schön, sondern nur bequem beim abendlichen Gang zu den örtlichen Lokalitäten. Wir hatten ihn, heute darf ich es gestehen, literarisch ein wenig hochgejubelt. So schmerzt es nicht, dass dort Wohnmobile in der Nacht nicht mehr parken dürfen. Aber dass auf dem neuen Stellplatz, einer offiziellen Anlage mit kluger Aufteilung, für uns nichts mehr frei ist, tut dann doch weh. So stellen wir uns zunächst auf den Parkplatz daneben, in der später erfüllten Hoffnung, es werde sich am Abend eine Lücke auftun.

Wir schalten die Alarmanlage scharf und schlendern in weniger als einer viertel Stunde zur Ortsmitte, wo wir beruhigt registrieren, dass sich seit unserem letzten Besuch so gut wie nichts verändert hat. Allem voran der dreieckige Marktplatz, die **Piazza Matteotti**, mit ihren Geschäften hinter Arkaden, auch wenn sie zeitweise immer noch beparkt werden darf (aber nicht von WOMOs) und die Preise der Cafés unverschämte Züge angenommen haben. Der Touristenrummel ist

Greve - Piazza Matteotti

erträglicher als häufig beschrieben, zudem sind am Abend die Einheimischen wieder eindeutig in der Überzahl. Und nachdem ich das Chianti im Laufe der Jahre etwa zwölf mal bereist habe, kann ich Ihnen versichern, dass nicht nur der Marktplatz der schönste der Region ist, sondern auch Greve jedes Mal die Reise wert war, weil es vom Tourismus vermutlich nie zugekleistert sein wird.

Wer Wein in einer der Enotecas verkosten möchte, ist hier richtig, und der Liebhaber italienischen Backwerks kann sich von der beeindruckenden Bäckerei an der breiten Stirnseite des Platzes kaum trennen. Touristischer Nippes wird, überraschend zurückhaltend feilgeboten, und ein Metzger namens *Falorni* bietet verlockende Produkte, vor allem aus Wildschweinfleisch, an. Damit auch niemand die Berühmtheit seines Namens und Ladens übersieht, hat er alle Bücher und Zeitschriftenartikel, die ihn jemals erwähnt haben, in einem Korb an gut sichtbarer Stelle des Schaufensters präsentiert. Danach scheint Herr *Falorni* wirklich ein sehr prominenter Mann zu sein. Sogar die ADAC-Motorwelt hat ihn neben seinen Wildschweinwürsten abgelichtet. Nur der beliebte WOMO-Reiseführer fehlt, um seinem Schaufenster den letzten Glanz zu verleihen. Jener verschweigt aber auch nicht die sündhaft hohen Preise der wirklich lecker aussehenden Produkte. Seitlich der Straße vor dem neuen Stellplatz liegt die dazugehörige Fleischfabrik, wo Sie die Tore für große Lkw erkennen. Der dem Besucher des Ladens suggerierte Eindruck, *Falorni* habe jedes verwurstete Wildschwein persönlich gekannt, ist nur eine gute Idee seines Werbeberaters.

Den ***Gallo Nero*** halten wir zunächst für einen Weinladen oder eine italienische Bar. Er ist beides. Aber dahinter verbergen sich, wie wir erst auf den dritten Blick erkennen, noch zwei Speiseräume, in denen man einigermaßen günstig und ordentlich essen kann. An den Tischen sitzen überwiegend Einheimische bei einer Pizza. Wer „richtig“ speisen möchte, hat sich auch nicht verirrt, und wer zu erschwinglichen Preisen die großen Chiantis ordert, schon gar nicht *(den Gallo Nero* *finden Sie direkt an der Ampel der SR 222 in der Ortsmitte; montags ist der Schwarze Hahn geschlossen; Tel. 055 8544802).*

Der Heimweg zum offiziellen Stellplatz dauert 10 Minuten, und im Sommer werden Sie dort von Nachbarn empfangen, die in ländlicher Umgebung auf Klappstühlen den Abend begießen - und damit niemandem weh tun. Besser kann man einen kommunalen Stellplatz kaum bauen und ihn ortsnah in die Landschaft einbetten:

WOMO-Stellplatz: Greve *(Schwimmbad)*

Position: N 43°35.443' E 11°18.816'; **WOMO-Zahl**: >5;
Ausstattung: Wasser, Entsorgung, Mülleimer, Geschäfte und Gaststätten (in der Nähe), Wanderwege, Schwimmbad, sehr angenehme Lage mit Blick auf Hügel des Chianti; falls der Platz voll ist, was leicht möglich ist, können Sie seitlich des Weges zum benachbarten Schwimmbad auch gut stehen;
Zufahrt: im nördlichen Teil von Greve von der SR 222 an einer Ampel nach Westen abbiegen, bestens beschildert über den Bach, danach rechts bis zum Schwimmbad nördlich des Ortes.

Die Qualitäten dieses famosen Platzes machen Alternativen in Greve überflüssig. Es sei denn, Sie wollen sich steigern und sind mir nicht böse, falls das misslingt, weil schon zu viele Pkw auf dem Parkplatz von **Montefioralle** stehen. Zu diesem sehenswerten kleinen Nest oberhalb von Greve müssen Sie aber sowieso, am besten zu Fuß und wie auf Tour 7 näher beschrieben. Dann können Sie schon mal

Montefioralle

nachsehen, ob die Bedingungen auf diesem landschaftlich überaus reizvollen Stellplatz noch so lohnend sind:

WOMO-Stellplatz: Montefioralle

Position: N 43°34.844' E 11°18.080'; **WOMO-Zahl**: höchstens 5;
Ausstattung: Toilette (in Montefioralle), Wasser (?), Gaststätte in der Nähe, Spielplatz, Wanderwege, mehr als 6,50 m WOMO-Länge könnten an manchen Tagen zu viel sein, sonntags tagsüber oft von Pkw belegt.
Zufahrt: Wegweiser wie zum obigen Stellplatz von Greve, nach dem Abbiegen von der SR 222 über die Brücke, dann aber geradeaus direkt in die schmale Durchfahrt (die schmalste Stelle der Strecke) und am Anfang sehr steil bergauf. Die Straße steigt in Serpentinen zum Ort hoch. Man passiert Montefioralle an der linken Stadtmauer. Kurz nach dem Ende der Stadtmauer befindet sich links ein Brunnen und 20 m weiter ein blaues Hinweisschild zu einem Parkplatz nach rechts.

Verspricht das Wetter einen milden Abend, macht es Ihnen nichts aus, völlig einsam in freier Natur zu stehen und wollen Sie den Tag bei prächtiger Aussicht und eventuell an einem kleinen Grill ausklingen lassen, bleiben nur die Plätze weit oberhalb des Friedhofes. Gute Witterungsverhältnisse vorausgesetzt, können Sie kaum schöner stehen. Sie sollten mir aber mal schreiben, dass Sie dieses Angebot angenommen haben, sonst muss die nächste Auflage auf diesen Exoten verzichten, denn groß scheint der Zuspruch unserer Leser nicht zu sein:

WOMO-Stellplatz: Greve *(Friedhof)*

Position: N 43°35.179' E 11°21.128'; **WOMO-Zahl**: >5;
Ausstattung: Wanderwege, sehr einsam, schöne Sicht, schlechter Weg.
Zufahrt: Folgen Sie in Greve dem Wegweiser zum Friedhof *(cimitero)* oder zum Monte S. Michele. Auf jeden Fall müssen Sie am Friedhof vorbeikommen, da es von dort rund 5 km bergauf geht. Der Asphalt der schmalen Fahrbahn weicht bald einem in letzten Jahren leider sehr schlecht gewordenem Schotterbelag; am Anfang ist das Sträßchen auch etwas steil, was sich aber nach kurzer Zeit gibt. Auf etwa halber Strecke passieren Sie einen Steinbruch, und etwa einen Kilometer vor Erreichen der höchsten Stelle sehen Sie links und rechts des Fahrwegs ausgedehnte, grasige Stellplatzmöglichkeiten, vereinzelt sogar unter Bäumen. Suchen Sie sich aus, welche Ihnen am besten gefällt und Ihnen den schönsten Blick über die Berge des Chianti verspricht.

Achtung Campingplatzbesucher! In Greve finden Sie einen Wegweiser nach **Figline Valdarno**. Das liegt rund 17 km weiter östlich, also auf der anderen Seite der Monti del Chianti, und eigentlich im Bereich des 2. Teiles unserer Toskana-/ Umbrien-Großreise. Dennoch müssen wir es auch hier erwähnen, weil ***Camping Girasole*** einer der schönsten Plätze im Innern Italiens ist. So erlaube ich mir, die bekennenden Campingplatzfeinde in beiden Büchern zu nerven: Man muss mitten durchs Gebirge und braucht von Greve mehr als eine halbe Stunde, um dann allerdings zu einem der bestbesuchten toskanischen Zeltplätzen zu gelangen (wer früh kommt, wird auch im Hochsommer eingelassen; außerdem darf man bei Überfüllung auf dem Parkplatz davor nächtigen und kann sich am nächsten Morgen die starke Fluktuation zu Nutze machen), wo es für Reisemobile gut geeignete Terrassenplätze gibt - und ein (genau genommen sogar zwei) **Restaurant**, in dem es mir früher einmal geschmeckt hat, das auch nach wie vor sehr beliebt ist, aber inzwischen doch zu sehr nach der schnellen, rentablen Abfütterung seiner Gäste trachtet. Der sehr schön gelegene, clubartige Campingplatz kann mit einem, an olympische Maße heranreichenden Pool nebst respektabler Wasserrutsche, einem Hallenbad, einem Fitnessraum und sogar einer Sauna aufwarten, was die 45 Euro (Wiederholungstäter bekommen 10 % Rabatt) für vier Köpfe in der Hochsaison etwas erträglicher macht:

Campingplatz-Tipp: Figline Valdarno *(Girasole-Club)*

Ortszentrum: 1,5 km;
Zeiten: 20.3.-31.10., Mittagspause;
Tel. 055 915141, www.camping.it/toscana/clubgirasole
Ausstattung: Schwimmbad, Laden, Restaurant, Animation, Disco;
Zufahrt: von Greve auf der SP 16 Richtung Figline, 3 km westlich von Figline beschildert.

Soviel zum Abstecher in Teil 2. In Greve setzen wir unsere Fahrt auf der SR 222, der so genannten *Chiantigiana*, fort, auf der Haupttouristenstraße der Toskana. Fast jeder der von Florenz nach Siena möchte, das sind fast alle, nimmt wenigstens in einer Richtung diese Route. Gemessen daran herrscht überraschend wenig Verkehr, als wir von Greve nach Süden vorstoßen.

Nächster Höhepunkt ist **Panzano**, ein Dorf in Traumlage mit vielen Handwerksbetrieben und noch dezenten Tourismusstrukturen, die nur langsam wachsen, was allein ja schon erfreulich ist. Erstaunlicherweise hat auch noch niemand Hand an unseren Stellplatz gelegt, an den terrassenförmigen Parkplatz seitlich der Straße am nördlichen Ortseingang:

WOMO-Stellplatz: Panzano *(Nordseite)*

Position: N 43°32.699' E 11°18.976'; **WOMO-Zahl**: >5;
Ausstattung: Gaststätten, Geschäfte, Wanderwege;
Zufahrt: nördlich von Panzano, am Ortseingang, östlich der SR 222 nicht zu übersehen.

Er ist seit der Erstauflage im Programm und nur noch aus alter Verbundenheit dort belassen. Der neue Terrassenplatz auf der Südwestseite des Dorfes ist wegen seiner **Traumlage** nun unsere eigentliche Empfehlung:

WOMO-Stellplatz: Panzano *(Südwestseite)*

Position: N 43°32.810' E 11°18.608'; **WOMO-Zahl**: >5; **Ausstattung**: Gaststätten, Geschäfte, Wanderwege, Traumsicht; **Zufahrt**: südlich des Ortes an der SR 222 mit dem blau-weißen ,*P*' westwärts abbiegen, durch ein Neubaugebiet, vorbei an einem Supermarkt zu den Terrassen unterhalb des Dorfes.

In, bzw. bei Panzano gibt es auch zwei anspruchsvollere **Restaurants**. Schön und gut sind beide. Das bekanntere ist die ***Trattoria del Montigliari***, 3 km nördlich, an der Straße nach Greve. Im Sommer sitzt man auf der Terrasse, und glaubt man einem Gerücht (und schreibt man ab, was alle voneinander abschreiben), speist hier auch Prinz Charles, wenn er im Chianti - vermutlich ohne WOMO - urlaubt. Gemessen daran sind die Preise für ein gutes Essen noch recht fair *(Tel. 055 852014; montags Ruhetag)*. Falls seine Hoheit noch mal seinen königlichen Appetit in Panzano stillen wird und sich dabei in punkto Essensqualität zu steigern wünscht, dürfte er eher im Ristorante ***Il Vescovino*** am Nachbartisch sitzen, in einem angenehmen Garten mit prachtvoller Aussicht. Das Lokal mit ebenfalls anständigen Preisen, können Sie von beiden Stellplätzen zu Fuß erreichen, es liegt am Rande des alten Ortskerns *(Tel. 055 852464; dienstags und mittwochs mittags geschlossen)*.

Am zweiten Septemberwochenende steigt in Panzano übrigens ein Weinfest, bei dem die Zahl der heimischen Besucher angeblich die der Touristen deutlich übersteigt.

Die Hauptsehenswürdigkeit des Dorfes, liegt etwa 2 km südlich und kann mit WOMOs ab der Alkovenklasse nicht angefahren werden. Man muss irgendwo am Straßenrand parken und 400 m laufen, um die **Kirche Pieve San Leolino a Panzano**, ein romanisches Bauwerk mit Vorhalle aus der Renaissance, zu sehen, das so anmutig gelegen ist, dass der Blick vom Platz vor der Kapelle lohnender ist als das Gotteshaus selbst *(Gemälde aus dem 12. bis 15. Jahrhundert, die* *zwischenzeitlich mal geklaut waren; 10-12,30 und 15-19 Uhr).*

Die guten Stellplätze drängen sich im Chianti geradezu auf, und sind über die Jahre kaum angekratzt, was man allen Stadträten der Gegend hoch anrechnen muss. So haben wir keine nennenswerte Strecke zurückgelegt, als wir bei **Castellina** (2.600 Einwohner) den nächsten empfehlenswerten Übernachtungsplatz ansteuern, einen Riesen, wo auch mal die Kollegen anzutreffen sind, die einen Kleinwagen aus der Heckgarage rollen:

WOMO-Stellplatz: Castellina

Position: N 43°28.394' E 11°17.261'; **WOMO-Zahl**: >5;
Ausstattung: Wasser, Entsorgungsstation, Mülleimer, stets gut besucht, sehr geräumig, teilweise schöne Sicht;
Zufahrt: etwa 400 m östlich von Castellina an der Straße nach Radda.

Der 578 m hoch gelegene Ort erfreut Sie mit Geschäften, Weinprobierstuben, einer Burg und einem Tourismusambiente, das man - seien wir ehrlich - gar nicht so selten für die richtige Ferienstimmung braucht, solange das Maß stimmt. Nur Großartiges darf man in Castellina nicht erwarten. Das Städtchen ist aber wie geschaffen für die Zeit zwischen Nachmittag und Abend, solange man die markanten Silos einer Futtermittelfabrik nicht im Blickfeld hat.

Damit Sie sich nicht wieder brieflich bei meinen Verlegern beschweren, Sie hätten einen WOMO- und keinen Fress-Führer gekauft, stelle ich Ihnen noch eine kleine körperliche und kulturelle Aufgabe: Suchen Sie am nordwestlichen Ortsrand von Castellina den *Albergo Colombaio*, wo Sie auch parken können; nicht zum Essen, sondern als Ausgangspunkt zu einem kurzen Spaziergang zu einer sehenswerten **Etruskergrabanlage** (mit *,Tombe Etrusche'* beschildert). Auf einem von Pinien umstandenen Hügel dürfen Sie vier, genau in den Himmelsrichtungen und in einem Durchmesser von 53 m ausgerichtete, 2700 Jahre alte Einzelgräber besichtigen, was Ihnen vor allen dann Freude machen wird, wenn Sie im Hauptgrab rechts vom Eingang auf den Beleuchtungsknopf gedrückt haben.

Eigentlich wollten wir auch die in mehreren Reiseführern genannte ***Trattoria Pestello***, 7 km weiter westlich von Castellina, testen. Man hat uns von über heißer Glut gebratenen Täubchen, toskanischem Landbrot, einer hausgemachten Torte und niedrigen Preisen vorgeschwärmt, und wir haben übersehen, dass die Wirtsfamilie mittwochs ruht *(Tel. 0577 740671; wir haben das Essen später nachgeholt, es war recht gut, aber keineswegs preisgünstig und fast nur von Deutschen genossen, die mit Grund in jedweder Literatur von den Vorzügen der*

Küche lesen; im Sommer wird draußen gedeckt).

10 km östlich von Castellina folgt das nächste Highlight unserer Reise durch das Chianti, das Städtchen **Radda** (1.650 Einwohner), neben Greve wohl der schönste der namhaften Chianti-Orte und auch ein **WOMO-Lieblingsort** vor allem wegen seiner Lage auf dem Rücken eines 530 m hohen Hügels. Von hier aus starten wir im nächsten Kapitel eine Rundwanderung. Und loben bei dieser Tour die Sehenswürdigkeiten: ein niedliches ***Centro storico*** und den Palazzo Communale mit einer schönen Vorhalle samt Fresko, nicht zu vergessen die Metzgerei (Seite 100) und den Blick nach Norden über die Hügel bis nach Volpaia, von dem gleich die Rede sein wird.

Hier finden wir einen der angenehmsten Übernachtungsplätze der Toskana, sehr beliebt und dennoch kürzlich von den Behörden verkleinert. Das Hinweisschild auf der südlichen Ortsseite kann man gar nicht verfehlen, um dann von einer Terrasse überwiegend einen schönen Blick zu erleben. Man kann gratis seinen Wassertank füllen und den Inhalt der anderen Tanks entsorgen. Vor ein paar Jahren wurde sogar zwei Terrassen höher eine Toilette dazu gebaut:

WOMO-Wanderparkplatz: Radda *(offiziell)*

Position: N 43°29.175' E 11°22.525'; **WOMO-Zahl**: >5;
Ausstattung: Toilette, Wasser, Entsorgungsstation, Mülleimer, Gaststätten, Geschäfte, Wanderwege;
Zufahrt: in Radda ab der SR 429 gut beschildert, am Hang südlich des Ortes.

Aber der Platz ist so beliebt, dass er auch außerhalb der Hauptsaison schon früh am Nachmittag voll ist und sich diverse Wohnmobile eine Etage tiefer stellen, was offenbar geduldet wird. Ich greife trotzdem gerne wieder auf eine Uraltempfehlung aus der Erstauflage zurück, die vorübergehend ein paar Jahre durch Verbotsschilder verunziert war:

WOMO-Wanderparkplatz: Radda *(Stadtmauer)*

Position: N 43°29.251' E 11°22.507'; **WOMO-Zahl**: höchstens 5;
Ausstattung: Toilette, Wasser, Mülleimer, Gaststätten, Geschäfte, Wanderwege, sehr schöner Blick, nicht am 4. Montag eines Monats, weil dann dort Markt ist..
Zufahrt: In Radda sehen Sie etwa 250 m östlich des Wegweisers zum vorgenannten Stellplatz und schräg oberhalb der SR 429 einen Platz vor der Stadtmauer. Fahren Sie von dort hinter die Kleinstadt, also nördlich der Stadtmauer, bis Sie zwischen Mauer und Prachtblick die passende Stelle gefunden haben.

Beide Stellplätze sind fast zu schön, um sie wieder Richtung Ristorante zu verlassen. Wir tun es trotzdem (aus reiner Verpflichtung dem Leser gegenüber) und freuen uns oberhalb des offiziellen Terrassenplatzes in der **Pizzeria-Trattoria *Da Michele*** an einer Pizza, die dem Durchmesser der Räder des Ducato Maxi nahe kommt und das Fassungsvermögen der größten Pizzaplatten wie auch das der meisten Touristenmägen deutlich übersteigt *(von der früher gelobten Steinpilzpizza ist inzwischen allerdings abzuraten; um 18,50 Uhr sollten Sie sich anstellen oder Sie reservieren rechtzeitig, es sei denn Sie warten bis zur zweiten Runde; Tel. 0577 738491; montags Ruhetag).*

Lieben Sie es stiller als auf den Stellplätzen von Radda, fahren Sie nach **Volpaia**, einem niedlichen Nest wie aus dem

Volpaia

Bilderbuch, dessen Hand voll Häuser sich um die Burg und das gleichnamige Weingut, Erzeuger eines berühmten *Chianti-Classico*, scharen. Die Gebäude sind außerordentlich gut erhalten, und der Stellplatz mit Traumsicht ist offiziell für Wohnmobile ausgewiesen, eine Wanderung der nächsten Tour führt hier vorbei:

WOMO-Wanderparkplatz: Volpaia

Position: N 43°30.980' E 11°22.907'; **WOMO-Zahl**: > 5; **Ausstattung**: Wasser in der Mitte des Dorfes, Mülleimer, Gaststätten, Wanderwege, Superblick. **Zufahrt**: Mit Hilfe der Karte - notfalls der unsrigen - nach Volpaia; der Stellplatz ist am Ortseingang beschildert.

Dort sitzen wir noch hoch über dem Tal vor unserem Auto. Mit einer Flasche *Chianti-Riserva*, den wir aus unseren sorgfältig verpackten WOMO-Weingläsern schlürfen. Wer nur Senfgläser oder Plastiktrinkgefäße dabei hat, darf sich keinesfalls an einem *Riserva*, einem Rotwein mit längerer Fasslagerzeit, versündigen (und schon gar nicht mir hinterher trotzig eine Ansichtskarte schreiben). Wir sehen zu, wie sich allmählich die Nacht über den Hügeln, den kleinen Seen, den Gehöften und den ständig bellenden Hunden des Chianti ausbreitet.

Mit dem Chianti Classico und insbesondere seiner Geschichte werden wir auch bei unserer nächsten Station kon-

im Chianti-Gebiet

frontiert. Der Ahnherr des zinnenbekrönten **Castello di Brolio**, etwa 15 km südlich von Radda, der Baron Bettino Ricasoli, hatte hier 1837 die Zusammensetzung des klassischen Chiantiweins ausgetüftelt. Den verschiedenen roten Trauben hat er 20 Prozent weiße Sorten hinzugesetzt und so ein Optimum an Geschmack, Haltbarkeit und Transportfähigkeit erzielt. Auch heute wird noch nach dieser Formel gemischt, wenn auch mit reduziertem Weißweinanteil. Aber längst bürgt der schwarze Hahn, das Wappentier unserer 6. Tour, nicht mehr für Geschmack und Qualität. Und wenn ich daran denke, was ich in deutschen (und italienischen) Supermärkten schon an miserablen Flaschen mit der Gallo-Nero-Banderole gekauft habe, kann ich die Produzenten gut verstehen, die ihren Wein heutzutage lieber ohne den Hahn vermarkten. Auch die Familie Ricasoli, die im Castello di Brolio das größte Weingut des Chianti-Gebiets unterhält, vertraut inzwischen lieber dem guten Namen als dem schwarzen Federvieh. Heutiger Schlossherr ist der ehemalige Werbefotograf Francesco Ricasoli, der in den 90er Jahren das bankrotte Unternehmen übernommen und aus ihm eines der besten Weingüter Italiens gemacht hat. Man darf die *Cantina* bei einer englischsprachigen Führung besichtigen, wenn man sich vorher angemeldet hat *(Tel. 0577 7301; www.ricasoli.it; die Gartenanlage und die Burgmauern darf man täglich von 9–12 und 15–18 Uhr besichtigen; Wein und Olivenöl können Sie von 9–19 Uhr erwerben, der edle Riserva kostete zuletzt 27,- €).*

Das Schloss wurde im letzten Weltkrieg von Deutschen besetzt und später von den Alliierten beschossen, wovon man heute aber nichts mehr sieht.

Die Medien, vornehmlich Reiseführer, bunte Prospekte der Touristenämter sowie braune und gelbe Hinweisschilder, locken uns auch zum **Castello Meleto** mit zwei mächtigen Rundtürmen und einer schönen Anlage *(Führungen incl. Weinprobe um 11,30, 15 und 16,30 Uhr)* und 2,7 km weiter nördlich in den kleinen Ort **Gaiole** (2.400 Einwohner). Ganz nett ist dort der große Marktplatz, wer aber hier nicht aussteigt, muss nicht den Urlaub wiederholen. Das Ambiente des offiziellen Stellplatzes kommt dieser Umschreibung ebenfalls ziemlich nahe. Seine Existenz ist jedoch so löblich, dass wir ihn erwähnen; mit dem Hinweis, dass mehr als die Hälfte aller in deutschsprachigen Publikationen erwähnter Stellplätze deutlich weniger empfehlenswert ist:

WOMO-Stellplatz: Gaiole
Position: N 43°27.900' E 11°26.056'; **WOMO-Zahl**: >5;
Ausstattung: Wasser, Entsorgungsstation, Gaststätten, Geschäfte, Wanderwege;
Zufahrt: südlich des Ortes an der Straße nach Siena mit *'P'* beschildert.

Wer in der Nähe die Schilder zum Castello di Spaltenna übersieht, versäumt nichts. Ins Schloss kommt nämlich nur der Gast eines Hotel-Restaurants, welches seine Exklusivität dadurch unterstreicht, dass man die Eingangstür nicht mit einer Speisekarte und schon gar nicht mit Preisen verunstaltet. So sind es vorwiegend noble Karossen der automobilen Oberklasse mit deutschen und Schweizer Kennzeichen, die uns das Wenden vor dem Schlosshof erschweren.

Mit Ähnlichem rechnen wir bei der **Badia a Coltibuono**, einem ehemaligen Benediktinerkloster und hochberühmten Weingut. Aber welch eine positive Überraschung, als wir etwa 5 km nördlich von Gaiole auf den Parkplatz der Badia einbie-

Badia a Coltibuono

gen. Inmitten von Wäldern und am Rande einer Wiesenlichtung liegen still und ohne den befürchteten Touristenrummel die Gebäude der früheren Abtei, deren Kirche besichtigt werden darf. Die Vögel zwitschern, und im Hof des Restaurants neben dem Kloster wird unter Sonnenschirmen gerade das Mittagessen aufgetischt. Die ruhige Atmosphäre des Ortes springt sofort auf uns über. Wir beschließen, für das Abendessen zu reservieren und den Rest des Tages im Halbschatten des gemütlichen Parkplatzes lesend und beim Federballspiel zu verbringen. Wir packen Tisch und Stühle aus und verleben einen geruhsamen Tag:

WOMO-Wanderparkplatz: Badia a Coltibuono

Position: N 43°29.668' E 11°27.032'; **WOMO-Zahl**: >5;
Ausstattung: Gaststätte, Wanderwege, leicht einsam, aber häufig besucht, Sie sollten Unterlegbretter dabei haben, denn der Untergrund des Parkplatzes ist leicht abschüssig;
Zufahrt: in Radda nach Osten bis zur beschilderten Badia a Coltibuono, vor der Kirche links auf den Parkplatz.

Ich lese, dass hier, in einem der ältesten Klöster der Toskana, das im Jahre 770 gegründet worden ist, von den Mönchen die ersten Weinberge kultiviert worden sein sollen, und dass man sich in der Mitte des letzten Jahrhunderts, nachdem das Kloster von Napoleon säkularisiert wurde, ganz besonders dem Weinbau verschrieben hat. Die Weine der Badia zählen heute zu den Spitzenerzeugnissen des Chianti, man kann sie, wie auch ein hervorragendes Olivenöl in der klassischen, viereckigen Flasche, die hier angeblich erstmals als Markenzeichen hochwertigen Öls verwendet worden ist, unterhalb der Klosteranlage im ehemaligen Pförtnerhaus verkosten und kaufen (dazu gleich mehr). Ich erfahre aber auch, dass sich die heutigen Herren der Abtei in den Dienst des internationalen Schickeriatourismus begeben haben und im Herbst für „Freunde des Hauses“ Konzerte veranstalten sowie

Kochkurse für wohlhabende Damen, eher wohl für deren stressgeplagte Ehemänner, die einem toskanischen Sprach,- Reit- oder Töpferkurs schon lange nichts mehr abgewinnen können. Aber davon merken wir nichts. Und wüsste ich nicht von der Bekanntheit der Badia a Coltibuono, könnte ich meinen augenblicklichen Gefühlen folgen, würde ich Ihnen weismachen, ich sei der touristische Entdecker dieses herrlichen Ortes. In einer Beziehung darf ich diese Pioniertat für mich in Anspruch nehmen, habe ich nämlich die wohnmobilistische Komponente entdeckt oder jedenfalls erstmals publiziert.

Nach einem wirklich hervorragenden - leider auch hier nicht ganz billigen - Abendessen schlafen wir in unglaublicher Ruhe auf dem besagten Parkplatz und sind uns am nächsten Morgen einig, dass zu einer genussvollen Toskana-Reise eine Nacht bei der Badia a Coltibuono gehört. Nicht ohne das vorangegangene **Essen**, das an einem heißen Hochsommerabend im Freien eingenommen wird. Sie müssen sich aber wenigstens eine Stunde vorher anmelden, denn die Tische sind am Abend allesamt besetzt *(Tel. 0577 749424; montags geschlossen, von Mai bis Oktober kein Ruhetag).* Wir trinken einen hervorragenden Wein aus dem berühmten eigenem Anbau. Der schmeckt so überzeugend, dass wir uns am nächsten Tag ordentlich eindecken wollen. Im schon erwähnten Pförtnerhaus schlagen wir zu einem gegenüber dem Restaurantpreis nur wenig niedrigeren Entgelt hemmungslos zu - und machen später ziemlich lange Gesichter, als wir feststellen, dass man uns für denselben Jahrgang im Weingeschäft von Gaiole weniger abverlangt hätte - Wegbeschreibung am Ende der 7. Tour, weil dort die Wanderung vorbei führt, die wir bei der Badia starten (zuletzt kostete im Pförtnerhaus der *Riserva* 20 € und der normale *Chianti* 10,95 €).

In Cavriglia, ein paar Kilometer weiter östlich, folgen wir den Wegweisern zum **Parco naturale di Cavriglia**. Die italienische Unart, Hinweisschilder zu Sehenswürdigkeiten, Campingplätzen und ähnlichem nicht mit Entfernungsangaben zu versehen, verunsichert uns auch hier. In endlosen Kurven windet sich die Straße bergan, wobei es mir als Fahrer kaum vergönnt ist, den immer wiederkehrenden, weiten Blick ins Arnotal (nebst Kernkraftwerk), und ins toskanische Braunkohlerevier von S. Giovanni Valdarno zu genießen. So sehr bin ich mit der schmalen Fahrbahn, den seitlichen Abgründen und dem ständigen Schalten beschäftigt. Die Straße ist inzwischen allerdings so ausgebaut, dass auch größere Wohnmobile bei der nötigen Vorsicht diesen Weg wählen dürfen. Würde nicht ab und zu ein Schild zu unserem Ziel weisen, hätten wir die Hoffnung, dieses zu erreichen, längst aufgegeben, zumal es dem Monte S. Michele deutlich näher liegt als Cavriglia (siehe unsere Karte).

Die Erbauer dieser Einrichtung sind wohl bei den Direktoren deutscher Freizeitparks nur kurz in die Lehre gegangen und haben das Erlernte mit italienischer Lebensart gepaart: Man fährt mit dem Auto in den Park hinein, früher musste man am Eingang eine Gebühr entrichten. Als wir kommen, steht die Schranke jedoch offen, der Park ist nämlich, insoweit war der Azubi an den entscheidenden Tagen krank, kostenlos. Wir merken das nicht und wähnen uns nur vom Zufall begünstigt, als wir unser WOMO im Inneren des ausgedehnten Geländes parken. Unsere Kinder bestaunen nun die verschiedenen Tiere in mehr oder weniger großen und mehr oder minder (eher das) gepflegten Freigehegen. Darin leben Wölfe, Bären, Affen, Adler, und allerlei anderes Federvieh in einem Anflug von natürlicher Umgebung. Und bis wir an jedem Gehege vorbeigekommen sind, haben wir stattliche Fußmärsche - größtenteils im Schatten - hinter uns. Natürlich gibt es auch vielfältige Möglichkeiten zum Picknick, man kann, zumindest am Wochenende, einkehren und Hunger sowie Durst stillen und an einem Wasserhahn (an der Ausfahrt) mit Schlauch sogar den WOMO-Tank auffüllen. Unsere Kinder sind sehr angetan, ein Aspekt, der bei einer Toskana-Reise gar nicht genug betont werden muss. In einer Gegend, die von Kultur und Baudenkmälern voll gestopft ist, wie kaum eine zweite in Europa, in der Kirchen, Klöster, Etrusker-Gräber, Kirchen und nochmals Kirchen das Urlaubsprogramm bestimmen, ist man seinen Kindern den Besuch dieses Parks geradezu schuldig.

Ganz in der Nähe (beschildert) gibt es auch einen **Campingplatz** mit Pool, so dass man im Hochsommer den Park zum Nachmittagsprogrammpunkt machen kann, zumal wir hier in schätzungsweise 750 m Höhe sind und auf die nächtliche Abkühlung hoffen dürfen. Wer die Einsamkeit nicht fürchtet, darf sich auch auf einem geräumigen Parkplatz vor der Einfahrt bei schöner Sicht von den Wildschweinen des angrenzenden Geheges in den Schlaf grunzen lassen:

WOMO-Picknickplatz: Parco naturale di Cavriglia
Position: N 43°32.147' E 11°25.090'; **WOMO-Zahl**: >5;
Ausstattung: Gaststätte, Wasser, Toilette und Picknickbänke im Park, eher einsam, schöne Sicht ; **Zufahrt**: an der Straße zwischen Cavriglia und Monte S. Michele nicht zu übersehen (siehe unsere Karte).

Da wir schon vormittags gekommen sind, reisen wir am frühen Nachmittag weiter, auf kleinen Sträßchen durch ein besonders schönes Mittelgebirge, vorbei am **Monte San Michele**, der mit 893 m höchsten Erhebung der Monti del Chianti.

Schon längst haben wir festgestellt, dass die geographische Landschaft, die den Namen Chianti trägt, doch stark von dem abweicht, was sich der unerfahrene Tourist darunter vorstellt. Wir haben hügelige Weinfelder zwischen Zypressenreihen in anmutiger Umgebung vermutet, dazwischen ein paar Ölbaumkulturen. Stattdessen treffen wir auf eine stark bewaldete und eher raue Gegend. Gewiss gibt es auch hier und da die toskanische Bilderbuchlandschaft, und wenn die Sonne scheint, ist sie auch gar nicht schwer zu finden. Dazwischen fährt man aber lange durch dunkle Wälder, die bis in den Mai unbelaubt sind, graubraun und duster. Außerdem muss man sich warm anziehen, denn die Höhenlage verhindert den erwarteten milden Frühling. Ist aber die Natur erwacht und scheint die Sonne, lässt der Kontrast der eher schroffen Wälder die dazwischen liegenden Kulturen mit unzähligen, teils verlassenen Gehöften besonders lieblich erscheinen. Gerade hier, auf der Strecke vom Monte S. Michele nach Norden, erlebt man das Chianti in seiner ursprünglichen, von Kalendern und Postkarten noch nicht verkitschten Form.

Am Ende stehen wir wieder in Greve, und der Kreis unserer Reise rund um den schwarzen Hahn hat sich geschlossen. Ungezählte Male hat man uns eingebläut, den klassischen Chianti zu trinken. Dabei herausgekommen ist: Wer derart wirbt, hat's nötig und - eine brauchbare Überschrift für die 6. Tour unseres WOMO-Reiseführers.

in der Nähe des Monte San Michele

Tour 7: Wandern in den Bergen des Chianti

Vier Wandervorschläge

1. Wanderung:	15 km langer Rundweg von Greve über Montefioralle in einem nordwestlichen Bogen
2. Wanderung:	14 km langer Rundweg ab Greve über Uzzano und den Sugamepass in einem östlichen Bogen
3. Wanderung:	17 km langer Rundweg von Radda nach Volpaia
4. Wanderung:	verschieden lange Alternativen von der Badia a Coltibuono nach Gaiole und zurück
Karte:	Seite 90

Der besseren Übersichtlichkeit zuliebe werfen wir nun die Zeitmaschine an und fassen mit vier Wanderungen hintereinander literarisch zusammen, was im wirklichen Leben nicht eine einzige Tour war. Wer das Chianti, ja die ganze Toskana, richtig kennen lernen will, muss gelegentlich die Wanderstiefel schnüren!

Die Berge des Chianti eignen sich dafür aus mehreren Gründen: Zum ersten gibt es für dieses Gebiet brauchbare Wanderkarten, zum zweiten sind hier - keine Selbstverständlichkeit in der Toskana – relativ viele Wege markiert, und schließlich durchqueren die Routen immer wieder Wälder, was in der Hitze des Sommers die Wanderung erst ermöglicht.

Wir haben Ihnen bei der 6. Tour die vielfältigen Stellplatzmöglichkeiten von Greve und Panzano gezeigt, davon machen wir bei unseren ersten beiden Ausflügen Gebrauch, wir haben sie dabei teilweise sogar entdeckt.

Die **erste Wanderung,**

wir nennen sie nur die Hundewanderung, starten wir in der Gasse auf der nördlichen Stirnseite des dreieckigen Marktplatzes von Greve. Die Geschichte mit den Hunden kommt später, sie endet auch an diesem Platz. Sie beginnt damit, dass wir in der Gasse an der Buchhandlung, die im Übrigen jede (fast, unser WOMO-Führer fehlt noch im Sortiment) erdenkliche Toskana-Literatur in deutscher Sprache führt, unser Wanderzeichen suchen. Ein gelbes Dreieck, das auch erkennen lässt, wer es angebracht hat, der Odenwaldclub (Sektion Greve?).

Es geleitet uns bergauf zur kleinen Ortschaft Montefioralle, auf den Wegweisern als Castello bezeichnet. Nach einer guten halben Stunde haben wir das Örtchen erreicht und fotografieren von hier oben das in die Berge des Chianti eingebettete Greve. Wir durchstreifen die malerischen Gassen und wundern uns, dass wir so gut wie keinen Menschen zu Gesicht bekommen. Ist der kleine Ort schon fest in der Hand der Zweit- und Ferienwohnungsbesitzer? Verständlich wäre es. Vergeblich suchen wir auch das Castello, das , glaubt man der Literatur, im Jahre 1325 niedergebrannt und später wieder aufgebaut wurde. Offensichtlich bilden Burg und Häuser eine Einheit, welche die Burg nicht mehr erkennen lässt.

Das Bergnest hat auch schon Geschichte gemacht: Der Entdecker und Namensvater Amerikas, Amerigo Vespucci, wurde im Jahre 1451 hier geboren.

Wir wandern die Straße weiter bergauf, vorbei an einer Zisterne, die ein Waschhaus speist und unserem Stellplatz von der 6. Tour. Bis zur Passhöhe müssen wir nun schwitzen und sind froh über die Ablenkung, als sich bei den letzten Häusern ein kleiner weißer, spitzartiger Hund zu uns gesellt, der zunächst kaum auffällt. Bald wird er aber anhänglich und ist auf Harmonie bedacht. Es gefällt ihm nämlich gar nicht, wenn wir nicht nebeneinander laufen, wenn einer von uns fotografiert und ein paar Schritte zurückbleibt. Wie schnell man zum Herrchen wider Willen werden kann! Längst ist die Stelle außer Sicht, an der er zu uns gestoßen ist, und ich ahne, dass der Spitz für den Rest des Tages bei uns bleiben will. Die Gedanken sind frei: Schon seit zwei Tagen ringe ich um Ideen, was ich meinen Kindern mitbringen soll. Denn ich bin diesmal mit einem Freund und ohne Familie unterwegs. Gedanklich fahre ich mit dem Spitz schon durch den Schweizer Zoll, ich denke an Impfpassprobleme und dass ich den Hund während der Zolldurchfahrt verstecke ... Aber dann kommt ein roter Fiat, die Fahrerin schreit den Spitz furchtbar an und befördert ihn höchst unsanft ins Auto. Ein letzter trauriger Hundeblick, und ein tief eingeklemmter Schwanz. Vielleicht wäre unser Bettkasten während der zwei Minuten am Zoll doch besser gewesen ...? Wie gesagt, die Gedanken sind frei.

Bald stehen wir an einer reich beschilderten Wegkreuzung. Der Odenwaldclub hat sich auch hier verewigt, und die Gemeinde Greve weist darauf hin, dass sie atomwaffenfrei ist, ein Relikt, das man in der Toskana an vielen Ortsschildern noch immer lesen kann. Wir verlassen nun eine Weile die Markierung, gehen rechts und an der nach wenigen Metern folgenden Weggabelung abermals rechts. Wer die Wanderung weiter ausdehnen möchte kann an dieser Weggabelung nach links der Markierung hinterher gehen. Die Wege treffen dann nach einiger Zeit wieder aufeinander.

Der kleine Spitz ist noch nicht vergessen, als bei einem Gehöft eine schwarzweiße Jagdhundmischung schwanzwedelnd zu uns eilt, an uns hochspringt - und uns folgt. Wir haben keine Wurst im Rucksack, nur ein paar Äpfel und eine Flasche Sprudel. Trotzdem, der Jagdhund läuft neben uns her und demonstriert uns seine Jagdkünste: Immer wieder pirscht er sich an Vögel heran, die ihm aber problemlos entkommen. Als wir wieder auf das gelbe Dreieck stoßen und nach rechts von der Straße abbiegen, wäre für ihn, so glauben wir, die letzte Gelegenheit, den Heimweg noch alleine zu finden. Wir setzen uns ins Gras, damit er uns nicht mehr nachlaufen kann. Aber anstatt umzukehren, legt sich unser Hund neben uns und ist durch nichts zu bewegen, von unserer Seite zu weichen.

Wir brauchen noch fast zwei Stunden zurück nach Greve, vorbei an mehreren Weingütern, unter anderem dem Herrenhaus der bekannten Fattoria Zano. Aber das nehmen wir nur noch eingeschränkt wahr. Denn der Hund hat inzwischen bei den frei laufenden Hühnern diverser Bauernhäuser seinen Jagdinstinkt aktiviert. Wahrscheinlich will er seinen neuen Herren mindestens mit einem frisch erlegten Hähnchen imponieren. Mit wildem Gegacker rennt das Federvieh davon, gefolgt von wütenden italienischen Schimpftiraden der Hühnerhalter, gerichtet an uns Hundehalter. Wie dumm von uns, keine Hundeleine im Rucksack zu haben! In Greve bestellen wir erst mal einen Cappuccino, wobei rechte Freude nicht aufkommen will. Sogleich legt sich nämlich unser Hund mit seinen Art-genossen an, deren Herrchen ebenfalls einen Cappuccino trinken. Und dann macht er sich, die Vorderpfoten auf den Tischen, über leergegessene Eisbecher her. Als er schließlich auch noch den Abfallkorb ausräumt, heißt es im Café unisono aus deutschen Mündern: „Können Sie nicht besser auf Ihren Hund aufpassen!" Es besteht also Handlungsbedarf. Aber machen Sie einmal mit schlechtem Italienisch jemandem klar, dass Sie einen Hund gefunden haben. Glücklicherweise kann die Dame im Touristenbüro des Rathauses deutsch, sie entdeckt auch eine kleine Steuermarke am Halsband und behauptet, mit ihr den Besitzer ermitteln zu können. Sie telefoniert, immer mehr Hilfskräfte werden zusammen getrommelt, ein Strick und das Schreibtischbein sind schließlich die Erlösung. Hasso bekommt zu fressen, und zu guter Letzt verspricht man uns, am nächsten Tag das richtige Herrchen zu benachrichtigen, so lange werde man sich um den Hühnerjäger kümmern. Die Frage aber bleibt: Warum sind uns zwei Hunde nachgelaufen?

Es bleibt noch anzumerken, dass die Hundewanderstrecke rund 15 km beträgt, dass der Wanderweg unschwierig und gut zu einem Drittel schattig ist *(auf der Kompass-Karte, Firenze-Chianti Nr. 660, 1:50.000, fast vollständig als Wanderweg eingezeichnet).*

Auch die **zweite Wanderung** beginnt in Greve,

wo wir zunächst bis fast zum nördlichen Ortsende entlang der Durchgangsstraße laufen. Rechterhand schickt uns ein Wegweiser zum Weingut Uzzano, und bald sehen wir auch unsere Markierung, einen gelben Punkt. Dieser wird uns bis zurück den rechten Weg weisen, lediglich auf der Berghöhe müssen wir eine Weile einem rot-weißen Zeichen folgen.

Uzzano ist schon mehr ein Weinschloss als ein Weingut. Außer an Sonn- und Feiertagen ist es zu bestimmten Zeiten für die Öffentlichkeit zugänglich. Durch eine lange Allee mit uralten Zypressen gelangen wir in ein Waldstück, das von dem angenehmen Duft der gerade blühenden Baumheide durchströmt wird. Bald werden unsere Schritte aber zögerlicher, denn mehrere Schilder machen uns darauf aufmerksam, dass wir nun Privateigentum betreten, und sie warnen vor einem Hund. Trotz einigem Zaudern folgen wir gleichwohl dem gelben Punkt, der uns

ungeniert die Zufahrtsstraße zu einem Anwesen bergauf leitet. Erst weiter oben, und zwar genau vor einem kleinen Gerätehaus, zweigt die Wanderstrecke nach rechts ab. Das Warnschild spricht dort eine deutliche Sprache: Ein Pfeil zeigt in die Richtung zum Wanderweg, der andere Pfeil zum „*cane mordace*". Wir haben kapiert! *Cane* heißt *Hund*. Nur ein Analphabet würde hier vom rechten Weg abweichen.

Wir keuchen ganz schön den restlichen Berg hinauf, ehe wir den rot-weiß markierten Höhenweg auf einer geschotterten Fahrstraße erreichen. Bald überqueren wir den Sugamepass und stoßen nach einiger Zeit an ausgedehnte Schafweiden und auf die - ebenfalls geschotterte - Straße von Greve zum Monte S. Michele. Nun kommt das angenehmste Stück der Wanderung, es geht bergab, und die Sicht über zahlreiche Chiantihügel könnte nicht schöner sein. Hier kann man sich unter mehreren Möglichkeiten ein einsames Übernachtungsplätzchen aussuchen (Beschreibung des Fahrweges bei der Tour 6) und die schönste Variante der Freiheit auf Rädern erleben. Ängstliche Naturen werden sich hierher nur trauen, wenn sie mit zwei Fahrzeugen unterwegs sind. Den Unentschlossenen sei gesagt, dass verschiedene bewohnte Gehöfte nicht weit entfernt liegen. Die Schotterstraße schlängelt sich nun 5 km bergab bis zurück nach Greve, wobei wir in aller Ruhe die unproblematische Zufahrtssituation zu den Übernachtungsplätzen studieren können.

Auch auf dieser Wanderung, die 14 km lang und einigermaßen schattig ist, kommen wir wieder an unzähligen leergeschossenen Patronenhülsen vorbei, deren buntes Plastik dem Wandersmann überall in der Toskana und vermutlich in ganz Italien unverrottbar den Jagdeifer der Bevölkerung und eine damit korrespondierende lasche Gesetzgebung vor Augen führt. Allein in der Toskana sollen 300.000 Jäger registriert sein. Wer am Wochenende wandert, bekommt meistens mehrere von ihnen zu Gesicht. Dementsprechend grenzt es schon an Wunder, dass wir mehrfach Rehe gesehen haben, und dass Fasanen Bestandteil des Wanderalltages sind. Immer wieder erschrecken sie uns, wenn sie plötzlich unbeholfen im Gras oder Unterholz losflattern, oder wenn die bunt geschmückten Männchen nur wenige Meter vor uns über den Weg stolzieren. Ihr heiseres Krähen ist im Frühsommer das Toskana-Wandergeräusch schlechthin. Die vielen unkultivierten Unterholzabschnitte, naturbelassenen Wiesen mit hohem Gras und die ausgedehnten Weizenfelder der Crete bieten ihnen aber auch ideale Lebensbedingungen (*auf der Kompass Carta turistica, Firenze-Chianti Nr. 660, 1:50.000, vollständig als Wanderweg eingezeichnet*).

Unsere **dritte Wanderung** hat auf der von uns gewählten (kurzen) Alternative eine Länge von 17 km, auf der langen Strecke mögen es über 20 km sein. Der Weg ist so gut wie gar nicht schattig, aber ausgesprochen abwechslungsreich. Auch beim kürzlich und für diese Auflage durchgeführten Wiederholungsgang gelang es uns erneut nicht, ohne Irrwege nach Hause zu kommen:

Wir marschieren oberhalb unseres Übernachtungsplatzes in Radda (Tour 6) los, zunächst die SR 429 westwärts bergab. 500 m nach Radda, beim Weiler Croce, laufen wir nach rechts und gleich danach halbrechts am Hang entlang (nicht zwischen die Häuser). Bei einem Händler für antikes Baumaterial wählen wir den rechts seines bizarren Lagers entlang führenden Weg und gelangen bald an die Umzäunung eines Ferienhausgeländes, wo aber das Tor offen steht, weil ja der Wanderweg durch dieses Gelände führt (falls das Tor geschlossen ist, sollten Sie rechts möglichst dicht am Zaun gehen). Wir stiefeln nun vorbei an zwei Ferienhäusern und schlagen uns vor einem dritten und dessen Pool seitlich eines Weinberges bergab, wobei der Weg nicht gut sichtbar ist. Kurz bevor wir ganz unten angekommen sind, sehen wir links einen schmalen Pfad ins Gebüsch (Achtung, dort ist noch ein Stück Draht eines ehemaligen Zaunes gespannt, über das man leicht stolpert), der an der Straße endet. Auf ihr wenden wir uns nach links und gelangen an die Straße nach Volpaia. Dort schlendern wir ein Stück bergab, überqueren einen Bach und stehen bald an der Abzweigung, wo nach links der Wegweiser zur Kirche S. Maria Novella zeigt.

Ihm folgen wir bergan, bis unsere Route von der Fahrstraße nach rechts abzweigt: Genau gegenüber der Zufahrt zur kleinen Kirche zeigen an einem Müllbehälter der rote und der weiße Streifen steil bergab. Der Weg führt nun durch den Wald ein wenig nach Süden und kreuzt bald einen schmalen Bach. Achtung: Wenn Sie unterhalb der Kirche geradewegs bergab rutschen, den Bach nicht auf einer Brücke, sondern ein paar wackeligen Steinen überqueren, und dann schnurstracks wieder bergauf klettern, dürfen Sie nicht der Markierung nach links folgen, sondern Sie müssen rechts gehen, Sie sind nämlich kurzzeitig vom rechten Weg abgekommen und nun etwas verwirrt. Danach orientieren wir uns an dem gut auf der Höhe sichtbaren Volpaia.

Das kleine Nest Volpaia haben wir schon bei Tour 6 gelobt, und es überrascht uns nicht, hier auf einige Urlauber zu treffen, die überwiegend in einem der Lokale sitzen.

Am Parkplatz, einem Stellplatz, führt ein Weg kerzengerade bergab, der bald die Straße kreuzt, am Gehöft *Cantina Vecchia* vorbeiführt bis zu einem Podere (wer, wie wir, diesen Weg verfehlt, muss die Asphaltstraße bergab wählen und dann beim Wegweiser zum Podere abzweigen). Beim Podere dürfen Sie nicht rechts zur Probierstube gehen, sondern Sie müssen geradeaus hinunter ins Tal, was man leicht verfehlt, weil der Pfad am Rand eines Feldes ziemlich zugewachsen ist (siehe Foto). Kurz vor dem Bach biegt der Weg nach links ab, bis zu einer Brücke, jenseits derer Sie rechts gehen. Falls Sie das nicht finden, können Sie auch unterhalb des Podere in einer Furt den Fluss überqueren und danach bergauf gehen bis zu einem Zaun und dann an diesem links entlang bis Sie auf den Weg stoßen. Letzterenfalls muss man allerdings ein wenig querfeldein klettern. Auf jeden Fall gehen Sie dann, entweder nach der Brücke oder nachdem Sie querbeet improvisiert haben, auf diesem Weg rechts und noch ein Stück bergauf, bis Sie zu einem niedrigen Sattel kommen, von dem Sie die Landstraße Radda - M.S. Michele, die SP 72, erkennen, auf die Sie zulaufen. Die letzten 45 Minuten der Wanderung finden dann auf deren Asphalt statt. Unsere Versuche das zu vermeiden, führten zwar auch zum Ziel, aber erst nach längeren Irrwegen und mehreren Bachüberquerungen.

Als wir am Nachmittag in Radda ankommen, sind wir todmüde, denn die toskanische Tonerde, mit der wir auf den Wiesen jenseits der Bäche Bekanntschaft geschlossen haben, hat wegen des in der Nacht zuvor niedergegangenen Regens kiloschwere Gewichte an unsere Wanderstiefel geklebt *(auf der Kompass-Karte, Firenze-Chianti Nr. 660, 1:50.000, nur bis Volpaia und bezüglich des letzten Stücks Heimweg als Wanderstrecke eingezeichnet; eine Karte ist unbedingt erforderlich; nehmen Sie möglichst die in Radda erhältliche Carta dei sentieri, Monti del Chianti, im Maßstab 1:25.000).*

Der **vierte Chianti-Wandervorschlag** ist kaum mehr als ein ausgedehnter Halbtagesausflug.

Wegen der guten Übernachtungssituation parken wir bei der Badia a Coltibuono (siehe bei der 6. Tour) und wandern beim Restaurant auf dem rot-weiß markierten Weg in den Tannenwald hinein; es geht nach etwa 100 m halblinks bergauf. Nach etwa einer halben Stunde zweigt nach links ein markierter Fahrweg ab, auf dem wir bis zur Straße Radda - Badia a Coltibuono bleiben. Dort gehen wir etwa 600 m links (bei der Überarbeitung bin ich mir nicht mehr sicher, ob ich links mit rechts verwechselt habe – schreiben Sie mir bitte) bis zum Kilometerstein 2,3. Hier wenden wir uns wieder nach links in den Wald. An dieser Stelle verfranzt man sich leicht, weil es zwei Wege gibt. Nehmen Sie den rechten, leicht bergauf führenden! Nach knapp 10 Minuten folgt wieder eine Gabelung, an der Sie sich links halten müssen. Sie marschieren nun bald auf schmalem Pfad abwärts und stoßen auf einen breiteren Querweg, wo Sie links gehen, bis Sie zu einem Weinberg kommen. Am linken Rand dieses Wingerts finden Sie vor Büschen einen Pfad, der weiter unten nach links abknickt und nach wenigen Metern an der Autostraße endet. Auf dieser wandern wir das letzte Stück nach Gaiole.

Am Anfang diese Städtchens halten wir uns links und folgen den Wegweisern nach Riecine, Gittori (nach einem ganz kurzen Anstieg sehen Sie in Gaiole links der Straße das Weingeschäft, von dem ich Ihnen bei der 6. Tour berichtet habe, und wo der Wein weniger als in der Badia kostet). Es geht nun auf einem befahrbaren Weg mit kurzen Unterbrechungen immer leicht bergauf, bis man oben an der Zufahrt zur Badia wieder auf die Straße trifft.

Wenn Sie lieber den ganzen Tag wandern, können Sie bei der Badia, am Anfang der Strecke, wo der Wald beginnt, geradeaus gehen. Nach etwa 1 ½ Stunden treffen Sie dann auf einen markierten Weg, der nach links abzweigt und nach mindestens einer Stunde an der Straße Radda - Badia a Coltibuono endet. Der weitere Streckenverlauf ist dann so wie oben beschrieben.

Alle Möglichkeiten sind vor allem im Hochsommer wegen des Schattens und der Höhenlage sehr zu empfehlen *(auf der schon mehrfach erwähnten Kompass-Karte ist leider nur ein kleines Stück der Wanderstrecke eingezeichnet; vollständig ist die Strecke auf der Carta dei sentieri, Monti del Chianti, im Maßstab 1:25.000, zu sehen, wenn auch nicht als Wanderstrecke markiert, vor allem auch nicht auf dem ersten Stück!!).* Die große Schleife haben wir noch nicht selbst getestet, sie dürfte über 20 km messen; die kürzere Variante liegt bei 13 bis 15 km.

TOUREN 8 + 9

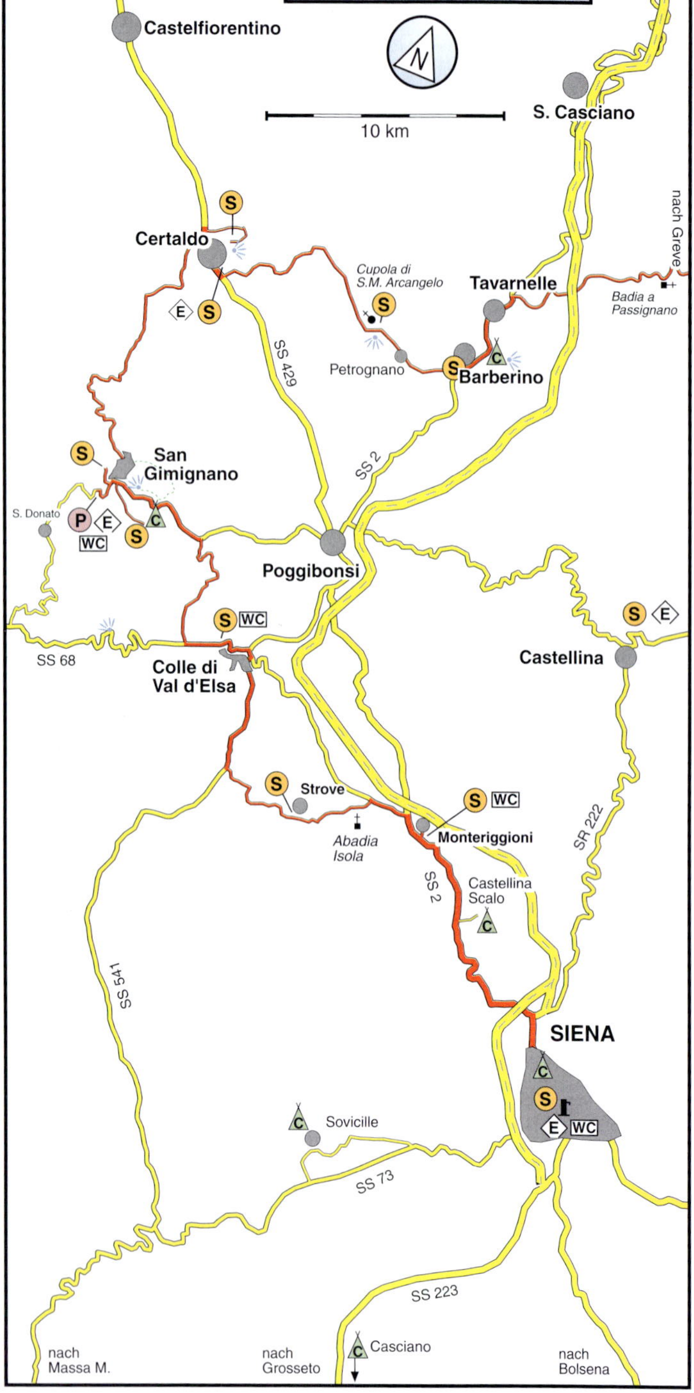
nach Empoli
nach Firenze
Castelfiorentino
N
10 km
S. Casciano
nach Greve
Certaldo
Cupola di S.M. Arcangelo
Tavarnelle
Badia a Passignano
SS 429
Petrognano
Barberino
SS 2
San Gimignano
S. Donato
Poggibonsi
SS 68
Colle di Val d'Elsa
Castellina
Strove
Abadia Isola
Monteriggioni
SR 222
SS 2
Castellina Scalo
SS 541
SIENA
Sovicille
SS 73
SS 223
Casciano
nach Massa M.
nach Grosseto
nach Bolsena

Tour 8: Hügel und Türme

Barberino Val d'Elsa - Certaldo - San Gimignano

Stellplätze:	in Barberino Val d'Elsa, bei Petrognano, in Certaldo, bei und in San Gimignano
Campingplätze:	in Barberino Val d'Elsa, in San Gimignano
Besichtigen:	Barberino Val d'Elsa, Altstadt und Rathaus von Certaldo Alto; Altstadt, Dom, Kirche Sant' Agostino und Museen in San Gimignano
Essen:	Ristorante *Il Paese del Campanelli* in Petrognano, *Osteria del Vicario* in Certaldo, Ristauranti *Bel Soggiorno* und *Le Vecchie Mura* in San Gimignano
Wandern:	ausgedehnter Spaziergang um San Gimignano

Bei etwas Zuversicht gelangen Sie auch mit dem Wohnmobil von Greve über Montefioralle und die sehenswerte **Badia a Passignano** (berühmtes Fresko von Ghirlandaio), eine noch von Mönchen bewohnte Vallombroserabtei aus dem Jahre 1049, über Tavarnelle nach **Barberino Val d'Elsa**. Wer sich schmale Straßen nicht zutraut, fährt „unten herum“, um zu bemerken, dass in Barberinos mittelalterlichem Ortskern zwar noch die Wohntürme fehlen, dass dieser aber dennoch malerisch auf einem Bergkamm liegt, mit Blick auf die wunderbare Hügellandschaft. Vielleicht suchen Sie aber auch nur einfach eine nette Oase zwischen Florenz und Siena, einen Campingplatz, um ein paar Tage die Seele baumeln zu lassen? Ihnen kann geholfen werden: Sie finden den *Camping Semifonte* nördlich des Ortes an einem steilen Hang mit wegen der

Blick vom Campingplatz *Semifonte*

gewachsenen Bäume allerdings nicht mehr ganz so traumhaftem Blick auf die toskanischen Hügel. Der Pool ist zwar nur ein größerer Bottich, aber wenn Sie auf dem kleinen, für sehr große WOMOs nur bedingt geeigneten Gelände noch Platz finden, werden Sie länger als nur eine Nacht bleiben:

Campingplatz-Tipp: Barberino V. d. Elsa *(Semifonte)*

Ortszentrum: 0,7 km; **Zeiten**: 15.3.-31.10, Mittagspause, relativ preiswert; **Ausstattung**: kleines Schwimmbad, Miniladen, nicht für sehr große WOMOs; **Zufahrt**: am Nordrand des Ortes seitlich der SS 2 beschildert.

Wer Campingplätze hasst, muss um Barberino auch keinen Bogen machen. Zwei Stellplätze kommen in Frage, von beiden haben Sie mehr oder weniger schöne Sicht, beide sind aber reine Übernachtungsplätze:

WOMO-Stellplatz: Barberino V. d. Elsa *(westlich)*

Position: N 43°32.530' E 11°10.233'; **WOMO-Zahl**: 3-4;
Ausstattung: Mülleimer, Gaststätten, Geschäfte;
Zufahrt: am südlichen Ortseingang von der SS 2 beim Parkplatzschild nach Westen abbiegen - nicht zu verfehlen.

WOMO-Stellplatz: Barberino V. d. Elsa *(östlich)*

Position: N 43°32.715' E 11°10.580'; **WOMO-Zahl**: >5; **Ausstattung**: Mülleimer, Gaststätten, Geschäfte, auch für sehr große WOMOs geeignet, teilweise richtig schöne Sicht; **Zufahrt**: wie zum beschilderten Campingplatz und kurz davor gegenüber einer Autowerkstatt auf einen großen Parkplatz (wo leider auch das eine oder andere Baufahrzeug oder Altauto abgestellt sind); Sie können auch auf den direkt daneben liegenden Parkplatz, eine Etage tiefer, ausweichen, auch nicht schlecht, nur leider genauso wenig lauschig..

Eine Nacht in Barberino ist nie ein Fehler. Das mit mittelalterlichen Mauern und zwei Toren befestigte Städtchen gehört zur sympathischen Sorte, ohne Urlaubermassen, auf angenehme Art herausgeputzt, in einer Toskana, wie wir sie aus dem Bildband kennen und mit einem Pissoir im Jugendstil (im Park vor dem südlichen Stadttor).

Das reicht Ihnen nicht, weil Sie diese zauberhaften Kuppen, das Gemisch von Olivenbäumen, Weinbergen und kleinen Dörfern noch intensiver konsumieren wollen, in Höchstdosis von einer der **schönsten Stellen** der Toskana? Dann sollten Sie an einem einsamen Ort die Nacht verbringen oder zumindest die Dämmerung, ehe Sie bei Einbruch der Dunkelheit zurück nach Barberino oder weiter nach Certaldo fahren. Sind Sie furchtlos (oder zu mehreren), werden Sie bleiben und den wunderbaren Rundblick genießen:

WOMO-Stellplatz: Cupola di S. Michele Arcangelo

Position: N 43°32.523' E 11°07.886'; **WOMO-Zahl**: >5; **Ausstattung**: nur eine tolle Sicht, einsam; **Zufahrt**: an der Straße von Barberino nach Certaldo, nördlich von Petrognano, sehen Sie bei einer Kreuzung an der höchsten Stelle einen kirchlichen Kuppelbau, seitlich davon werden Sie einen phantastischen Parkplatz antreffen.

Genießer sitzen am Abend zunächst im ***Il Paese del Campanelli***, besonders in dessen schönem Sommergarten *(Tel. 055 8075318, unbedingt reservieren, nur abends geöffnet, montags geschlossen)* und entscheiden, je nach Promille oder Angstgefühlen, ob sie sich in **Petrognano**, dem kleinen, touristisch im Aufbruch befindlichen Weiler, wo sich auch genanntes Ristorante befindet, in durchaus stimmungsvoller Umgebung auf einer von mehreren Möglichkeiten seitlich der Straße betten. Oder ob sie ihre Frau fahren lassen mit dem Versprechen, ihr bei der *Cupola* noch ein Gläschen zu reichen und alle nachts womöglich aufkreuzenden Bösewichte in die Flucht zu schlagen. Letzteres wird Ihnen erspart bleiben, wenn schon andere Leser die gemütliche Stimmung für Sie bereitet haben.

Einfallslose Reiseleiter nennen San Gimignano wegen seiner 15 Wohntürme „Manhattan der Toskana" und bezeichnen **Certaldo** als dessen „kleine Schwester". Daran ist schon falsch, dass die Namen mit 'O' gemeinhin dem männlichen Geschlecht zugeordnet werden, Certaldo also bestenfalls ein Bruder ist. Und der große, auf einem sanften toskanischen Hügel beheimatete Verwandte, San Gimignano, hat mit dem Stadtteil New Yorks etwa so viel zu tun, wie ein guter *Chianti Classico* mit einer Korbflasche.

Wenn Sie nach Ihrem Urlaub zu Hause von der Toskana erzählen, ohne in San Gimignano gewesen zu sein, würde man Ihnen rundweg jede Toskana-Kenntnis absprechen. Man würde sogar bezweifeln, dass Sie überhaupt dort gewesen sind. Erzählen Sie aber von Certaldo, werden Sie nur bei einem Kenner ein Kopfnicken sehen. Der versteht dann wenigstens etwas von italienischer Literatur. In Certaldo starb nämlich im Jahre 1375 der Dichter Boccaccio, 27 Jahre nachdem er das *Decamerone*, eine Sammlung von 100 teils frivolen Erzählungen, geschrieben hatte. Der Insider weiß, dass ohnehin nicht die Rede von der umtriebigen Stadt Certaldo ist, sondern von **Certaldo Alto**, jenem mittelalterlichen, fast ausschließlich aus roten Backsteinen erbauten Nest oberhalb der heutigen Neustadt.

Certaldo Alto

Das kleine *Centro storico* hat eigentlich nichts Spektakuläres, ein halbstündiger Bummel zwischen den turmähnlichen Ziegelsteinhäusern ist gleichwohl einzigartig. Nur selten drängeln Besucherscharen auf dem roten Pflaster, das Städtchen ist trotz von der Neustadt heraufgeführter Bergbahn noch nicht zur Kulisse von Reiseveranstaltungsprogrammen verkommen. Gewiss, auch hier spielt der Tourismus eine zunehmende Rolle, und am Wochenende in den Sommerferien werden Sie unsere Lobpreisung vielleicht als Geflunker bezeichnen.

Besichtigen Sie an der Hauptstraße das im Krieg zerstörte und danach wieder aufgebaute **Boccaccio-Haus**, in dem ein kleines Museum untergebracht ist *(10-19 Uhr; 1,60 €).* Ob der berühmte Humanist und Dichter des Mittelalters, der neben Dante und Petrarca als einer der Ersten nicht mehr lateinisch, sondern in seinem toskanischen Dialekt, dem heutigen Italienisch, geschrieben hat, dort wirklich gelebt hat, ist ebenso unsicher, wie sein Todeshaus. Gewiss ist nur, dass er in Certaldo gestorben ist. Weil die Museumsvisite so wenig zeitraubend ist, darf gleich im Anschluss noch eine Gemäldeausstellung im wappenverzierten, alten Rathaus, am oberen

Ende der Hauptstraße, nachfolgen *(9,30-13 und 14-19,30 Uhr: 2,60 €)*. Von seinem Turm genießen Sie einen besonders schönen Blick auf die toskanischen Hügel und die benachbarte ***Osteria del Vicario*** rechts des Rathauses. Deren Küche dürfte inzwischen der erhabenen Lage und dem wunderbaren Innenhof entsprechen, Michelin besternt und hochpreisig *(Tel. 0571 668228; mittwochs geschl.)*.

Certaldo Alto - Rathaus

Damit wäre über Certaldo alles gesagt, hätte es dort nicht einen Stellplatz gegeben, der mich aber in jeder neuen Auflage zu Korrekturen zwang. Erst musste ich wegen hässlicher Lampen und danach wegen Abschrankungen zurückrudern - und nun auch noch ein Parkhaus. Ich sah es bislang nur im Bau, aber ich sah es mit Grauen. Der Blick von Osten auf Certaldo Alto, über Jahre sprang mir dabei das Herz, er stolpert über Beton. Vielleicht streicht man diesen noch grün-braun an oder man lässt ihn von Pflanzen beranken. Vielleicht werden die Stellplatzbedingungen sogar wieder brauchbar. Blick, Landschaft und der nahe mittelalterliche Ort wären es wert. Aber die Lebenserfahrung lehrt uns alle, dass ein Parkhaus der natürliche Feind eines Stellplatzes ist. Also unter Vorbehalt und in der Hoffnung, dass Sie mir schreiben, was daraus geworden ist, vorläufig jedoch ins Blaue hinein:

WOMO-Stellplatz: Certaldo Alto

Position: N 43°33.017' E 11°02.804'; **WOMO-Zahl**: >5;
Ausstattung: Toilette, (in der Nähe), Gaststätten, Geschäft;
Zufahrt: fahren Sie unten in Certaldo nach Norden, Richtung *‚Castelfiorentino'*., wahrscheinlich auch hier schon nach *‚Certaldo Alto'*. Falls der Wegweiser Sie nach links schickt, wählen Sie trotzdem die Strecke weiter geradeaus (!). Es kommt dann, Sie haben Certaldo noch nicht verlassen, spätestens hier ein Wegweiser nach *‚Certaldo Alto'*, dem Sie einfach nachfahren. Jetzt kann eigentlich nichts mehr schief gehen, denn Sie fahren immer der schmalen Straße nach, geleitet von einem rot-weißen Wanderzeichen. Sie sehen dann die Altstadt rechts liegen und merken von allein, dass und wo Sie noch zweimal den nach rechts abbiegenden Weg wählen müssen.

Gut möglich, dass Ihnen nur noch der offizielle Stellplatz bleibt, von dem Sie das alte Certaldo sehen, so nahe, dass Sie hinauflaufen können, aber eben nur ein Abklatsch unserer Erinnerungen:

WOMO-Stellplatz: Certaldo *(Neustadt)*

Position: N 43°32.803' E 11°02.759'; **WOMO-Zahl**: >5;
Ausstattung: Wasser, Entsorgungsstation, Mülleimer, Gaststätten, Geschäfte, möglicherweise laut;
Zufahrt: im südlichen Teil der Neustadt von Certaldo, beschildert seitlich der SS 429 bei einem Bach, wo die SP 50, das ist die Straße nach Barberino, einmündet.

Wir haben nun den kleinen Bruder kennen gelernt, wie bewundernswert muss erst der große sein! Voller Erwartungen machen wir uns auf den 13 km langen Weg nach **San Gimignano**. Die Fahrt ist wunderschön wie auf fast allen Nebenstraßen in der Hügel-Toskana. Nur haben wir von Norden nicht schon von weitem den viel gelobten Blick auf die Türme der Stadt. Wir werden morgen bei der Fahrt nach Süden anhalten und in gehöriger Entfernung auf die Silhouette der Stadt zurückschauen. Vielleicht auch bei der Wanderung, die ich Ihnen unten empfehle.

San Gimignano

Bald stehen wir vor der Stadtmauer, durch deren Tore im Sommer kein Tourist fahren darf. Das Gebot der Stunde heißt nun Parkplatzsuche, bei der man nicht wählerisch sein darf. Man muss der Stadt dabei zu Gute halten, dass es einfach nicht ausreichend Parkmöglichkeiten gibt, zu groß ist der Andrang in einem Städtchen, eigentlich einem Dorf, das jährlich mehr als 3 Millionen Menschen sehen wollen.

Am besten parken Sie dort, wo Sie auch übernachten, auf einem echten Geheimtipp, der sogar die Vorauflage unabgekupfert und vielleicht nur deshalb ohne Verbotsschild überstanden hat. Vielleicht war meine Wegbeschreibung zu schlecht. Ich bessere nach, auch bezüglich des Plätzchens, das sogar Alternativen bietet, wenn man um die Ecke schaut:

WOMO-Stellplatz: San Gimignano *(Geheimtipp)*

Position: N 43°27.641' E 11°02.062'; **WOMO-Zahl**: >5;
Ausstattung: Spielplatz, schöne Sicht, Wanderwege, ins *Centro* 10 Minuten zu Fuß.
Zufahrt: Fahren Sie südlich von San Gimignano beim dortigen Kreisverkehr auf der SP 47 Richtung *'Volterra, P 1' ('Giubileo')* bergab. Nach etwa 150 m biegen Sie beim Wegweiser *'Relais Santa Chiara'* rechts ab, das ist zur Zeit auch der Weg zu P 1. Sie fahren ein kurzes Stück bergauf und biegen beim *Relais Santa Chiara* nach links bergab in die *Via Lavagnini*, an deren Ende, nach etwa 300 m, sehen Sie links eine Spielplatzwiese mit Holzgeländer. An dessen Seite stehen Sie schön, ein wenig stört man sich daran, dass gelegentlich Autos vorbei brummen. Fahren Sie 100 m um die Ecke, finden Sie eine weitere, nun großräumige Parkfläche vor einer Wiese mit angenehmem Blick.

Es gibt auch einen offiziellen Stellplatz, eigentlich mehr einen Campingplatz für WOMOs, der viel Geld kostet. Er liegt gut beschildert unten im Tal, und nach San Gimignano ist es etwa einen Kilometer - steil bergauf:

WOMO-Picknickplatz: San Gimignano *(offiziell)*

Position: N 43°27.350' E 11°02.090';
WOMO-Zahl: >5;
Ausstattung: Bänke und Tische, Toilette, Wasser, Entsorgungsstation, Strom, Mülleimer, Waschmaschine, Grillstelle, Wanderwege, bis 20 Uhr stündlicher Shuttle-Bus in die Stadt;

Zufahrt: südwestlich von San Gimignano an der SP 47 (beschildert), statt zu dem genannten *Geheimtipp* rechts abzubiegen weiter bergab; **Parkgebühr**: 20 € mit Strom/24 Stunden.

Ich würde dann lieber den richtigen Campingplatz, gut zwei Kilometer südöstlich des Städtchens beim Weiler S. Lucia, bevorzugen. Der ist kaum teurer, er hat aber nur 80 Plätze und ist trotz seiner bescheidenen Ausstattung oft auch außerhalb der Saison voll. Der 2,3 km weite Fußweg vom Campingplatz in die Stadt artet ebenfalls zu einer kleinen Wanderung aus, aber wenigstens führt die durch nur mäßig bergiges Gelände (auch für das Fahrrad geeignet) und entschädigt mit einem schönen Blick auf die Wohntürme:

Campingplatz: San Gimignano *(Il Boschetto)*

Ortszentrum: 2,3 km; **Zeiten**: Ostern bis 15.10., Mittagspause; **Ausstattung**: kleiner Laden, Schwimmbad in der Nähe; **Zufahrt**: südlich von San Gimignano beschildert.

Alternativ können Sie 100 m vor dem Zeltplatz frei stehen, auf einer großen, baumlosen ebenen Fläche bei der Telefonzelle, wo es immer Platz geben dürfte - allerdings auch mit dem Nachteil des weiten Fußweges. Das Parkverbot gilt nicht für den ganzen Platz, und Italiener stehen in Zeiten großen Andrangs, beispielsweise an Ostern, auch mal auf dem schlichten Fußballfeld daneben:

WOMO-Stellplatz: San Gimignano *(Campingplatz)*

Position: N 43°27.168' E 11°03.449'; **WOMO-Zahl**: >5; **Ausstattung**: Schwimmbad, Wanderwege; **Zufahrt**: in San Gimignano Wegweiser zum Campingplatz, 100 m vor diesem.

Die Fuß- oder Radwege sollten Ihnen aber nicht den Entschluss rauben, in San Gimignano zu nächtigen, in einer Stadt, die in der UNESCO-Liste des Weltkulturerbes steht. Denn am Abend, mehr noch als am frühen Morgen, ist die Touristenhochburg mit Abstand am schönsten. Kaum ein Urlauber verbringt hier die Nacht. San Gimignano ist ein Ort, durch den sich die Scharen bis jenseits der Unerträglichkeitsgrenze drängeln, aber nur tagsüber. Ein nächtlicher Streifzug durch die fast menschenleeren Gassen, wenn auch die penetranten Souvenirshops ihren Schrott eingepackt (zuletzt waren Folterwerkzeuge, vom „Morgenstern" über die Armbrust bis zu den Handschellen in Mode) und die Läden dicht gemacht haben, ist eines der Toskana-Top-Erlebnisse. Vielleicht beruhigt es Sie, wenn ich davon berichten darf, dass wir in der Woche nach Ostern nachts zweimal auf dem halbrunden Parkplatz beim Kreisverkehr (damals gab es den Großparkplatz daneben noch nicht einmal), 5 Minuten vor der Altstadt, stehen konnten.

Davor saßen und aßen wir in am traumhaften Panoramafenster des **Hotels *Bel Soggiorno*** im südlichen Teil der langen Hauptstraße. Wir kennen preiswertere Restaurants, und die Kochkünste sind auch nur guter Durchschnitt, aber der Rahmen ist auch ohne den tollen Blick angenehm; die beste uns bekannte Adresse in San Gimignano *(Tel. 0577 940375; mittwochs und im Februar geschlossen, teuer)*. Eine an lauen Sommerabenden deutlich preisgünstigere Alternative bietet die Traumterrasse - sie ist in diesem Buch konkurrenzlos - des **Ristorante *Le Vecchie Mura*** *(Tel. 0577 940.827, nach 80 m innerhalb des südlichen Stadttores bei der Beschilderung von der Hauptstraße talwärts abbiegen)*.

Dem nächtlichen Bummel folgt am nächsten Morgen selbstverständlich ein weiterer ausführlicher Stadtrundgang, bei dem keine großen Strecken zurückzulegen sind. Erstes Ziel ist stets die **Piazza della Cisterna**, deren bauliche Proportionen uns jedes Mal aufs Neue außerordentlich beeindrucken. Wir setzen uns in der Mitte auf die Stufen der *Cisterna*, um uns in Ruhe die Häuserfronten und Türme anzusehen. Wir bekom-

San Gimignano - Piazza della Cisterna

men gar nicht genug davon und wiederholen danach das Ganze bei einem Cappuccino von einem der Freiluftcafés. Kaum hat eine Familie bezahlt, spurten wir zum freien Stuhl. Denn San Gimignano lebt vom Tourismus, und zwar so intensiv, dass ich den Eindruck habe, dass fast jeder hier umgesetzte Euro wenigstens mittelbar aus den Taschen der Urlauber stammt. So schön und so einmalig das Städtchen auf der einen Seite ist, wirkt es auf der anderen Seite aber auch wie ein großes Freilichtmuseum - und dort wird bekanntlich nur ausgestellt, was mit der Gegenwart wenig zu tun hat. Man muss durch San Gimignano schlendern und sich alles ansehen, aber man kann sich hier nicht in italienischer Lebensart treiben lassen. Man besichtigt, staunt ein wenig, knipst die obligatorischen Fotos, trinkt einen Espresso und fährt am nächsten Tag weiter. Zuvor genehmigt man sich noch eine Köstlichkeit. Die **Eisdiele** in der Mitte der obersten Seite der Piazza della Cisterna beweist Ihnen durch zahlreiche, eingerahmte Zeitungsausschnitte, dass Sie hier das weltbeste (!) Schokoladeneis schlecken.

Viele zählen auch noch die **Geschlechtertürme**, von denen früher jedes bedeutsame Geschlecht, also jede Familie oder Sippe, einen eigenen hatte. Als sich Dante hier im Jahre 1300 aufgehalten hat, sollen es 72 Stück gewesen sein, wobei die Familie umso mächtiger war, je höher ihr Turm in den Himmel ragte. Die heutige Anzahl - man glaubt es kaum - ist unter den Reiseführerliteraten umstritten; manche behaupten, es seien 15, andere zählen 13 - und Sie? Es kommt wohl darauf an, welchen der halbhohen Stümpfe man mitzählt, deren Herren im Mittelalter durch das Verkürzen des Turmhauses bestraft worden sind.

Interessanter als das Zählen der Türme ist die Besteigung eines der größten, der **Torre Grossa**. Nach 200 Stufen haben Sie einen wunderbaren Überblick *(durch das lohnende* ***Museo Civico*** *mit Fresko von B. Gozzoli und Bildern von Filippo Lippi, 9,30-19,20 Uhr, 4 €).*

Nicht weniger lohnend ist der **Dom** *(9,30-19,30 samstags und im Winter kürzer, sonntags nur 13-17 Uhr; 2,60 €)*, die Collegiata Santa Maria Assunta. Eines der Hauptwerke sind im rechten Seitenschiff die Fresken aus dem 14. Jahrhundert, auf denen Barna da Siena in zarten Farben das Leben Christi dargestellt hat. Der Meister starb kurz vor der Vollendung nach einem Sturz vom Gerüst. Ein nicht weniger schönes Wandgemälde von Ghirlandaio können Sie in der durch ein Gitter abgetrennten Capella di Santa Fina bestaunen. Genauso wie einen Musiker in der Seitenhalle des Domhofes, der oder. dessen Kollegen bei allen unseren Besuchen präsent sind. Man spielt zur Orchesterbegleitung aus der Konserve meist ein Flötenkonzert Mozarts. Es ist unglaublich, wie sehr die Kulisse des Platzes der Musik Ausdruck verleiht.

Erst bei unserem letzten Aufenthalt und viel zu spät schaffen wir den Weg in die **Chiesa di Sant'Agostino**, im nördlichen Teil der Stadt. Umso größer ist die Freude über die wunderbaren 17 Fresken von Benozzo Gozzoli (1463 - 1467) im Chor. Auch wenn ich das nicht mit dem Hinweis auf Kunstliteraten belegen kann, vergleichen Sie mal - nach Füttern des Beleuchtungsautomaten - die Entwicklung der Malerei: das Fresko in der linken unteren Ecke (der kleine Augustin wird zu einem Lehrer in die Schule von Tagaste gebracht) mit dem gegenüberliegenden, letzten Bild des Zyklus (der Heilige Augustin verlässt Rom). Links sind die Figuren und Gesichter noch ausdrucksarm und gotisch, während uns rechts gerade die phantastischen Portraits begeistern. Der Fresken-Zyklus ist ein echter Knaller!

Das haben mir auch Leser vom **Foltermuseum** (Museo di Criminologia Medioevale) berichtet, das ich aus prinzipiellen Gründen stets gemieden habe. Mir war der Horror keine 8 Euro wert und schon gar nicht 5,50 Euro für meine Kinder.

Trotz der unbestreitbaren Sehenswürdigkeiten kann ich mich alles in allem in die Stadt nicht so recht verlieben, mag sie auch noch so gut erhalten und mit Geldern der UNESCO restauriert sein.

Sind Ihnen die Lokale, deren Preise höher liegen als anderswo, zu teuer, folgen Sie doch einfach unserem Beispiel: Wir haben uns Artischocken gekauft, rühren dazu eine leckere Soße und freuen uns an unserem WOMO-Tisch über die gesparten Euros. Dazu trinken wir eine Flasche **Vernaccia**, den trockenen, frischen Weißwein, der in der Umgebung wächst. Schon Boccaccio und Michelangelo sollen ihm gerne zugesprochen haben. Man kann den Wein überall in der Stadt kaufen oder sich die Mühe machen, ein Weingut zwischen den Hügeln zu suchen. Gehen Sie aber auf jeden Fall auch zur Verkaufsstelle der **Fattoria Tellena** in der nach Süden führenden Hauptstraße *(Via San Giovanni 69 - das südliche Stadttor im Rücken rechts).* Nicht nur der Verkaufsraum mit der großen Auswahl an Weinen ist besuchenswert, sondern vor allem die dahinter liegende Terrasse, auf welcher sich auch ungehindert umsehen darf, wer eingefleischter Biertrinker ist.

Bevor wir weiterfahren müssen wir noch zwei wesentliche Tagesprogrammpunkte erledigen: Zuerst klettern wir hoch zur **Rocca**, dem - beschilderten - höchsten Punkt der Stadt seitlich der Kirche. Und dann muss noch das „klassische" Foto von San Gimignanos Skyline gemacht werden. Das Auto lassen wir stehen, wir gehen zu Fuß zum Piazzale M. Montemaggio. Dieses ist der mit Bäumen bestandene Platz am Südende der Stadt außerhalb des Stadttors. Auf der Fahrt nach Volterra und Poggibonsi kommt man hier automatisch vorbei. Das Stadttor im Rücken steigen wir links an der Seite des Platzes - schräg gegenüber der Tankstelle - eine Treppe hinunter und gelangen dann weiter unten auf ein kleines Sträßchen. Nach dem Ende der Bebauung muss man nur noch die schönste Perspektive suchen, ehe man mit Hilfe der seitlich einfallenden Vormittagssonne jedem Ansichtskartenfotografen Konkurrenz macht.

Und wie genießt man San Gimignano ohne Rummel? Vielleicht im Winter, auf jeden Fall nachts (siehe oben) und das ganze Jahr über von Ferne. Aber dafür müssen Sie sich zu einer Halbtageswanderung aufraffen, zu einer geradezu klassischen Strecke, die auch schon vor uns vielfach publiziert worden ist und auf der Sie die Türme fast ständig im Blick haben, dazu eine anmutige Toskanalandschaft mit geschwungenen Hügeln, Gehöften, ein paar Zypressen und silbrigen Olivenhainen. Nur Schatten gibt es nicht, weshalb Sie sich die gut 2 Stunden nicht im Hochsommer vornehmen sollten. Wir sind an Ostern unterwegs, was schon wegen der blühenden Bäume eine fabelhafte Entscheidung ist:

Wir starten am südlichen Stadttor von San Gimignano und laufen etwa 150 Meter bergab, ehe wir nach links die Treppe nehmen, es ist die schon erwähnte Stiege der Postkartenfotografen. Auf einer Fahrstraße, seitlich derer man stets, aber vergeblich auf ein Stellplätzchen wartet, kommen wir nur langsam bergab. Immer wieder suchen wir den Standort für das ultimative Foto. Sparen Sie mit dem Material, die Motive sind auf der ganzen Wanderung ähnlich gut. Besonders, wenn Sie am Endes dieses Weges, nachdem dieser auf die Straße nach Poggibonsi gestoßen ist und Sie auf dieser etwa 200 m gewandert sind, nach einer Kurve auf einem Fahrweg nach links angestiegen sind. Der Blick auf das ferne San Gimignano ist dann besonders reizvoll.

Unangenehm ist dort allerdings die Orientierung. Vor einem verlassenen Gehöft müssen wir ziemlich improvisieren, also querfeldein stiefeln, um zwischen Weinbergen in nördlicher Richtung voranzukommen. Bald stehen wir aber wieder auf einem Kammweg, der nach beiden Seiten schöne Blicke ermöglicht und uns in das Städtchen zurückbringt, das wir nun von Nordosten erreichen. Was allein schon den ausgedehnten Spaziergang rechtfertigt. Denn das Ensemble der Türme ist aus dieser Richtung weniger bekannt, aber umso eindrucksvoller. Und am Ende bummeln wir sogar noch durch Gassen, die von den Touristenströmen sorgsam gemieden werden. Das nehmen Sie uns nicht ab? Sie haben Gelegenheit es zu überprüfen *(Karte: Kompass Nr. 660, Firenze-Chianti, es geht genauso ohne).*

Tour 9: Toskanische Superlative

Strove - Siena - Monteriggioni

Stellplätze:	in Colle di Val d'Elsa, in Strove, in Siena, bei Monteriggioni
Campingplätze:	in und bei Siena
Besichtigen:	Colle di Val d'Elsa; in Siena: Kirche S. Domenico, Baptisterium, Dom, Dommuseum, Piazza del Campo, Palazzo Pubblico (Rathaus) mit Turm; die Festung Monteriggioni
Essen:	Ristoranti *Casalta* in Strove, *Osteria Le Logge* oder *Antica Trattoria Papei* in Siena; *Il Pozzo* in Monteriggioni
Karte:	Seite 114

Auf welcher Strecke Sie von San Gimignano auch nach Siena weiterfahren, Sie müssen mit dem Lenkrad kräftig zur Sache kommen. Die landschaftlich schönere Route führt südlich von San Gimignano über Castel S. Gimignano. Die ist aber nicht nur extrem kurvig, sondern auch bergig. Unseren Kindern wird es im schwankenden Aufbau des Fahrzeugs schwindlig, weshalb wir mehrfach anhalten müssen. Wer weiß, ob wir die Türme der Stadt sonst noch einmal aus der Ferne betrachtet hätten.

Die blassen Gesichter der Verwandtschaft sind keine Einzelerscheinung, auch die Backen anderer Wohnmobilbesatzungen schimmern grünlich, als wir uns in **Colle di Val d'Elsa** (18.000 Einwohner), richtiger, am Rande von Colle Alta, dem höher gelegenen Altstadtkern, der ansonsten nicht sehr reizvollen Industriestadt (Glasbläsereien und Kristallschleifereien), umsehen. Hier oben muss man entlang der Hauptstraße die vielen und schönen mittelalterlichen Bauten betrachtet haben. Fast hätten wir die Via delle Volte verpasst, einen etwa 100 m langen, übertunnelten Weg. Wir bestaunen noch die Speisekarte am hoch gelobten **Luxusrestaurant *Arnolfo***, erschrecken über die Preise und setzen uns stattdessen in das schattige Café im Zentrum der Oberstadt. Wer gerne bei *Arnolfo* speisen möchte *(für alle Fälle die Telefonnummer: 0577 920549; traumhafte Sommerterrasse; dienstags, mittwochs und in der ersten Augusthälfte geschlossen; aber nicht vergessen: pro Person von 65 € aufwärts - plus Getränke; zwei Michelinsterne, nicht mit dem gleichnamigen Hotel zu verwechseln)* oder auch einfach nur einen einigermaßen ruhigen Stellplatz sucht, kann in Colle di Val d'Elsa übernachten; entweder mit schönem Blick auf das *Centro storico* oder, ruhiger, in der hintersten linken Ecke; auf jeden Fall aber auf dem nicht zu übersehenden Parkplatz oben vor der Altstadt:

WOMO-Stellplatz: Colle di Val d'Elsa

Position: N 43°25.358' E 11°06.830';

WOMO-Zahl: >5;

Ausstattung: Gaststätten, Geschäfte, Toilette, Spielplatz, teils schräg;

Zufahrt: direkt oben an der SS 68 vor der Zufahrt zur Altstadt.

10 km weiter ragen die 14 Türmen der auf einer Bergkuppe liegenden Festung Monteriggioni in den Himmel. Dort werden wir erst in ein paar Tagen nächtigen, was wir aber jetzt noch nicht ahnen. Wir sind auch an der Abzweigung nach **Strove**, 2 km weiter nördlich, vorbeigefahren. Das war nicht immer so und ist ausschließlich eine Frage der Tageszeit. Denn Strove ist ein Kaff, in das sich ein Fremder nur zufällig verirren würde, gäbe es nicht das **Ristorante *Casalta***, wo wir schon mehrfach hervorragend gespeist, uns aber auch ein wenig wie beim Edelitaliener zu Hause gefühlt haben. Seit mehrere Reiseführer die überaus freundlichen Betreiber und das unbestreitbar gute Essen lobend herausgestellt haben, tafeln hier vorwiegend unsere Landsleute *(vorbestellen, Tel. 0577 301171; mittwochs Ruhetag; Terrasse).*

Bei Strove gibt es ungewöhnlich viele markierte Wanderwege, ansonsten kann man nur zwei Dinge tun: essen und schlafen, was ja beides keine unangenehmen Urlaubstätigkeiten sind. Der Schlafplatz ist zugleich der Parkplatz für die Restaurantbesucher, an seinem Rand werden auch die Tischdecken der *Casalta* auf die Wäscheleine gehängt, dort picken ein paar Hühner, hier lagert aber auch das Baumaterial. Dieser Allrounder ist nicht zu verfehlen. Schräg gegenüber gibt es einen weiteren Parkplatz, der mir aber weniger gefällt. Stören Sie sich nicht an zu vielen Autos, in der Nacht kehrt die ländliche Einsamkeit nach Strove zurück, und am nächsten Morgen werden Sie von den Hähnen geweckt:

WOMO-Stellplatz: Strove

Position: N 4°22.722' E 11°10.273'; **WOMO-Zahl**: >5; **Ausstattung**: Gaststätte, Spielplatz, Mülleimer; **Zufahrt**: wenn Sie von Colle di Val d'Elsa kommen, finden Sie den Stellplatz links der Straße und seitlich der Zufahrtsstraße zum Dorfzentrum.

Heute lassen wir also Strove rechts liegen und sind eine viertel Stunde später in **Siena**. Der Stadt sollte man sich beim ersten Besuch eigentlich von Süden nähern, wohin sich die Altstadt mit ihren beiden charakteristischen Türmen auf einem geschwungenen Hügel ausbreitet. Da wir aber in Mitteleuropa leben, ist die Ankunft von Norden die Regel, und die führt uns zunächst durch Vorstadtgebiete.

Dort sehen wir auch einen nach links zeigenden Wegweiser zum Campingplatz *Colleverde*. Warum nicht? Die Stellplatzsuche in einer größeren Stadt war schon immer schwierig, und Siena hat schließlich 60.000 Einwohner, übrigens so viele wie vor 500 Jahren. Sorgen wegen des Stellplatzes haben offenbar auch andere, und so steht auf einem großen Schild am Campingplatztor: *Completo!* Dabei haben wir nicht einmal Hochsaison, sondern erst Pfingsten.

Das war aber ein Einzelfall, zumal der Campingplatz vergrößert worden ist, so dass wir in späteren Jahren auch in der Superhochsaison, Anfang August, noch eingelassen wurden. Das muss dann aber, wie fast überall in Italien, teuer bezahlt werden: 40 € für 4 Personen! Und 1,50 € pro Nase kommen im Sommer für die Benutzung des geräumigen Pools noch dazu. Der Platz liegt zwar schön, die engen Stellmöglichkeiten auf geschottertem Boden, zumeist vor einer Betonmauer, sind jedoch nicht lauschig und für entspannendes Campen mit Liegestuhl und entsprechender Lektüre kaum geeignet. Wer angesichts dessen eilig wendet, rammt zu guter Letzt noch ein niedriges Mäuerchen:

Campingplatz-Tipps: Siena *(Colleverde)*

Ortszentrum: 1,9 km, man kann mit etwas Kondition zu Fuß in die Stadt laufen, außerdem hält der Bus vor der Tür (Näheres im Text weiter unten);

Zeiten: Ende März bis Mitte November;
Ausstattung: ein reiner Übernachtungsplatz, Schwimmbad, Laden;
Zufahrt: am Nordrand von Siena; wenn Sie sich auf der Schnellstraße, der *'Tangenziale'*, näheren, verlassen Sie diese bei der Abfahrt *'Siena-Nord'* und folgen Sie erst dem Wegweiser *'Centro'* bis Sie sehr bald einen Wegweiser zum Zeltplatz finden. Kommen Sie von Norden auf der Landstraße, der *Chiantigiana*, ist die Beschilderung dieselbe wie nach dem Verlassen der Schnellstraße.
Sollte der Sieneser Campingplatz doch einmal belegt sein, gibt es 10 km südwestlich der Stadt, in **Sovicille**, seitwärts der SS 73 *('Camping La Montagnola; von Ostern bis Ende September)*, in **Casciano di Murlo**, an der SS 223, etwa 15 km südlich von Siena, *('Camping Le Soline; beim Freibad; ganzjährig)* und 5 km nördlich, bei **Castellina Scalo** *(Ende Mai bis Mitte September - siehe am Ende dieser Tour)* Alternativen.

Bedauerlicherweise haben Sie keine wirklich empfehlenswerte und legale Alternative, denn Siena hat sich über die Jahre ohne äußere Zwänge, die anderswo, vor allem in San Gimignano, zu WOMO-Beschränkungen geführt haben, zur wohnmobilunfreundlichen Stadt gemausert (Montalcino scheint zu folgen). Es gibt zwar einen offiziellen WOMO-Stellplatz (mit Entsorgungsmöglichkeit) unterhalb der Altstadt, der unverschämterweise auch noch Geld kostet, aber die Höchststrafe bedeutet: Beim Bahnhof und zwischen zwei doppelspurigen Schnellstraßen! Kein Wunder, dass ich nachts hier noch nie ein WOMO gesehen habe. Dort, wo seit Menschengedenken die Reisemobile standen, bei der Fortezza, ist seit Jahren das **Nachtparken** verboten. Praktisch das ganze Gelände ist gebührenpflichtig und genau genommen auch tagsüber für Wohnmobile verboten, so dass in Siena schon die Parkplatzsuche zum größeren Problem wird. Das Parkverbot wird von den meisten Italienern und zugegebenermaßen auch von uns einfach ignoriert, in einer Seitenstraße hat uns der dortige Parkwächter sogar höflich eingewiesen. Ich darf Ihnen in unserem, im Grunde gesetzestreuen Buch nicht zur Nachahmung raten und ich bezahle auch nicht Ihre Strafe, obgleich gerade die Seitenstraßen bei der Fortezza einigermaßen ruhig und schön gelegen sind und eigentlich nachts für Ihre Missetaten Platz böten. Falls es Sie dennoch interessiert, weil auch Sie Ihren Freunden abraten möchten:

WOMO-Stellplatz: Siena *(Fortezza)*

Position: N 43°19.194' E 11°19.368'; **WOMO-Zahl**: >5;
Ausstattung: Mülleimer, Gaststätten, **offiziell verboten**, wegen des Marktes stellenweise nicht in der Nacht auf Mittwoch;
Zufahrt: fahren Sie vor der Altstadt dem *'P'* mit dem Zusatz *'Fortezza'* hinterher - stellenweise auch durch ein Fußballsymbol beschildert, neuerdings zunehmend schlechter, weil man die Autos von hier fernhalten möchte; notfalls einmal die Altstadt umrunden, bis Sie gemerkt haben, wo die Fortezza liegt. An deren südöstlicher Ecke, gegenüber der Altstadt und von dieser hier nur durch ein Tal getrennt, zweigt das Sträßchen ***Viale***

Fruschelli (mit Bäumen in der Mitte) ab. Hier oder in vergleichbaren Nachbarstraßen steht man wahrscheinlich gar nicht schlecht, aber wir haben das noch nicht selbst ausprobiert.

Legal und deutlich besser als der andere offizielle Stellplatz, was aber nichts besagt, da gleich schlecht kein zweiter mir bekannter offizieller toskanischer Stellplatz ist, liegt ein weiterer ausgeschilderter WOMO-Platz:

WOMO-Stellplatz: Siena *(Palasport)*

Position: N 43°20.039' E 11°18.984'; **WOMO-Zahl**: >5;
Ausstattung: Toilette, Wasser, Entsorgungsstation, Mülleimer, möglicherweise Bahnlärm, man kann noch gut zu Fuß ins historische Zentrum, der Weg ist mit 25 Min. kürzer als vom Campingplatz, Bushaltestelle, Wächter;
Zufahrt: wie zum oben erwähnten Campingplatz, dann aber dem Sportsymbol auf den Wegweisern folgen, zur Sporthalle *(,Palasport')* an der Bahnlinie nordwestlich des Bahnhofes, also im nördlichen Teil von Siena;
Parkgebühr: 10 €/24 Stunden.

Am sinnvollsten, zumindest an warmen Sommertagen, scheint mir allerdings der Campingplatz, von dem oben schon die Rede war und auf dem Sie Ihr Auto dann mangels legaler Zentrums-Parkplätze auch tagsüber stehen lassen sollten. Stattdessen nehmen Sie den Bus, oder Sie gehen zu Fuß. Letzteres dauert zum Stadtmittelpunkt, zum Campo, etwa 45 Minuten: Raus aus dem Campingplatz und nach links, die erste Straße wieder links und auf ihr weitergehen bis runter ins Tal; dort die Bahngleise überqueren (dort sah ich zuletzt eine hoffentlich beendete Baustelle) und auf der anderen Seite schräg links den Berg rauf (Richtung *,Centro'*); oben bei der ersten Gelegenheit durch die Mauer und halb links! Auf dem Rückweg nach dem Überqueren der Bahn erst rechts, dann schräg nach links bergauf und nicht dem Wegweiser zum Campingplatz hinterher! Bequemer ist der Bus, dessen eine Linie fast mit unserem Fußweg identisch ist. Es gibt zwei Haltestellen, eine links des Campingplatzausgangs und eine rechts (Linien 8 und 12), beide führen zum Ziel, der Altstadt. Tickets gibt's bei der Campingplatz-Rezeption, ebenso wie einen kostenlosen Stadtplan. Die Haltestelle für die Rückfahrt finden Sie nicht am Ankunftsort, sondern, die Altstadt im Rücken, an der Straße jenseits des Platzes links (wenn sie nicht schon wieder verlegt worden ist).

Siena kann sich den Affront gegenüber den Wohnmobil-Urlaubern leisten, die kommen nämlich trotzdem. Und auch Sie sollten sich nicht verschrecken lassen, denn die Stadt ist der Höhepunkt einer Toskana-Reise, den niemand auslässt. Nur bezüglich Anzahl, Dauer und Intensität der Besichtigungstouren unterscheiden sich die Geister. Wir beschränken uns zumeist auf ein oder zwei Rundgänge und heben lieber noch einiges für den nächsten Urlaub auf:

Wir parken (siehe oben) bei der Fortezza S. Barbara, von der man nicht nur eine schöne Aussicht hat, die auch eine Vinothek beherbergt, die ***Enoteca Italica Permanente***, wo man die besten Weine Italiens nicht nur betrachten, sondern auch probieren kann.

Siena

Auf dem Weg zur Altstadt erleben wir gleich eine der schönsten Eigenschaften Sienas: Die einmalige Lage des Doms mit seinem gestreiften Turm oberhalb der den Hang hinabgebauten Häuser, die keine denkbare Farbnuance von braun bis rotbraun vermissen lassen. Spätestens bei diesem Anblick weiß ich, weshalb ich bei Siena immer an das Farbtöpfchen rechts außen in der oberen Reihe meines Schulwasserfarbkastens denken muss.

Zumeist ist die nicht weit von der Festung erbaute **Kirche S. Domenico** das Ziel einer ersten Betrachtung. Hier kann es einem in der rechten Seitenkapelle vor der ausgestellten Kopfreliquie der heiligen Katharina selbst bei hohen Temperaturen kalt den Rücken herunter laufen. Katharina ist übrigens die Nationalheilige Italiens.

Jedes Mal streben wir aber dann sehr schnell dem **Dom** zu, den man wegen seiner exponierten Lage und der vielen Wegweiser nicht verfehlen kann. Passen Sie aber auf, dass Sie das sozusagen im Keller des Doms

Siena - Dom

nur von außen zu erreichende **Baptisterium** *(nur im Winter über Mittag geschlossen; 1,50 €)* nicht für den Dom selbst halten, Sie wären nicht der einzige Fremde, der erst nach einiger Zeit bemerkt, dass man zum **Duomo** *(werktags 9,30-19,3, sonntags ab 13,30; 3 €)* die Treppe ganz hinauf gehen muss. Mich erstaunt, dass dieses im reinsten gotischen Stil erbaute Gotteshaus gar nicht so sehr bekannt ist, obwohl es äußerlich wie auch von innen zu den großartigsten Kirchenbauten der Welt zählt. Schließen Sie sich einer deutsprachigen Führung an, meistens sitzt gerade eine Gruppe in den Kirchenbänken und lauscht dem Reiseleiter, der hier wirklich viel zu zeigen hat: Unten angefangen bei den - inzwischen zur Schonung teilweise zugedeckten - Fußbodenmosaiken. Dann hoch unter die Kirchendecke, zu den Köpfen von 172 Päpsten und 36 Kaisern, weiter zu den zahlreichen Fresken und zum

Kanzel von Nicola Pisano

Chorgestühl, bis hin zu der von Donatello geschaffenen Bronzestatue Johannes des Täufers. Und dann stehen die Reisegruppen natürlich unter der Kanzel von Nicola Pisano. Ich halte sie für die schönste der Kanzeln von Vater und Sohn Pisano in Pisa, Pistoia und Siena. Wenigstens ist dieses Kunstwerk, eines der schönsten der Bildhauerei auf der Welt, heutzutage dauerhaft beleuchtet.

Gleich neben dem Duomo ragen merkwürdige, hohe gotische Bögen auf und rahmen den Domplatz ein. Es sind die Reste von Seiten und Fassade der im 14. Jahrhundert wieder eingestellten **Domerweiterung**. Der alte Dom sollte das Querschiff werden! Es ist heute kaum vorstellbar, welche Dimensionen der Neubau eingenommen hätte. Die damals von der Pest geplagten Sienesen mussten aber bald einsehen, dass sie sich technisch wie finanziell übernommen hatten und hinterließen uns eine heute 650 Jahre alte gotische Bauruine, deren höchste Aussichtsplattform den zweitbesten, oder sagen wir besser, den zweiten erstbesten Blick auf die Altstadt

Blick von der Domerweiterung auf den Campo

bietet - neben dem von der Torre del Mangia an der Piazza del Campo. Um auf die Terrasse zu gelangen, muss man eine Eintrittskarte für das **Dom-Museum** *(Museo dell Opera Metropolitana; 9-19,30 Uhr, in der Übergangszeit kürzer und im Winter nur vormittags, 6 €)* lösen und drei Fliegen mit einer Klappe schlagen: Hier sind die Originale der zehn Statuen, deren Kopien heute die Domfassade zieren, aufgestellt. Ich habe nie so recht herausgefunden, mit welchen Mitteln Giovanni Pisano - Sohn von Nicola - es eigentlich gelungen ist, in derart hohem Maß Schlichtheit und Ausdrucksstärke zu verbinden. Prachtstück des Museums aber ist die im Obergeschoss ausgestellte Maestà von Duccio di Buoninsegna, die fast vollständig erhaltene, bemalte, ehemalige Altartafel des Doms (1308 bis 1311). Die dritte Attraktion des Museums habe ich schon erwähnt, es ist die Aussichtsterrasse.

Vom Dom ist es nicht mehr weit zu einem weltberühmten Platz, zu einem der schönsten Plätze Italiens. **Il Campo**, der muschelförmige, leicht ansteigende Platz im Herzen der Stadt, zu dem alle Wege führen, scheint uns magisch anzuziehen und kaum wieder loszulassen. Über ihn und die ihn umrahmenden Gebäude wurde schon so viel geschrieben, dass ich mit eigenen Worten kaum noch etwas hinzufügen kann.

Das gilt auch für das zweimal jährlich, am 2. Juli und am 16. August, auf dem Campo stattfindende Pferderennen, den *Palio*, den ich selbst noch nie erlebt habe. Nur dreimal wird der dann mit einer speziellen, festgestampften Erde versehene Platz von 10 Pferden umrundet, je eines für einen Stadtteil, eine *Contrade*, was ungefähr 100 Sekunden dauert und von 40.000 Zuschauern beklatscht und bepfiffen wird. Die begleitende Pflichtlektüre ist nicht das offizielle Buch, bzw. die CD-ROM, über die 17 Stadtteile (von denen jedes Mal 10 ausgelost werden) mit deren Wappen und Siegeln, sondern der unterhaltsame und den *Palio* erschöpfend erklärende Roman von Fruttero und Lucentini, *Der Palio der toten Reiter.*

Bei der Piazza del Campo ist es gerade umgekehrt wie im Dom, man muss von Kunst und Kunsthistorie, von Baustilen und Geschichte wenig wissen, niemand muss unsere Aufmerksamkeit auf Sehenswürdigkeiten lenken, und wir können doch vollkommen die Schönheit des Platzes erfassen.

Das Wetter beschert uns dabei ein ganz besonderes Ereignis: Während wir auf den roten Ziegelsteinen des Muschelbodens sitzen und dem bunten Treiben zuschauen, ziehen schwarze Wolken eines Gewitters auf. Gerade noch rechtzei-

tig flüchten wir uns vor den Wassermassen eines frühsommerlichen Wolkenbruches in einen Torbogen. Plötzlich ist der Platz menschenleer, ganze zehn Minuten lang an einem Nachmittag in den Ferien. Nur drei Gestalten trotzen dem Wetter: Eine Frau mit rosa Regenschirm strebt einsam dem Palazzo Pubblico zu, und zwei Jungen haben sich bis auf die Unterhose ausgezogen, um den Bällen hinterher zu rennen, die der Gewittersturm von den Spielzeugbuden am Rande des Platzes zum Herz der Muschel treibt.

Aber bald scheint wieder die Sonne, ebenso schnell wie er sich geleert hat füllt sich der Platz erneut, und am Aufgang zur 102 m hohen **Torre del Mangia**, dem zweithöchsten Turm Italiens, bildet sich wieder eine Menschenschlange. Man hat die Besucher noch hinauf gelassen, als die Blitze schon beängstigend nahe zuckten. Wer gerade an der Reihe war, um auf die Spitze zu klettern, ließ sich davon nicht abhalten.

Siena - Blick von der Torre Mangia

Wahrscheinlich wollte sich niemand den Lohn des Wartens durch ein Gewitter zunichte machen lassen, denn auf eine halbstündige Herumsteherei im Treppenhaus des Turmes muss man schon gefasst sein. In der Hochsaison auch auf mehr. In jedem Falle muss man Eintritt bezahlen und 555 Stufen bezwingen. Am Ende auch noch eine Leiter, an der nicht ganz Schwindelfreie Schwierigkeiten haben könnten. Man kann diese Leiter aber auch auslassen und auf der zweitobersten Plattform stehen bleiben, ehe man das berühmte Aufsichtfoto des Muschelplatzes schießt und eine einmalige Sicht auf eine mittelalterliche, italienische Stadt genießt *(März - Okt. tägl. 10-19 Uhr, Nov. - Feb. 10-16 Uhr; das unerbittliche Gesetz von Angebot und Nachfrage ließ den Eintritt auf brutale 6 € steigen!)*.

Es war eine kaum entschuldbare Unterlassungssünde, dass ich es erst bei meiner dritten Sienavisite schaffe, im Rathaus, dem **Palazzo Pubblico,** neben dem Turm, das **Museum** aufzusuchen. Niemand braucht Angst vor endlosen Museumssälen zu haben, denn Bilder und Fresken präsentieren sich auf <u>einem</u> Stockwerk. Aber was für welche! Sie zählen zu den bedeutendsten Gemälden der Kunstgeschichte. Merken Sie sich den Namen Ambrogio Lorenzetti. Er ist nämlich der Maler des weltberühmten Freskos in der Salla della Pace: *‚Die Auswirkungen der guten und der schlechten Regierung auf das Land'*. Mit dem Bild der guten Regierung sollte Mitte des 14. Jahrhunderts die Stadtregierung, der „Rat der Neun", gewürdigt werden, eine schon damals im Ansatz demokratisch gewählte Verwaltung. Vermutlich haben die Ratsherren den Segen ihres Schaffens lieber gesehen als die Auswirkungen der schlechten Regierung (Fresko gegenüber), denn dieses Bild ist nur noch in Fragmenten erhalten.

Damit es der im Jahre 1315 gemalten Maestà von Simone Martini (nicht zu verwechseln mit der im Dommuseum) in der zentralen Salla del Mappa nicht genauso geht, wurde sie vor ein paar Jahren restauriert.

Brutal, weil detailgenau, ist das Bild des Kindermordes von Bethlehem, wo Matteo di Giovanni im Jahre 1482 ein schauriges Gemetzel vor vergnügt zuschauenden Kindern in Szene gesetzt hat *(Mitte März bis Okt. 10-19, im Winter tägl. 10-17,30 Uhr, schlappe 7 €)*.

Mit Siena ist es ähnlich wie mit Florenz. Ich kann Ihnen in diesem Buch nur die Dinge beschreiben, die das oft zitierte „Muss" darstellen. Als weiterführende Lektüre empfehle ich auch hier Christoph Hennigs *Toskana*.

Sie wollen aber noch wissen, was zu tun ist, wenn Sie mitten auf dem Campo plötzlich Hunger bekommen und Sie sich nicht in eines der dortigen Cafés oder Restaurants setzen möchten. Was sich aber schon der Stimmung wegen empfiehlt. Wenn Sie lange genug warten, treffen Sie bestimmt auch ein bekanntes Gesicht. Sie fragen sich schon seit geraumer Zeit, wo die Leute mit den herrlich duftenden Pizzastücken in der Hand herkommen. Verlassen Sie den Platz an seiner oberen, runden Seite und gehen Sie ein paar Schritte nach rechts. Sie werden auf der anderen Straßenseite der den Platz umschließenden Gasse eine Pizzeria finden, in der man Ihnen ein frisches Stück Pizza abschneidet, in Pergamentpapier einwickelt und in die Hand drückt (nicht zu verwechseln mit den in der Nähe installierten Fast Food-Zumutungen!)

Und dann gibt es noch die süße Variante des Hungers, die uns Jahr für Jahr in die Eisdiele treibt, die früher den *Nanninis* gehörte, heute aber anders heißt. Böse Zungen behaupten, wir würden nur dieses Eises wegen nach Siena fahren. In jedem Gerücht steckt ein Körnchen Wahrheit. Denn die Nanninis, genauer ihre Nachfolger, verstehen ihr Handwerk wie kein anderer. Nur in Rom und in San Gimignano haben wir je eine vergleichbare Eisdiele kennen gelernt. Am besten verlassen Sie wieder die Muschel an ihrer runden Seite und gehen nach rechts die Einkaufsstraße bergauf. Sie sehen dann bald rechter Hand die Nannini-Konditorei (wo es auch sehr gutes Eis gibt) und 100 m weiter links ein Eisgeschäft, vor dem vielleicht würdige Herren auf dem Vorplatz eines ehrfurchtgebietenden Gebäudes *Stracciatella* schlecken. Es sind die Angestellten der ältesten Bank der Welt, der *Monte dei Paschi di Siena*, die gerade Mittagspause haben. Auch die Gebäckstücke der Nanninis sind exquisit, und das Panforte, ein Kuchen aus Mandeln, Nüssen und Zimt, gilt als Spezialität schlechthin. Der Name Nannini kommt Ihnen bekannt vor? Haben Sie einen CD-Player im WOMO und stehen Sie wenigstens ein bisschen auf der Rockmusik Ihrer Eltern? Dann gehört zu einer Fahrt durch die Toskana auch eine fetzige Kassette von Gianna Nannini, der weltbekannten Tochter des (ehemaligen) Zuckerbäckers.

Gegen den großen Hunger ist natürlich auch gesorgt. Wir haben von den Qualitäten der ***Osteria Le Logge*** *(Tel. 0577 48013; sonn- und feiertags geschlossen)* gelesen und melden uns mittags persönlich für das Abendessen an, nachdem wir die Speisekarte in Augenschein genommen haben. Es ist nicht weit zu dem gemütlichen Lokal in der Via del Porrione 33, der Straße, die in der Ecke links der Torre del Mangia in das hinter dem Palazzo Pubblico gelegene Stadtviertel führt; das Lokal liegt dann alsbald auf der linken Straßenseite. Als wir gegen 22 Uhr um die - für toskanische Verhältnisse mittelhohe - Rechnung bitten, freuen sich wenigstens vier der im Flur des Lokals wartenden Italiener. Das Ristorante ist nämlich bei den Sienesen so beliebt, dass viele es auf sich nehmen, mit einem Aperitif in der Hand anzustehen, was Indiz für die Fähigkeiten des Koches ist.

Literarisch nicht gerade totgeschwiegen wird die ***Antica Trattoria Papei*** an der Piazza del Mercato 6 *(gehen Sie mit dem Gesicht zum Rathaus die Gasse rechts davon geradeaus, nach 200 m kommt ein größerer Platz, der Marktplatz, an dessen rechter Seite Sie die Lokalität sofort entdecken; Tel. 0577 280894; Ende Juli sowie montags geschlossen).* Das Essen würde ich als solide bezeichnen, ohne Schnörkel und Preistreiberei, aber mit kleineren Höhepunkten. Auf jeden Fall geschmackvoll, typisch italienisch und vielseitig. Im Sommer sitzt man schön draußen auf dem Platz, und man ist, so wenig wie die vielen Einheimischen, nie unzufrieden. Unsere liebste Adresse in Siena. In der ganzen Stadt haben wir allerdings weder ein richtig leckeres, noch ein besonders preisgünstiges Ristorante gefunden. Es kommt offenbar nicht von ungefähr, dass die Sieneser Küche als schlecht und einfallslos gilt. Am schlimmsten aber sind die, man kann es gar nicht genug betonen, wie Pilze aus dem Boden sprießenden Fast Food-Pizzerien, die allenfalls den zufrieden stellen, der dem Hungertod nahe ist.

Nachdem wir nochmals ausgiebig in der Stadt umher gelaufen sind, und nachdem wir abermals unter ca. 40 Eissorten die Qual der Wahl hatten, beschließen wir, noch einmal nach Norden zurückzufahren, um den Campingplatzgebühren in Siena zu entgehen. Uns ist noch ein schöner Stellplatz vor den 14 Türmen der noch rundum erhaltenen Mauer **Monteriggionis**, 11 km nördlich, in bester Erinnerung. Umso größer ist die Enttäuschung, als wir vor Ort erkennen müssen, dass der Parkplatz oben, seitlich des Stadttores der Reglementierungs-

Monteriggioni

wut zum Opfer gefallen ist. Wenigstens wurde Ersatz geschaffen, so dass wir uns nun weiter unten, am Beginn der Auffahrt nach Monteriggioni, auf einer geräumigen Fläche breit machen können. Wer die schöneren Plätze von oben nicht kannte, wird auch unten noch ganz zufrieden sein, den Stellplatz gerne nutzen und sicher nicht alleine übernachten, denn die Türme haben offenbar Anziehungskraft. Die Stelle hat sich herumgesprochen, und durch einen neuen Treppenweg dazu gewonnen. Im Hochsommer sollte man den Platz erst spät am Nachmittag anfahren, denn weder Baum noch Strauch spenden Schatten. Wasserhahn und Toilette finden Sie auf dem oberen Parkplatz, wo richtige Wohnmobile offiziell nicht hindürfen.

WOMO-Stellplatz: Monteriggioni

Position: N 43°23.286' E 11°13.520'; **WOMO-Zahl**: >5;
Ausstattung: Toilette, Wasser (in der Nähe), Mülleimer, Gaststätten;
Zufahrt: an der Abzweigung von der SS 2 nach Monteriggioni auf den Parkplatz unterhalb der Treppe zum Dorf.

Jenseits jener Pforte, an der eine Gedenktafel Dantes *Inferno* zitiert, soweit dort Monteriggioni erwähnt wird, erwartet man gespannt mittelalterliche Romantik. Und steht stattdessen auf einem im Sommer von der Hitze durchglühten Marktplatz, um den sich ein paar Häuser gruppieren. Früher nannte ich den Flecken verschlafen, weil er das auch war. Heute hingegen, Monteriggioni ist immer noch sehenswert, nutzen in größerer Zahl die Enotecen und Cafés den Flair. Das wird sich noch steigern, wenn erst mal die Aufrüstung der Mauer abgeschlossen ist, wenn ein neu gebautes Stück Wehrgang dem Mittelalter noch entscheidender auf die Sprünge hilft (und wenn man dann von einer erfolgreichen „Restaurierung" spricht).

Wer genau hinschaut, sieht den Mauern noch heute an, wozu sie im 13. Jahrhundert hochgezogen wurden, nicht als Stadtmauer, sondern als militärische Festung (der Sienesen gegen die Florentiner). Daran liegt es auch, dass im Inneren gar nicht viel Raum ist für zahlreiche oder gar großartige Bauten. Der viereckige Platz ist eigentlich das Wesentliche des Dorfes, wenn man einmal von den Souvenierklitschen, einem Antiquitätengeschäft und den beiden Kneipen absieht. Bislang kann man die Mauer (noch) nicht erklettern, jedoch auf einem schmalen Pfad umwandern.

Am Abend füllt sich der obere Parkplatz mit Autos Sieneser Herkunft. Deren Passagiere haben sich wenigstens ein paar Stunden vorher in einem der beiden **Lokale** angemeldet. Genauso wie wir. Dazu klopfen wir an der Küchentür, denn das ***Il Pozzo*** ist in den Nachmittagsstunden geschlossen. Wir haben uns für dieses Ristorante entschieden, weil es so ziemlich jeder erwähnt, der sich literarisch jemals mit der Toskana beschäftigt hat. Ich könnte insofern zwar ohne weiteres zurückstehen, die Neugierde lässt uns jedoch keine Ruhe. Zum Glück, sonst hätten wir eines der besseren Toskana-Restaurants nicht kennen gelernt. Und gemessen an dem, was man sonst bisweilen für ein eher durchschnittliches Essen bezahlt, sind die Preise des *Il Pozzo* nicht unverschämt. Wir sind zu zweit und sparen nicht an Wein, Dessert und Espresso. Wir wundern uns aber auch nicht, dass wir am Ende deutlich über 70 € ärmer sind. Besonders zu empfehlen sind alle Gerichte mit Steinpilzen *(Tel. 0577 304127; rechtzeitig, wenigstens 2 Stunden vorher reservieren; montags, im Januar und in der ersten Augustwoche geschlossen).* Das andere Lokal am Platze ist deutlich schlechter und lebt hauptsächlich von den Frustrierten, die im *Il Pozzo* abgewiesen wurden.

Etwa 4 km südlich, bei dem Ort Badesse, zweigt von der Straße nach Siena die Zufahrt ab zum oben schon erwähnten

Campingplatz-Tipp: Castellina Scalo *(Luxor)*

Ortszentrum: 4 km; **Zeiten**: Ende Mai bis Mitte September;
Tel. 0577 743047, www.luxorcamping.com;
Ausstattung: Schwimmbad, Laden, Restaurant (alles nur von Juni bis August); vom 10.7.-20.8. Mindestaufenthalt 10 Tage!
Zufahrt: etwa 8 km nördlich von Siena von der SS 2 abzweigen und noch 2 km auf einer Schotterstraße (beschildert).

Nur während einer relativ kurzen Saison können Sie hier für eine vierköpfige Familie pro Nacht 30 € lassen und dafür in einem Pool tauchen. Der schön gelegene, aber ziemlich schattige Platz ist in der Hochsaison gut besucht – und dann eher ungeeignet, weil Sie 10 Tage bleiben müssten, was Ihnen mit unserem Buch schwer fallen sollte.

Wer in Monteriggioni oder Strove übernachtet, sollte auch nicht achtlos an der ehemaligen Zisterzienser-Abtei von **Abbadia Isola**, dem Dörfchen kurz vor Strove, vorbeifahren. Wir entdecken die früher meist verschlossene Kirche aus dem 12. Jahrhundert erst im dritten Urlaub, nachdem sie inzwischen restauriert ist. Wie gut, dass man nicht in einem Urlaub alles sieht. In wenigen Jahren hätte man dann ganz Europa erledigt und könnte das Reisen abschaffen.

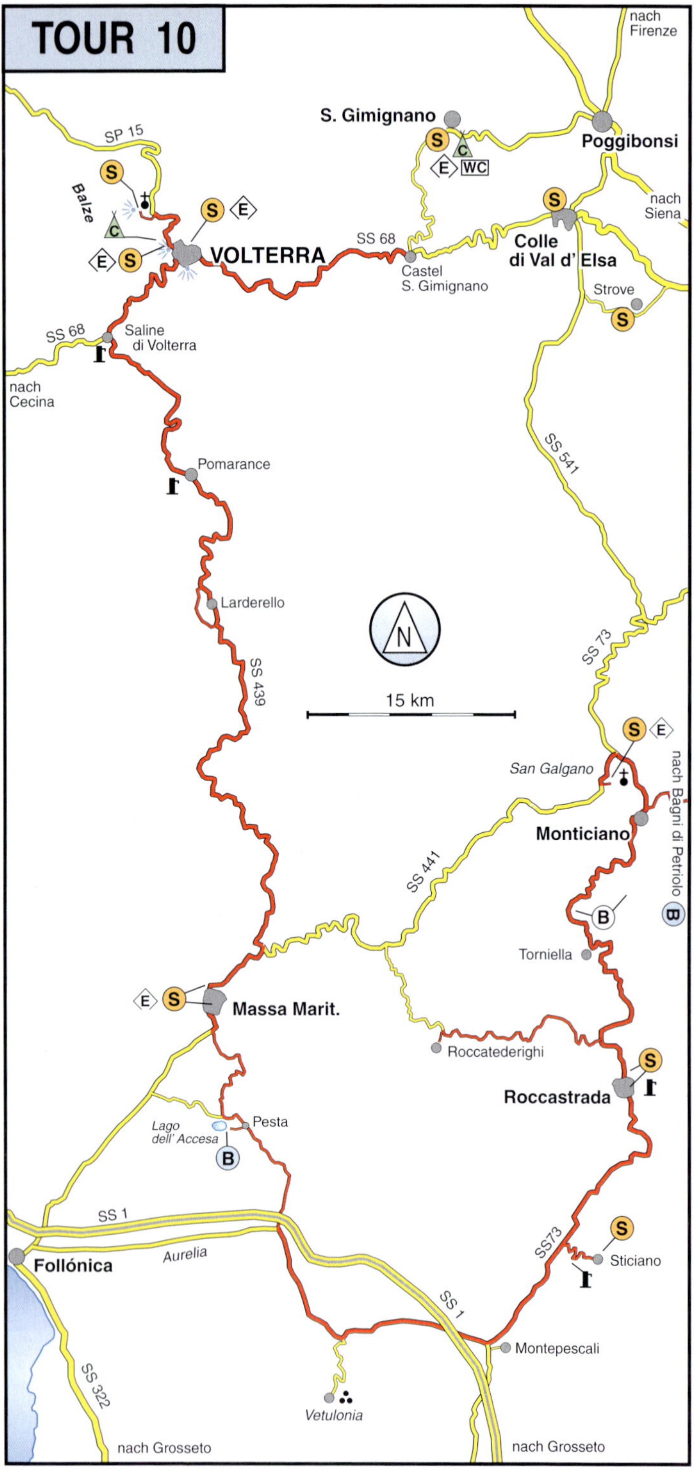
TOUR 10
nach Firenze
S. Gimignano
Poggibonsi
SP 15
Balze
WC
nach Siena
VOLTERRA
SS 68
Colle di Val d' Elsa
Castel S. Gimignano
Strove
SS 68
Saline di Volterra
nach Cecina
Pomarance
SS 541
Larderello
N
SS 439
SS 73
15 km
San Galgano
nach Bagni di Petriolo
Monticiano
SS 441
Torniella
Massa Marit.
Roccatederighi
Roccastrada
Lago dell' Accesa
Pesta
SS 1
Follónica
Aurelia
SS73
Sticiano
SS 1
Montepescali
SS 322
Vetulonia
nach Grosseto
nach Grosseto

Tour 10: Etruskisch, hügelig, mittelalterlich

Volterra - Larderello - Massa Marittima - Roccastrada
San Galgano - Bagni di Petriolo

Stellplätze:	in und bei Volterra, in Massa-Marittima, am Lago dell'Accesa, in Sticciano, in Roccastrada, bei der Kirchenruine von San Galgano, in Bagni di Petriolo
Campingplatz:	in Volterra
Besichtigen:	in Volterra: Piazza dei Priori, Parco Archeologico, Etruskisches Museum, Alabasterwerkstätten, Römisches Theater, Etruskisches Stadttor, die „Balze"; Erddwärmekraftwerk von Larderello; Domplatz und Dom von Massa-Marittima, Bergbaumuseum in Massa; Roccatederighi; Kirchenruine und Grabkapelle von San Galgano; Bagni di Petriolo
Wandern:	an der Farma bei Torniella
Essen:	Pizzeria *Da Nanni* in Volterra, Pizzeria *Frantoio* in Sticciano; *Grotta del Orso* in Roccastrada; *Locanda Da Vestro* bei Monticiano
Karte:	siehe auch vor der 11. Tour (Seite 164)

Auf unserer Toskanareise sind wir nördlich von Siena und steuern unser Wohnmobil auf der kurvigen, aber sehr schönen SS 68 westwärts nach Volterra. Von dort fahren wir westlich der Haupttoskanastrecke nach Süden. Viele unserer Leser werden die im Westen liegenden Städte von der Küste aus anfahren. Man bekommt dann aber nicht so viel von der sehr reizvollen Hügelgegend in der Südwest-Toskana mit. Wenn Sie Zeit haben, fahren Sie also am besten unserer 10. Tour hinterher, der längsten dieses Büchleins.

Volterra, die älteste Stadt Italiens und ein **WOMO-Lieblingsort**, wird gemeinhin in einem Atemzug mit San Gimignano genannt, was allein dadurch erklärlich ist, dass beide Ortschaften nur rund 30 km voneinander entfernt liegen. Ansonsten sind sie doch sehr verschieden: Volterra ist mit 4.500 Bewohnern des historischen Zentrums nicht nur drei mal so groß, sondern auch urbaner und nicht nur reines Touristenziel, obgleich kaum ein Toskanareisender die ehemalige Etruskerbastion auslässt. Und außerdem hat Volterra ordentliche Übernachtungsplätze, aber dazu später. Bevor ich mich in der Stadt ergehe, noch ein trivialer Tipp: Wenn Sie nicht auf einem unserer Stellplätze **parken**, sei Ihnen der Parkplatz seitlich des Busbahnhofes empfohlen, an der SS 68 südlich der Altstadt.

Ganz zu Unrecht gilt Volterra vielfach als streng oder gar düster. Zugegeben, die mittelalterlichen Gassen sind eng, dem graugrünen Tuffstein mangelt es am angenehmen Rotbraun anderer Städte, und der **Piazza dei Priori** fehlt die Leichtigkeit der Plätze von Siena oder San Gimignano. Zu steil ragt das älteste noch erhaltene toskanische Rathaus, der Palazzo dei Priori, an der Südwestseite auf, und 200 m Luftlinie entfernt tun die schwer bewaffneten Wachposten hinter den Zinnen der Fortezza ihr Übriges. Denn die einst von dem Medici-Herzog Lorenzo dem Prächtigen erbaute Festung gilt heute als eine der sichersten Strafanstalten Italiens. Aber gerade dort, wo wir den Gefängnismauern besonders nahe sind, im so genannten **Parco Archeologico**, wirkt Volterra geradezu lieblich.

Auf den geschwungenen Wiesen lagern fast alle Altersgruppen, manche dösen, andere spielen Fußball, und auffällig viele Liebespärchen schmusen im Gras. Eine ausgedehnte Pause im Archäologischen Garten ist auch meistens unser erster Programmpunkt, wenn wir in der auf einem Berg liegenden Stadt angekommen sind. Mit der Nachhilfe eines Lesers ist mir inzwischen auch klar geworden, warum dieser schöne Park das Attribut ‚archäologisch' trägt. Es sind nicht die zwei oder drei steinernen Badewannen römischen Ursprungs. Nein, die Bezeichnung geht auf die zu besichtigenden Ausgrabung einer etruskischen Zisterne und die Mauerreste einer Siedlung zurück.

Volterra - Parco Archeologico

Vielleicht wollte man daneben auch der langen Geschichte Volterras gedenken, das unter dem Namen Velathri schon vor dem 4. vorchristlichen Jahrhundert ein bedeutender Ort der Etrusker war, die sehenswerte Zeugnisse ihrer hohen Kultur hinterlassen haben, vor allem Schmuckstücke, Figuren, Vasen und Urnendeckel, die man heute in der Stadt in zweierlei Ausführungen sieht: Einmal original im **Museo Etrusco Guarnacci** *(Wegbeschreibung und Öffnungszeiten siehe unten)*, dann aber auch als teilweise recht gute Nachahmung in den zahlreichen Andenken- und Alabasterläden der Stadt. Sogar die Verarbeitung dieses Gesteins, eines mineralischen Gipses, geht auf die Etrusker zurück und erlebt heutzutage eine besondere Blüte. Neben sehr viel Kitsch werden - inzwischen überwiegend aus importiertem Rohstoff - einige wirklich schöne Stücke angeboten, wobei man erstaunlicherweise trotz der Vielzahl der Läden, die oft fast nebeneinander liegen, auf beträchtliche Preisunterschiede trifft. Bei unserem Rundgang kommen wir bald an einer kleinen **Alabaster-Werkstatt** vorbei, wo der Meister gerade begonnen hat, aus einem großen Gesteinsblock eine Statue herauszumodellieren. Neben ihm liegt als Muster ein schon fertiges Objekt, von dem er mit verschiedenen Gerätschaften die Maße und Umrisse auf den Gipsblock überträgt, bevor er aus diesem unter Einsatz eines kleinen Elektromeißels die Plastik entstehen lässt. Ab und zu muss er seine staubige Arbeit unterbrechen, wenn Kunden eines seiner fertigen Stücke, vor allem eines der schönen Döschen, die hier deutlich billiger sind als in dem großen Laden an der Piazza dei Priori, kaufen wollen.

Im **Etruskischen Museum**, das wir Ihnen oben schon wärmstens empfohlen haben und das Sie fast am östlichen Ende der langen Hauptstraße, der Via Don Minzoni, unterhalb der Festung finden, dürfen wir dann die Originale der vielfach ausgestellten Plagiate bewundern *(täglich von 9-19 Uhr; im Winter nur bis 13 Uhr; 6,80 € für das Sammelbillet, das nur am Ausgabetag gilt, dafür auch für andere Museen und das röm. Theater; Familienrabatt)*. Über 600 etruskische Urnen und Sarkophage sind das Eintrittsgeld wert.

Der Stadtbummel führt uns danach zum **Römischen Theater**, dessen umliegende Parkplätze auch gerne für die Übernachtung genutzt werden, bevor wir über die Piazza dei Priori an die Westseite der Stadt gelangen, zum absoluten Höhepunkt eines Besuchs in Volterra, dem **Blick** auf hunderte kleiner Hügel, die so genannte Volterrana. Die Nachmittagssonne zeichnet schon deutliche Schat-

ten, und die klare Luft erlaubt es, am Horizont sogar das Meer zu erahnen. Wenn Ihnen diesiges Wetter keine gute Sicht gewährt, müssen Sie unbedingt allein schon deswegen bei nächster Gelegenheit nach Volterra zurückkehren!

Wir steigen vom Dom, dessen Baptisterium nach langen Restaurierungsarbeiten wieder besichtigt werden kann, hinab zum **Arco Etrusco**, einem von den Etruskern im 4. vorchristlichen Jahrhundert errichteten und von den Römern restaurierten Stadttor. Der Torbogen, dessen verwitterte Löwenköpfe von den Römern stammen, war einst Bestandteil einer 7 km langen Stadtmauer, deren Verlauf nicht von der Bebauung, sondern von der Lage verschiedener Brunnen bestimmt war. Um einer langen Belagerung Stand halten zu können, mussten die Etrusker schon die Wasserstellen durch die Befestigung schützen, was sich offenbar gelohnt hat, konnte sich die Stadt nämlich mehrere Jahre lang bis zum Jahr 260 v. Chr. römischen Angriffen widersetzen.

Auf unserem Heimweg zum Stellplatz, von dem wir gleich berichten werden, kommen wir zufällig am Steinofen der verlockend duftenden **Pizzeria *Da Nanni***, in der Via delle Prigioni 40, vorbei *(zwischen Piazza dei Priori und Teatro Romano; vom Platz etwa 100 m entfernt; gehen Sie von der nord-östlichen, rechten Ecke des Platzes geradeaus bergab, montags geschlossen).* In oder vor dem sehr schlichten Lokal stehen nur wenige Holzbänke, viel zu wenige, um den leckeren Pizzas auf knusperdünnem Teig gerecht zu werden. Früher hatte ich noch „richtige“ Lokale empfohlen, die inzwischen durch das Sieb genauer Beobachtungen und Auswertungen von Leserzuschriften gefallen sind. Obwohl ich mehrfach in Volterra aß, fand ich nichts Empfehlenswertes mehr.

Sie wollen aber in Volterra vor allem übernachten. Ich sprach bereits davon, dass es dafür vielfältige Möglichkeiten gibt: Die schönste und von mir in einer frühen Vorauflage hoch gelobte Möglichkeit steht leider nur noch Kleinbus-Schläfern offen. Zwar ist es Wohnmobilen fast aller Größen noch möglich, dorthin zu fahren, aber ein unfreundliches Verkehrsschild gebietet Fahrzeugen mit einer Länge von über 4,5 m und einer Breite von mehr als 1,9 m Einhalt. In jener Vorauflage durfte ich Ihnen noch berichten, dass alle Parkplätze Volterras durchnummeriert sind und dass dieses feine Plätzchen die Bezeichnung ‚P 7’ trägt. Ich nehme einfach mal an, dass es nicht die Überbelegung durch unsere Leser war, die einem örtlichen Malerbetrieb zu einem Kleinauftrag verholfen hat, der nämlich auf den meisten städtischen Wegweisern die ‚7’ inzwischen überpinseln durfte. Auf Ihre Verantwortung. Der Blick auf Volterra und die Hügel könnte nicht schöner sein:

WOMO-Stellplatz: Volterra *(Piazzale di S. Andrea)*

Position: N 43°24.229' E 10°51.963'; **WOMO-Zahl**: 3-4;
Ausstattung: sehr schöne Sicht, nur für kleine Busse erlaubt;
Zufahrt: gegenüber dem Busbahnhof am südlichen Stadtrand (notfalls müssen Sie die Stadt einmal umrunden, um sich zu orientieren, der Busparkplatz ist deutlich unterhalb der SS 68 zu sehen), erkennen Sie eine kräftige, hohe Stadtmauer, auf die Sie zusteuern. Bei der Straßengabelung gleich am Anfang fahren Sie rechts hoch zur Stadt und vor einem Tor der Festung wieder rechts. Nun geht es immer geradeaus, vorbei an dem genannten Verbotsschild, bis die schmäler werdende, aber immer ausreichend breit bleibende Straße *Vittorio Veneto* auf einem Platz, dem *Piazzale di S. Andrea*, an einer Balustrade endet.

Wenn Sie rechtstreu sind, gleichwohl aber ihr Haupt nahe der Altstadt betten möchten, müssen Sie dem Wegweiser zum Parkplatz Nr. 3, einem (noch) offiziellen Wohnmobilstellplatz, hinterherfahren:

WOMO-Stellplatz: Volterra *(La Docciola - P 3)*

Position: N 43°24.199' E 10°51.838'; **WOMO-Zahl**: >5;
Ausstattung: Wasser, Entsorgungsstation, Mülleimer, Gaststätten und Geschäfte in der Nähe;
Zufahrt: in Volterra Wegweiser zum ‚P 3' folgen, nördlich der Altstadt.

Volterra und der Parkplatz Nr. 3 (beim Pfeil)

Sie gelangen dann unterhalb der Stadt, aber gegenüber einer zu dieser hoch führenden Treppe, an eine groß dimensionierte Fläche, wo auch Wohnmobile der Lastwagenklasse kaum auffallen. Denn der Nachteil dieses Stellplatzes liegt darin, dass er nicht nur etwas duster ist, sondern dass dort auch in der Nachbarschaft zahlreicher Reisemobile gelegentlich der eine oder andere Kapitän der Landstraße seinen Brummi abstellt. Trotzdem ist dieser Stellplatz alles andere als ein Notbehelf.

Besser gefällt mir der zweite offizielle WOMO-Platz, wo es

Wasser und ebenfalls ein Entsorgungsloch geben müsste (falls in Funktion, was zuletzt nicht der Fall war), der ebenso leicht von Wohnmobilen aller Größen angefahren werden kann; leider liegt er etwa 1 km vom Stadtzentrum entfernt:

WOMO-Stellplatz: Volterra *(Le Balze)*

Position: N 43°24.735' E 10°51.019'; **WOMO-Zahl**: >5; **Ausstattung**: Wasser, Entsorgungsstation (beides zur Zeit kaputt), Mülleimer, Gaststätte und Geschäfte in der Nähe, Spielplatz hinter der Kirche; **Zufahrt**: folgen Sie einfach dem Wegweiser zum Campingplatz; WOMOs über 6,50 m müssen südlich um die Altstadt kurven, um dann unmittelbar vor dem Campingplatz links bergauf zu fahren. In Sichtweite des Zeltplatzes kommen Sie dann auf eine riesige, ebene Fläche, die zugleich der Parkplatz für die Natursehenswürdigkeit *Balze* ist.
Insider stellen sich auf den **kleinen Nebenparkplatz** am Maschendrahtzaun, weil sie dort einen phantastischen Ausblick haben.

Im Gegensatz zum Parkplatz Nr. 3 gibt es hier aber nur wenige Bäume, dafür steht man hoch, mit schönem Blick auf eine nachts angestrahlte Kirche. Es ist einer der Plätze, wo man am Abend auch mal Tisch und Stühle vor die Tür stellen und sich beim Wein über einen freien Blick freuen kann, der allerdings noch phantastischer wird, wenn man Gläser und Flasche ein paar Meter weiter auf die etruskische Mauer am Steilhang trägt. Neuerdings wird ein weiterer Platz offiziell beschildert, weshalb ich fürchte, dass dafür einer der traditionellen bald wird büßen müssen:

WOMO-Stellplatz: Volterra *(Stadio)*

Position: N 43°23.869' E 10°51.697'; **WOMO-Zahl**: >5;
Ausstattung: Mülleimer, Gaststätten und Geschäfte in der Nähe, teilweise ein noch schöner Blick;
Zufahrt: höchstens 500 m vom Zentrum entfernt; asphaltierter Parkplatz am Westhang; Wegweiser ‚*Stadio*'.

Beim letzten meiner Volterra-Besuche bin ich gleich auf den Campingplatz *Le Balze*, wo man von knapp der Hälfte der Stellplatzmöglichkeiten einen tollen Blick auf die mittelalterliche Stadt genießen kann. Das war allerdings in den Pfingstferien, als die Belegung eher locker war, und als sich die Preise (für italienische Verhältnisse) unterhalb meiner Erwartungen einpendelten. Ich durfte mir am Abend gut gestimmt notieren, dass dieser Zeltplatz einer der schönstgelegenen in der Toskana ist:

Campingplatz-Tipp: Volterra *(Le Balze)*
Ortszentrum: 1 km; **Zeiten**: Ende März bis Anfang Oktober;
Ausstattung: Schwimmbad (im Sommer), kleiner Laden;
Zufahrt: westlich der Altstadt von Volterra (beschildert mit *‚Balze'*).

Aber der Stellplatz-Hit ist ein Geheimtipp, den ich nur Einsamkeitsfanatikern verraten darf, den Freunden, die sich auch in dunkler Nacht und fernab aller Häuser nicht mit schlotternden Knien hinter ihrer Wohnmobiltür verbarrikadieren. Die werden dann allerdings von einem Blick und einer Stimmung belohnt, wie Sie diese auch mit unseren Büchern nur selten finden:

WOMO-Stellplatz: Volterra *(Geheimtipp)*
Position: N 43°24.939' E 10°50.987'; **WOMO-Zahl**: 2 - 3;
Ausstattung: nur ein Traumblick, für Elefanten ungeeignet;
Zufahrt: westlich von Volterra. Wenn Sie von Norden nach Volterra kommen, wählen Sie nordwestlich die Straße ab Vicarello über S. Cipriano nach Volterra (die SP 15, auf unserer Karte zwischen SS 439 und SS 439d eingezeichnet).
Leichter finden Sie den Weg ab Volterra, wenn Sie am Campingplatz vorbei bergab fahren bis zu einer kleinen Kirchenruine des ehemaligen Klosters Camaldolese (11. bis 16. Jahrhundert). Kommen Sie von Volter-

Blick auf die 'Balze'und den Stellplatz

ra, sehen Sie noch im Bereich des Gefälles der Straße und in einer Rechtskurve nach links einen Wegweiser mit der Aufschrift *‚Balze'* (wenn Sie also von Norden kommen handelt es sich um eine Steigung, eine Linkskurve und der Wegweiser zeigt nach rechts - ist doch logisch!), der Sie auf einen Weg schickt, welcher am Anfang so aussieht, als sei er für ein Wohnmobil nicht geeignet. Falls Sie dem Wegweiser und mir misstrauen, können Sie Ihr Fahrzeug hier abstellen und 200 m zu Fuß gehen, um die Gegend zu erkunden. Sie müssen Ihre fahrbare Behausung nun einfach an den Rand dieses Weges rangieren, was ohne weiteres so möglich ist, dass noch andere Fahrzeuge an Ihnen vorbeikommen.

Einziger Schönheitsfehler ist ein zum Abgrund gegen die Absturzgefahr gezogener Maschendrahtzaun, der Ihre Stimmung nicht stören wird, wenn Sie Ihren nächtlichen, alkoholischen Schlaftrunk ein paar Meter bergauf tragen und sich dort vor den Mauern der genannten Klosterruine ins Gras oder auf einen Stein setzen. Sie werden dann beim traumhaften Blick nach Westen über die Balze und unter dem Sternenhimmel mit sich im Reinen sein und sich zu dem Entschluss beglückwünschen, mit dem WOMO in die Toskana gefahren zu sein. Und Sie werden mir vielleicht am nächsten Tag mit einer Ansichtskarte berichten, ob die Restaurierungsarbeiten an der Ruine des Klosters wieder aufgenommen worden sind, das im Jahre 1861 von den Mönchen verlassen wurde, weil diese damals befürchten mussten, von der fortschreitenden Erosion der Balze samt dem frommen Ort in den Abgrund gerissen zu werden. Auch die bitterböse, vorwurfsvolle Karte bleibt Ihnen nun erspart. Ich gelobe nämlich, nie mehr zu behaupten, dass man ohne Wendezwang auf dem Weg, der eigentlich ein Rundweg ist, weiterfahren kann. Zu viele WOMOs zu vieler Leser waren dazu viel zu breit. Also erst per pedes schauen, dann wenden oder rückwärts hinmanövrieren und erst danach ins Glas und in die Ferne blicken !!

Sie müssen bei einem Besuch Volterras auf jeden Fall an den Rand des Campingplatzes fahren, um dort die **Balze** zu betrachten. Hier wurde zum touristischen Spektakel, was den Bewohnern Volterras schon viel Kummer bereitet hat: Die Bodenerosion hat in den weichen Tuffstein des Berges tiefe Furchen gezogen und dabei spitze Grate ausgewaschen, die an das erinnern, was Reiseführerkollegen „eine Mondlandschaft“ nennen. Der Auswaschungsprozess schreitet schnell voran und hat schon manch einen Bewohner zur Verlassen seines Hauses genötigt. Die nahe liegende Kirche wurde schon zweimal neu und näher bei der Stadt wieder aufgebaut. Achten Sie unbedingt auf Ihre Kinder, auch wenn Sie auf dem Campingplatz nächtigen, die steilen Abgründe jenseits der etruskischen Mauer (!) sind lebensgefährlich.

Unsere weitere Tour führt zunächst nach Südwesten, runter bis Saline di Volterra und dann auf der SS 439 südwärts, auf einer landschaftlich beeindruckenden Strecke.

Wir waren nicht schon bei unseren ersten Toskanareisen bereit, ein toskanisches „Industriegebiet“ kennen zu lernen und haben immer mit sehr gemischten Gefühlen auf unserer Landkarte nach halblinks unten geschaut. Massa Marittima liegt doch ziemlich weit ab von den gängigen toskanischen Wegen. Und es scheint so, als seien die Straßen nirgends so kurvenreich. Der Schein trügt leider nicht! Trotzdem werden wir ganz am Ende dieser Tour feststellen: Es hat sich gelohnt, zumal auch die Touristenströme um den Südwesten hinter der Küste einen großen Bogen machen.

Nach schier endloser Kurbelei am Lenkrad sehen wir die sich fast apokalyptisch durch die Landschaft windenden Metallschlangen und die Kühltürme von **Larderello** unter uns. Wenn in manchen Reiseführern steht, die Gegend sei hier ‘reizvoll’, ist dies die positive Zusammenfassung der Begriffe: ein wenig hässlich, ziemlich interessant und weitgehend einmalig. Hier wird nämlich geothermisch Strom erzeugt. Nicht ganz einzigartig ist die Anlage, weil es südöstlich am Monte Amiata einen ähnlichen Komplex gibt, der noch eine Portion unschöner ist. Aus Bohrungen tritt Erdwärme in Form von Dampf aus, der in quer über die so genannte Colline Metallifere, das italienische Erzgebirge, verlegten Pipelines zu den Turbinen eines Kraftwerks geleitet wird. Dabei hilft man noch ein wenig nach und pumpt Wasser in die Erde, das dann nach einiger Zeit als Dampf wieder nach oben steigt. Beiden Anlagen bringen es zusammen auf 1,5 % der gesamten italienischen Energie, worauf man auch angewiesen ist, nachdem die Italiener der Kernenergie abgeschworen haben.

Außerdem wird Borsäure gewonnen, deren unangenehmer Geruch uns sofort in die Nase steigt, und der sein übriges dazu beiträgt, dass wir das Gebiet bald wieder verlassen. Angeblich kann man das Kraftwerk besichtigen, ein kleines Museum gibt es auch. Uns reicht es aber, die Anlagen von außen zu betrachten, denn einen halben Urlaubstag möchten wir in Larderello dann doch nicht verbringen. Der Name der Arbeiterstadt geht übrigens zurück auf einen Franzosen namens Larderell, der hier im Jahre 1818 mit der Verarbeitung der Borsäure begonnen hat.

Kurvig geht es auch weiter bis nach **Massa Marittima**. Wir halten öfters an, sonst hätte ich als Fahrer wenig von der abwechslungsreichen Landschaft, und außerdem müssen wir die vielen Windungen und das ständige Berg und Tal der Straße etwas dosieren. Für die 30 km von Larderello bis Massa benötigen wir so über eine Stunde. Als wir angekommen sind und einen Parkplatz ergattert haben, machen wir einen Fehler, der sicher schon hunderte Male genauso gemacht worden ist: Wir stehen unterhalb des Domes an einer der vielen Aussichtsstellen von Massa, wir sehen vor uns die weite Ebene und im Westen das Meer, und wir beschließen, dort am Strand unser Übernachtungsplätzchen zu suchen. Wäre Hochsommer, würden wir uns sogar noch auf einen Badenachmittag freuen, die Enttäuschung wäre noch größer. Denn vor dem Meeresabschnitt rechts und links von **Follónica**, so heißt die Küstenstadt unterhalb von Massa, können wir Sie nur warnen und uns kurz fassen: Potthässlich (Ausnahmen in der Nähe bei Tour 14).

Follónica ist eine Industriestadt, dicht an den Stränden führt die Straße entlang, und an einen Stellplatz darf man nicht einmal einen Gedanken verschwenden. Wo sich etwas weiter im Süden bei Portiglione ein kleines Sträßchen an der Küste entlang schlängelt, verbietet ein Schlagbaum die Weiterfahrt. Der Weg steht nämlich im Privateigentum, und wer dort an einer Schranke ankommt, ist froh, wenn das Wenden gelingt. Ich fluche über die mitten auf der Straße parkenden Autos und beeile mich, wieder nach Massa zurückzukehren (Näheres siehe bei der 14. Tour).

Dort ist es aber auch nicht einfach, einen Übernachtungsplatz zu finden. Wir gurken gehörig herum, zumal die schöne Lage des Städtchens und die oben schon gepriesene Sicht eine Übernachtungsstelle fordert, an der man von beidem ein wenig erahnt. Am Ende sind wir ganz zufrieden:

WOMO-Stellplatz: Massa Marittima

WOMO-Zahl: >5; **Ausstattung**: Mülleimer;
Zufahrt: im südlichen Ortsteil; suchen Sie unterhalb der Altstadt den Wegweiser *‚Impianti e Sportivi'* und/oder *‚Parco di Poggio'*. Die Schilder (leider auch das Verbot für mehr als 3,5 Tonnen Gesamtgewicht) tauchen mehrfach auf und schicken Sie, der Dom bleibt links liegen, ein kurzes Stück steil bergauf; solange, bis Sie an einer Gabelung bremsen, wo Ihnen der Wegweiser die Fahrt nach rechts gebietet. An der ersten Straßenecke fahren Sie wieder rechts, von einem blauen ‚P' geleitet. Den Rest können Sie nach eigenem Geschmack variieren. Sie müssen nur darauf achten, dass Sie möglichst weit nach vorne an die Aussichtsstelle vorstoßen. Die Straße führt bis zum pinienbewachsenen, öffentlichen Park, in dessen Nähe oberhalb des Hangs ein Denkmal aufgebaut ist. Den Park selbst darf man nicht befahren, an seinem Rand gibt es aber einen großen Platz und davor, fast noch schöner, unter Bäumen ein paar ruhige Ecken.
In der ganzen Stadt ist ein **weiterer WOMO-Stellplatz** unterhalb oben genannten Platzes gut ausgeschildert – mit **Ver- und Entsorgung**.

Geht man ein paar Schritte weiter zum Denkmal, hat man einen phantastischen Blick auf die Altstadt und den Dom. Läuft man die Straße in die andere Richtung, also „landeinwärts",

Blick auf Massa von ddr Nähe des Stellplatzes

gelangt man zu einer in die Altstadt hinabführenden Treppe. Genau das Richtige für die Brötchen am nächsten Morgen. Der Nachteil: In der Nähe des Platzes wummert am Wochenende eine Disco!

Dann hilft ein leichter zu findender, anderer Stellplatz am Rande der Landstraße nach Siena. Wenn Sie Massa nordöstlich verlassen, sehen Sie ihn gleich in der ersten Kurve. Der Verkehrslärm wird durch eine tolle Sicht wettgemacht. Zur Not kann man auch nordöstlich, also bergauf, den Parkplatz beim Schwimmbad (an der Straße nach Siena oberhalb des Ortes rechts abbiegen) nehmen, aber wirklich nur zur Not:

WOMO-Stellplätze: Massa Marittima (*Ausweichplätze*)
WOMO-Zahl: >5; **Ausstattung**: Fehlanzeige
Zufahrt: an der Straße nach Siena, Näheres siehe im vorstehenden Text

Das Schönste am mittelalterlichen Massa, dessen lateinischer Beiname Marittima mit der „Maremma“ („am Meer gelegen“) im Zusammenhang steht, ist zweifellos seine Lage.

Einmalig sind aber auch der **Domplatz** (Piazza Garibaldi) und der überwiegend romanische **Dom** selbst (sehenswertes Taufbecken aus einem einzigen Travertinstein). Es gibt in der Toskana wahrlich viele Varianten für die Gestaltung eines städtischen Platzes, Massa liefert eine weitere, vor allem die einer ganz und gar unproportionierten und gerade deswegen sehr erstaunlichen Treppe. Wir haben das Glück, an einem Sonntagmorgen vom oberen Ende der Stufen den Platz überblicken zu können, auf dem sich zu dieser Zeit die ganze Stadt zu versammeln scheint. Bei der jüngeren Generation sind die Geschlechter fast ausgewogen, im mittleren Alter befinden sich die Männer in der Überzahl, und die Frauen der ältesten Generation sucht man vergeblich.

Massa Marittima - Domplatz

Massa ist eine alte Bergbaustadt. Schon die Etrusker haben hier Kupfer und Silber abgebaut, ihr Erbe wurde vor allem im Mittelalter weiterentwickelt. Aus dieser Periode stammen die Anlage und viele Bauten der heutigen Altstadt. Die Città Nuova, weiter oben, ist kaum jünger und wurde ursprünglich für die Minenarbeiter gebaut. Vom Turm der Fortezza hat man einen sehr lohnenden Blick. Im Jahre 1985 hat man den letzten Silberstollen geschlossen, so dass heute fast nur noch das **Bergbaumuseum** *(Museo della Miniera)* an die Tradition erinnert. Dort besichtigen wir in einem knapp 700 m langen Schacht Gerätschaften aus allen Epochen sowie eine Mineraliensammlung *(unregelmäßige Öffnungszeiten; Mittagspause, ganzjährig montags geschlossen; 1,50 €).*

Restauranterfahrung haben wir in der Stadt bisher noch nicht gemacht (die *Taverna del Vecchia Borgo*, rechts neben dem Dom, soll gut und preiswert sein), ein bisschen Neuland muss Ihnen ja auch noch bleiben.

Dafür haben wir inzwischen im 8 km südlich liegenden See, dem **Lago dell'Accesa**, gebadet. Das Wasser ist ausreichend sauber, allerdings gibt es zwischen viel Schilf nur wenige Zugänge und Liegeplätze für das Sonnenbad. Sie können und dürfen aber vergnüglich schwimmen und etwas entfernt, wenngleich einsam, und auf nur wenigen Stellen, übernachten. Die einzige Zufahrt beginnt im Weiler Pesta und sollte von der Besatzung größerer Reisemobile wegen überhängender Zweige vorher abgeschritten werden. Kurzzeitig wurde das bescheidene Gewässer übrigens sogar in Deutschland berühmt. Lisa, die Tochter meines Freundes Holger, berichtete mir, man werde beim baden gebissen und man dürfe sich nicht mehr in die Fluten stürzen. Und wenige Tage danach las ich in der deutschen Zeitung, ein hartherziger Tierfreund habe im See seinen Alligator ausgesetzt. Die Wahrheit: Lisa und die Presseagenturen wurden von jemandem geleimt, der seinem heimischen Tümpel Publicity gönnen wollte. Was ihm, wie Sie sehen, gelungen ist:

WOMO-Badeplatz: Lago dell'Accesa

Position: N 42°59.450' E 10°53.745'; **WOMO-Zahl**: 2;
Ausstattung: Bademöglichkeit, etwas einsam;
Zufahrt: am nördlichen Ende von Pesta nach Westen abzweigen.

In einem südlichen Bogen erholen wir uns kurz von den vielen Kurven der vierspurigen SS 1, der *Via Aurelia*, sei Dank. Bei Montepescali, einem adlerhorstartig auf dem Berg thronenden Dorf, biegen wir aber schon wieder auf der SS 73 nordwärts ab, die weiter südwärts gelegene Großstadt Grosseto werden Sie auf der 14. Tour kennen lernen. Einstweilen wollen wir uns lieber völlig abseits der touristisch ausgetretenen Pfade kleineren Ortschaften zuwenden. Als Erstes dem klitzekleinen Nest **Sticciano**, 4 km abseits der Durchgangsstraße und ebenfalls hoch oben auf dem Berg. Kurz davor sehen Sie rechts der Straße einen ideal anfahrbaren Wasserhahn, und das Dörfchen selbst überzeugt nicht nur mit ein paar urigen Gassen, sondern an seinem Eingang auch mit einem schön gelegenen und absolut ruhigen Park- und Übernachtungsplatz. Der Clou ist aber eine Kneipe, die einfache, preiswerte Spagetteria und **Pizzeria *Frantoio***, die nur in den Sommermonaten täglich geöffnet ist *(sonst von Donnerstag bis Sonntag, früh kommen und vor Ort reservieren, Tel. 0564 577091)*. Was daran liegt, dass in Sticciano vermutlich keine 50 Menschen mehr dauerhaft leben, und dass das Kapital des kleinen Wirtshauses seine Terrasse in Traumlage ist, mit Blick über die Maremma bis zum Meer, den Sie nur mit ein paar in der Gegend ansässigen Zweithausbesitzern und dem einen oder anderen Leser dieses Buches, teilen werden. Denn in den anderen Reiseführern kommen weder das Dorf noch die Fernblickterrasse vor:

WOMO-Stellplatz: Sticciano
Position: bei N 42°55.614' E 11°07.043' nach Sticciano abbiegen; **WOMO-Zahl**: >5; **Ausstattung**: Gaststätte, Wasser an der Zufahrt; **Zufahrt**: von der SS 73 hoch nach Sticciano (Wegweiser).

Das gilt genauso für **Roccastrada**, einer lebhaften Kleinstadt, von deren obersten Terrasse ebenfalls das Meer, und bei klarer Luft sogar die Insel Elba zu sehen sind. Auch in jener, auf einem hohen Bergrücken geklebten Siedlung begegnen Ihnen nur selten Ausländern, wenn auch die Zahl der deutschen Ferienhausbesitzer in jüngster Zeit etwas zugenommen hat. Das sind die Herrschaften, die sich im örtlichen Eisenwaren- und Werkzeuggeschäft und beim Schleppen von Zementsäcken die Ferientage verderben, während Sie auf einer Wiese liegen und den Schmetterlingen zuschauen.

Von einer gewissen Lernfähigkeit zeugt das Emailschild an der Kirchentür. Es verbietet *'Avvisi e Manifesti'*. Ein ähnliches Verbot im Jahre 1517 und in Wittenberg hätte der katholischen Kirche viel Ärger erspart.

Einen Wasserhahn finden Sie in der unteren Ecke des großen Platzes (dem mit dem Brunnen) und einen weiteren an der Innenseite der Friedhofsmauer. Böse Zungen lästern, das Kriegerdenkmal auf jenem Platz sei dem pädophilen Soldaten gewidmet. Gutgesonnene Menschen hingegen verraten Ihnen, dass Sie vor dem Friedhof, nördlich von Roccastrada, in besonders schöner Lage mit Blick auf die Altstadt übernachten dürfen. Auf einem der unspektakulären und doch landschaftlich schönsten Plätze dieses Buches, der nicht so einsam ist, wie er wirkt, da die nächsten Häuser nur 150 m entfernt sind:

Roccastrada

WOMO-Stellplatz: Roccastrada *(Friedhof)*

Position: N 43°00.962' E 11°10.480'; **WOMO-Zahl**: >5; **Ausstattung**: Wasser, sehr schöne Lage, eher einsam; **Zufahrt**: an der SS 73 nördlich von Roccastrada, mit *,cimitero'* beschildert.

In der Nacht treten wir ein in den *cimitero* und machen Bekanntschaft mit der schaurigen Stimmung eines italienischen Gottesackers, wo nachts auf fast jedem Grab ein elektrisches Lichtlein flackert. In der Ferne kläffen ein paar Hunde - und wir beneiden ausnahmsweise einmal die Toskana-Fraktion, die zur gleichen Zeit auf den Korbstühlen ihrer Terrasse über die anstehende Dachreparatur sinniert. Und überschlägt, ob die baren Mittel weitere Abendessen mit uns in der ***Grotta del Orso*** erlauben. Lange Rechnereien sind nicht nötig, denn der Familienbetrieb ist bescheiden geblieben. Sowohl die Pizza wie auch das „richtige“ Essen sind uns seit Jahren Maßstab für authentische toskanische Küche *(im oberen Teil der Altstadt - in der Gasse links unterhalb des Uhrturms).*

Eine Alternative zum Friedhofsplatz und das Gegenteil von einsam, an einer Seite auch mit ein wenig Blick verwöhnt, ist der Stellplatz mitten im Ort, hinter dem Rathaus:

WOMO-Stellplatz: Roccastrada *(Rathaus)*

Position: N 43°00.683' E 11°10.077'; **WOMO-Zahl**: 2-3; **Ausstattung**: Wasser (in der offenen Garage des Krankenwagens), Mülleimer, Gaststätten, Geschäfte, möglicherweise bekommen Sie erst nach 19 Uhr Platz, weil hier viele Einheimische parken; **Zufahrt**: von der Durchgangsstraße, der SS 73, bei der Bank *Monte dei Paschi di Siena* beim blauen Wegweiser mit dem *,P'* abbiegen und auf die Rückseite des Rathauses an den Rand eines kleinen Parks fahren.

Beim Friedhof beginnt ein abwechslungsreicher, rot-weiß markierter **Wanderweg**, der Sie zu dem Gehöft von Pescine führt (Näheres vor Ort im Zeitungsladen oder auf Sicht).

Vermutlich halten Sie schon seit Tagen in Ihrem Bettkasten Platz frei für das ultimative **toskanische Olivenöl**. Schon weil Sie sich den ultimativen toskanischen Wein - siehe Tour 11 - nicht mehr leisten können. Nehmen Sie im ***Punto Natura***, ca. 5 km westlich von Roccastrada (Richtung Ribolla, an der Straße - von Roccastrada aus rechts - nicht zu übersehen), den 5 Liter-Kanister! Wir packen sogar mindestens zwei ein, denn das Öl von *Adriano*, er heißt eigentlich *Adriaan*, ist Holländer und sieht auch so aus, ist unübertrefflich. So gut, dass wir uns auch in den Jahren, in denen wir in anderen Olivenanbaugebieten für neue Auflagen recherchieren, über Freunde bei *Adriano* eindecken. Er ist Geschäftsmann und wird eines Tages seinen zu niedrigen Torbogen einreißen, damit die WOMOs aus aller Welt bis zur Ölverladerampe, einem alten Tisch, vorfahren können. Weil sie dort auch den köstlichen Honig eines Bruders (oder so ähnlich) verladen - und murren, wenn sie dann eines Tages nur noch Kontingente bekommen, weil inzwischen jene Welt, der *Feinschmecker* und sogar die *Brigitte*, der Toskana noch einen letzten Insidertipp abringen, das heißt ihn bei uns abschreiben konnten.

Wie öde ist nach dieser Superlative ein ordinäres Kaff, zudem in der anderen Richtung. Sehenswert ist **Roccatederighi**, nordwestlich von Roccastrada, dennoch. Ein Dorf, das ausgesprochen pittoresk auf einer Bergkuppe liegt und

Roccatederighi

von einer alten Festung überragt wird. Hier hat der Zuzug aus Germania schon früher eingesetzt, so dass sich der miese Etikettenschwindel einer Trattoria zu lohnen scheint. In einem Schaukasten am Eingang ist ein Artikel der Zeitschrift *Feinschmecker* ausgehängt, in dem die Fähigkeiten des Küchenmeisters mit Wort und Bild gelobt werden. Die Speisekarte allerdings bekommen wir erst zu Gesicht, als wir schon erwartungsfroh zu Tische sitzen, um dort festzustellen, dass der Meister sein offensichtlich nicht rentables Etablissement längst einem italienischen Allerweltskoch überlassen hat. Empfehlenswert hingegen ist die schlichte Trattoria ***Corso***, direkt an der Abzweigung zum alten Ortskern. Die Mutter kocht vorzüglich, es gibt keine Speisekarte und auch keinen finanziellen Aderlass.

Nördlich von Roccastrada und etwa 3 bis 4 km nördlich des Dorfes **Torniella** überquert die SS 73 die Farma, einen kristallklaren Bach, in dem man an dieser Stelle wunderbar baden kann.

Läuft man an dem Fahrweg seitlich des Flüsschens noch 10 Minuten weiter flussabwärts, also nach Osten, kommt man an eine mittelalterliche Wehranlage, wo das Wasser zum romantischen Bad aufgestaut ist. Wer hier auf den Geschmack gekommen ist, kann nochmals 50 Minuten weiterwandern. Man muss zunächst etwa 5 Minuten zurück gehen, bis man den Fahrweg wieder erreicht hat. Diesen nimmt man nun in der ursprünglichen Richtung, also weiter flussabwärts, und stößt auf eine rot-weiße Markierung (nicht zu verwechseln mit der rot-weißen Markierung an der oben genannten Wehranlage - sonst schreiben Sie mir empörte Briefe !). Nach einer Wanderung auf teilweise von Autos befahrenem Schotterweg von etwa 25 Minuten knickt der rot-weiße Weg nach rechts in einen Waldpfad ein (die etwas überwucherte Abzweigung ist schwer zu finden), dem man 15 Minuten folgen muss. Die letzten 5 Minuten geht es auf unmarkiertem Weg runter zum Fluss, wo Sie dann bei einem kleinen Wasserfall zwischen gewaltigen Felsbrocken das ultimative Badevergnügen genießen werden.

In die Fluten der Farma werden wir uns übrigens am Ende unserer Tour, in Bagni di Petriolo, nochmals stürzen. Einstweilen fahren wir weiter nach Norden, wobei wir uns nördlich von Monticiano schon mal das Ristorante *Locanda Da Vestra* betrachten.

Zuvor steht aber noch eine zauberhafte und einzigartige Sehenswürdigkeit auf dem Programm. Oder haben Sie schon einmal eine gewaltige, gotische Kirchenruine im freien Feld gesehen? Dach und Fenster fehlen zwar, und auf dem Kirchenboden wächst Gras. Die hohen Wände des Kirchenschiffs zeigen uns aber, dass hier einst ein religiöses Zentrum Mittelitaliens bestanden haben muss. Es waren Zisterziensermönche, die das **Kloster San Galgano** gegründet und dann zu Anfang des 13. Jahrhunderts mit dem Kirchenbau begon-

San Galgano

nen haben. Aber schon im 16. Jahrhundert wurde das Kloster von seinen Bewohnern wieder verlassen. Es verfiel dann langsam. Übrig geblieben ist Architektur pur. Hätte das Kirchenschiff noch ein Dach, wäre der Reiz wahrlich geringer. Dann könnte sich aber auch keine Pfütze um den Altar bilden, in der unsere Töchter die Tauglichkeit ihrer Gummistiefel erproben. Es regnet nämlich in Strömen, und wir sind die einzigen Besucher.

Leider ist Regenwetter denkbar ungeeignet für den Besuch von San Galgano, weshalb wir ein paar Tage später bei idealem Wetter noch einmal zurückfahren. Weiße Wolken treiben nun am blauen Kirchendach, und der Porchetta-Verkäufer am Eingang des Klostergeländes bringt seine salzigen Fleischstücke, die er von einem Spießbraten abschneidet, zahlreich an den Mann und erst recht an Frau und Kind. Dass die Köstlichkeiten dieser Stände vorher immer so viel besser aussehen, als sie hinterher dann tatsächlich schmecken!

Fast hätte ich die kleine, runde und sehr alte Kapelle auf einem nahen Hügel übersehen. Das **Oratorio di San Galgano** ist die Grabeskirche des heiligen Einsiedlers Galgan Guidotti und mit Fresken von Lorenzetti (siehe bei Siena) ausgemalt. Mittelpunkt des Rundbaus aus dem 12. Jahrhundert sind der Stein und das in ihm steckende Schwert des Eremiten. Der entsagte nämlich nach einem ausschweifenden Leben der Kampfeslust und rammte seine Waffe in einen Fels, wo sie sich geschwind zu einem Kreuz verwandelte und uns heute noch rührend mahnt: „Macht Schwerter zu Kreuzen!"

Achtung! An Sonn- und Feiertagen herrscht rund um die Klosteranlage ein reger Ausflugsverkehr. Die schmale Zufahrtsstraße ist dann beidseitig vollgeparkt und von sich einander vorbeitastenden italienischen Wohnmobilen verstopft. San Galgano braucht zur Wirkung aber ein wenig Stille, die hier sonntags nur früh morgens zu finden ist.

Eine Zeit lang wohnten junge Olivetaner-Mönche im Bau auf der rechten Seite der Ruine. Dort stehen heute Lifestyle-Ledersofas der Touri-Info, und ein Stückchen weiter führt tagsüber ein Falkner sein Federvieh vor. So wurden nicht nur die Mönche vertrieben, sondern auch die WOMOs, wenngleich deren Mitfahrer immer noch über Tag die Toilette und den Wasserhahn vor den Designermöbeln benutzen dürfen. Oder auch hochfahren zur Grabeskapelle des reuigen Kraftmenschen, die nämlich über einen lauschigen Vorplatz verfügt. Allerdings waren dort zuletzt Arbeiter am Werke, und es schien als würden sie unterhalb Galgans Gebeine eine Kneipe oder einen Nippes-Supermarkt bauen. Auf jeden Fall wurde ein neuer großer und offizieller Stellplatz angelegt, mit der Konsequenz, dass man nicht mehr direkt neben der Kirchenruine schlafen darf:

WOMO-Stellplätze: San Galgano

Position: N 43°09.170' E 11°09.082'; **WOMO-Zahl**: >5;
Ausstattung: Toilette, Wasser, Gaststätte, einsam, aber beliebt;
Zufahrt: von der SS 441 Wegweiser nach *'San Galgano'*.

Wir bleiben zu später Stunde ein paar Kilometer entfernt an der Zufahrtsstraße zu der mit Recht hochgelobten ***Locanda Da Vestro*** stehen (was nur für wenige Wohnmobile möglich und kein idealer Stellplatz ist). Zwar hatte die frühere Wirtin des Restaurants, nördlich von **Monticiano**, das Lokal nach der Einrichtung weiterer Betriebe nicht mehr voll unter Kontrolle, aber die gute Qualität zu noch erschwinglichen Preisen scheint geblieben zu sein. Endlich gibt es mal wieder nicht nur die üblichen Nudelgerichte und danach die einfallslosen, dünnen Fleischlappen. Die Locanda ist sehr bekannt, weshalb es sich empfiehlt, vor allem am Wochenende rechtzeitig zu reservieren *(Tel. 0577 756618; montags Ruhetag, Gartenlokal).*

Auf dem weiteren Weg nach Osten wählen wir ab Monticiano die kleine und kurvige Verbindungsstraße zur SS 223, die auf unserer Landkarte mit einem grünen Farbrand als ‚landschaftlich schöne Strecke' ausgewiesen ist. Wie Recht die Kartenzeichner haben! Geschlafen haben sie aber bezüglich des Sträßchens, das weiter östlich die SS 223 mit der SS 2 verbindet und durch die klangvolle Ortschaft Casanova und nördlich an dem Dorf Murlo vorbeiführt. Ich würde dieser Straße einen dunkelgrünen Rand malen!

Bevor ich diese Erkenntnis gewinne, fahren wir bei Macereto auf der SS 223 noch 4 km nach Süden und biegen dann auf einem kleinen Sträßchen ins Tal (!) ab. In Bagni di Petriolo (nicht zu verwechseln mit dem Hotelkomplex unmittelbar an der SS 223) drängt sich mal wieder eine philosophische Betrachtung der Wohnmobilreise auf. Besonders der Theorie, dass fast alles schlechter werde, dass die Wiederkehr an schon einmal besuchte Orte häufig die Erwartungen nicht erfülle, weil sich das Umfeld zu seinem Nachteil verändert habe; weshalb die Ferienwohnung - sofern der Nachbar nicht aufgestockt hat - auf Dauer erfreulichere Urlaube biete. Wer Reiseführer schreibt, wird dem nicht widersprechen und sich öfter als der Leser denkt ein Ferienhaus wünschen, in dem nach fünf Jahren alles noch so ist wie immer. Wie oft musste ich bei meinen Büchern schon zurück rudern, und wie viel Herzblut ist dabei geflossen? Ich habe das durch Neuentdeckungen nicht ausgleichen können - trotz aller schönen Worte. Ich musste mir neue Ziele suchen, neue Bücher schreiben, aber am Ende bleibt vielleicht eines Tages doch nur noch das Ferienhaus.

Dabei sind meist nicht unsere Leser schuld. Sie waren es auch nicht in **Bagni di Petriolo**. Schon lange berichtete man mir von einer Spezies Wohnmobilreisender, die mit Hunden, schrottigen Fahrzeugen, offenbar ganzjährig unterwegs, gerade hier häufig anzutreffen war. Die tagelang blieb, nicht sehr gepflegt aussah oder roch und sicher niemals dem benachbarten Wirt ein Scherflein überließ. Die Kette vor dem großen Parkplatz war eine Konsequenz, die fast jeder von uns genau

Bagni di Petriolo

so gezogen hätte. Aber die Welt ist ärmer geworden. Von einem der schönsten Stellplätze Europas gibt es nur noch ein kleines, schräges Reststück, bei dem ich fortan so tue, als sei uns das Paradies erhalten geblieben:

Ich schwärme von einem dicken Strahl, der rund um die Uhr heißes Schwefelwasser in einige natürliche Becken füllt. Ein wenig ist die Badestelle Geheimtipp geblieben, und wir ziehen eilig die Badehosen an. Je kälter die Außentemperaturen sind, umso größer wird das Vergnügen! Zum Abkühlen kann man direkt neben den Schwefelbecken in den Bach Farma steigen, der in einem tiefen Tal unter einem Viadukt etwas gestaut ist und lange Schwimmbewegungen ermöglicht. Die Badegumpen sind seit neustem wieder groß und breit.

Als wir Anfang April und bei 8° Außentemperatur den Weg vom WOMO zum faulig riechenden, heißen Wasser laufen mussten, war die Kleidung bizarr, an den Füßen die Badeschlappen, darüber die Badehose und gegen die Kälte die Wanderjacke.

Inzwischen gibt es seitlich der Schwefelquelle nur noch den Straßenrand und ein kleines Plätzchen für wenige Wohnmobile. Berichten Sie mir von der Entwicklung. Ich wette, die WOMO-Verschlechterungstheorie wird vertieft:

WOMO-Badeplatz: Bagni di Petriolo

Position: N 43°04.785' E 11°18.003'; **WOMO-Zahl**: 3-4;
Ausstattung: Mülleimer, Gaststätte (tagsüber), Wanderwege, Bademöglichkeit, uneben;
Zufahrt: von der SS 223 nach Bagni di Petriolo abbiegen und nördlich der Brücke auf den noch freigegebenen Restparkplatz.

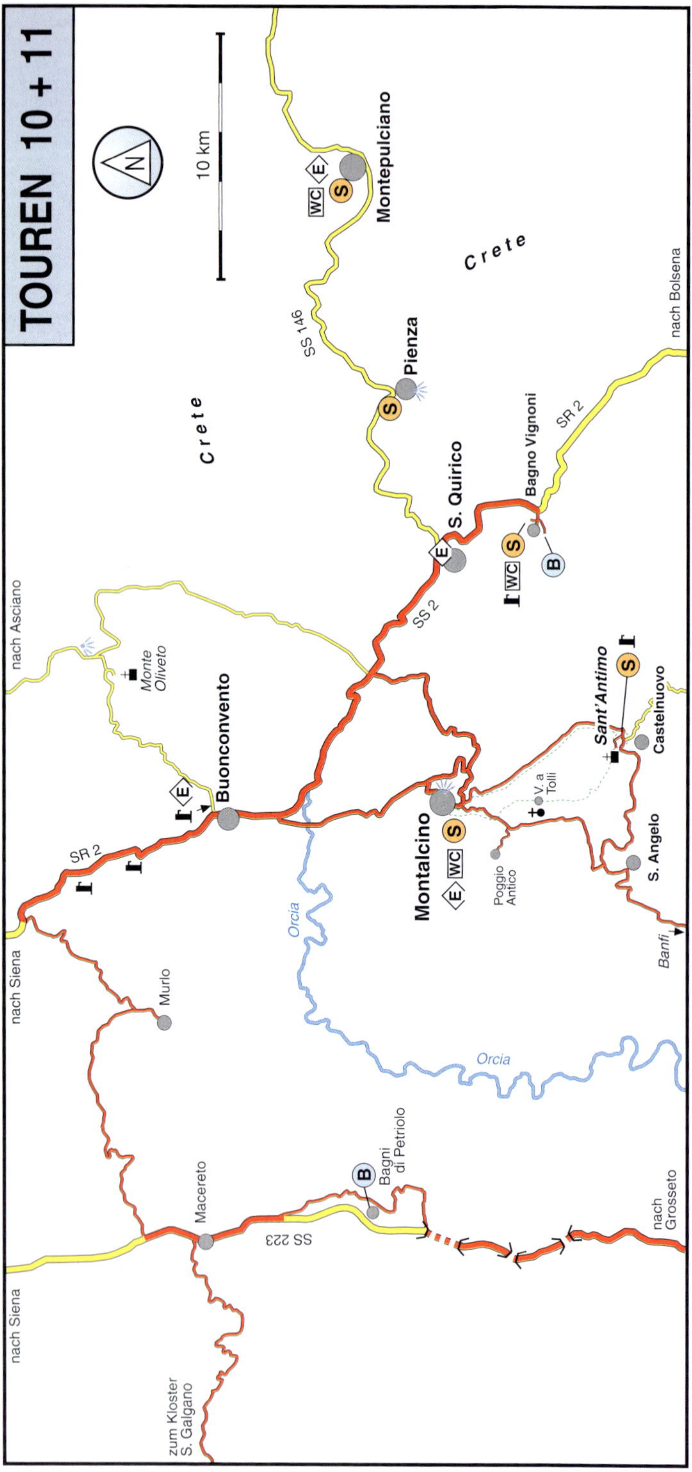
TOUREN 10 + 11
N
10 km
Montepulciano
Crete
SS 146
Pienza
Crete
nach Bolsena
SR 2
Bagno Vignoni
S. Quirico
SS 2
nach Asciano
Monte Oliveto
Buonconvento
SR 2
Sant'Antimo
Castelnuovo
V. a Tolli
Montalcino
Poggio Antico
S. Angelo
Banfi
Orcia
Orcia
nach Siena
Murlo
Macereto
Bagni di Petriolo
SS 223
nach Grosseto
nach Siena
zum Kloster S. Galgano

Tour 11: Weinland

Montalcino - Sant'Antimo - San Quirico d'Orcia
Bagno Vignoni

Stellplätze:	in Montalcino, beim Kloster Sant'Antimo, in Bagno Vignoni
Besichtigen:	Montalcino, Kloster Sant'Antimo, die Collegiata in San Quirico d'Orcia, Bagno Vignoni
Wandern:	von Montalcino zum Kloster Sant' Antimo
Essen:	Restaurant des Weingutes *Poggio Antico,* Ristorante *Grappolo Blu* oder Pizzeria *Giorgio* in bzw. bei Montalcino, *Osteria Bassomondo* in Castelnuovo dell' Abate, *Osteria del Leone* in Bagno Vignoni

Früher, es ist schon sehr lange her, als wir im Weinland noch nicht Grund zum weinen hatten, näherten wir uns, wenn unser Wohnmobil den damals noch spärlich bebauten Osthang des Hügels von **Montalcino** (1.500 Einwohner) erklomm, einem Höhepunkt unserer Toskana-Reise. Nur zwei klitzekleine Sorgen trugen wir mit in unserem vor Freude klopfenden Herzen auf annähernd 600 Höhenmeter und wurden von deren erster erlöst, wenn wir bei der Fortezza um die Ecke gefahren waren und in Toplage noch ein freies Stellplätzchen ergattern konnten. Das zweite Problem war ein wenig größer, denn der *Brunello*-Preis stieg auch schon in den 80er Jahren von 15.000 auf über 25.000 Lire - die Flasche (das sind 7,50 € bzw. 12,50 €). Als ich zuletzt, im Sommer 2004, im Laden (und nicht beim Erzeuger) eine Flasche kaufen wollte, sollte ich dafür rund 30 Euro bezahlen. Ich tat es nicht.

An der Festung darf man schon lange nicht mehr übernachten. Unser Foto retten wir zur Erinnerung von Auflage zu Auflage. Vielleicht sieht es der Bürgermeister irgendwann (oder der sprachlich kundige Leser schreibt es ihm) und schaut sich in der Nacht seinen Parkplatz vor der Fortezza an. Er ist leer. Ein Tagparkverbot für WOMOs könnte hier, wie in vielen ähnlichen Orten mit ausuferndem Tagestourismus, die Lösung sein. Stattdessen dürfen Reisemobile gar nicht mehr hierher fahren. Sie werden stattdessen von Wegweisern neben eine Pineta oberhalb des Städtchens geleitet, und am Ziel begrüßt sie dort eine Hinweistafel, auf der in mehreren Sprachen nur ein Wort steht: ***„VERAR ...!"***. Das dort sogar ins Niederländische übersetzt ist, weil auch die Wohnwagen in diesen Winkel gelotst werden. Nicht mal um das dort schon vor Jahren zurückgelassene Baumaterial kümmert sich noch je-

Montalcino - Blick von der Festung (als Ansporn an die Verwaltung)

mand. Sie müssen sich das ansehen, weil Sie alles sehen sollten, was in der Toskana sehenswert ist. Und danach sollten Sie sich zum Shopping aufmachen, in der langgezogenen Hauptstraße von Montalcino: Ein Ledertäschchen zum Beispiel, wo die Einwohner kürzlich noch Nudeln und Spülmittel kaufen konnten; oder Wein, wo es früher Haushaltswaren, Eisenwaren, Fleisch- und Wurstwaren, Kurzwaren, Spielwaren oder Tabakwaren gab. Es gibt sonst in Montalcino fast nur noch Wein, ab 25 Euro für die Flasche *Brunello*. Vielleicht kehren Sie bei diesen Aussichten, wenn Sie auf dem offiziellen Stellplatz jene Tafel gelesen haben, um und verlassen Montalcino, ohne daselbst überhaupt ausgestiegen zu sein.

Zu bestimmten Zeiten bleibt Ihnen ohnehin keine Alternative. Ein falscher Zeitpunkt wäre zum Beispiel der Tag, nachdem das WOMO-Verbotsschild auch am Hang auf der Nordseite der Fortezza angeschraubt wurde. Oder, solange es so weit noch nicht gekommen ist, eine zu frühe Nachmittagszeit, weil dann auf diesem Hangparkplatz noch die Pkw der Tagesgäste stehen. Einen Grund zum Weiterfahren könnte auch das Fehlen leistungsfähiger Auffahrkeile sein (die gelben, spitzen Fiamma-Keile reichen keinesfalls; Sie brauchen, nicht nur hier, solche, auf denen die Räder auf einem Podest oder in einer Art Kuhle waagerecht stehen, und in Montalcino müssen Sie noch ein dickes Brett unter die Keile legen).

Sie lassen sich nicht abschrecken, Sie trinken nur noch *Rosso di Montalcino*, Ihre Keile ziehen schon seit Jahren neidische Blicke auf sich und in Heidelberg, wenden Sie ein, wird auch nur noch Nippes verkauft, wo unlängst Wurst-, Haushalts- und Spielwaren oder Sportartikel über die Theke gingen. Wein sei Ihnen lieber als Nippes oder Wurstwaren. Außerdem sei in Montalcino, an der südlichen Verlängerung der Hauptstraße, bzw. bei der Fortezza bergab, der famose

Bäcker noch tätig, dessen *Panini* den Brötchenhöhepunkt Ihres Urlaubs bildeten. Schließlich sei Montalcino am Abend, wenn die Touristen wieder weg sind, fast so wie früher, und der Blick vom Stellplatz, unserem WOMO-Stellplatz, sei doch auch nicht zu verachten. Einverstanden, wir fahren noch so lange nach Montalcino, solange es diesen Stellplatz noch gibt:

WOMO-Stellplatz: Montalcino

Position: N 43°03.330' E 11°29.260'; **WOMO-Zahl**: etwa 5; **Ausstattung**: Wasser, Toilette, Entsorgungsstation (unglaublich, aber tatsächlich vor der Toilette zu entdecken), Geschäfte, Gaststätten, Blick, abschüssig, am besten stehen Sie weit unten und beziehen zur Niveauregulierung den kleinen Bordstein mit ein; meistens sind erst gegen Abend Plätze frei, Sie müssen Geduld haben, es werden aber immer ausreichend viele Plätze frei; nachts ist es, von gelegentlichem Gebell abgesehen, erstaunlich ruhig;
Zufahrt: in Montalcino an der großen Kreuzung auf der Kuppe westlich der Festung bergab zu einem Parkplatz entlang einer Parkplatzstraße unmittelbar nördlich der Festung.

Wenn es ihn eines Tages nicht mehr geben sollte, und wenn die Gemeinde ihre mobilen Gäste weiterhin auf einem Schrottplatz empfängt, werden wir nur noch die Weingüter abfahren. Es muss ja nicht der *Brunello* sein, den wir kaufen. Außerdem ist zu Hause der Wein noch teurer, und vergleichbare französische Rotweine kosten zweimal soviel. Es lohnt sich, direkt zum Erzeuger zu fahren. Aber zu welchem? Auf einer großen Landkarte gegenüber dem Eingang zur Festung sind alle Winzer verzeichnet. Wir haben schon die Produkte diverser Weingüter verkostet und dabei auch manch fades Gesöff kennen gelernt. Lassen Sie die Finger von den Flaschen, die auffallend billiger sind als der große Rest. Es lohnt sich wirklich nicht, denn ein guter *Brunello* (oder *Rosso*) hat eben seinen Preis. Wir hatten uns zuletzt auf den im mittleren Preisniveau, wenn auch mit ansteigender Kurve, liegenden *Brunello* der **Fattoria *Poggio Antico*** eingependelt, die auch über eine Probierstube und ein Restaurant, auf das ich gleich nochmals zurückkommen werde, verfügt. Auch die Fattoria ***Lisini***, hat aufgerüstet und ein Ristorante angegliedert. Etwa seit dieser Zeit stieg auch die Qualität der Weine sprunghaft, und Lisini war im Sommer 2004, als ich nur noch *Rosso* kaufte, mein liebstes Weingut. *Poggio Antico* liegt gut beschildert an der westlichen von Montalcino nach Grosseto führenden Straße, *Lisini* finden Sie hingegen an der Verbindung dieser Straße mit dem Kloster Sant'Antimo. Wer Schwellenängste hat oder sich Auge in Auge mit der den Probierschluck einschenkenden Winzerin unter Kaufzwang fühlt, fahre zum ***Castello Banfi***. Das Weingut ist in der Hand der Nachkommen zweier Italo-Amerikaner, die in den USA während der Prohibition durch den Lambrusco-Import (der wegen des niedrigen Alkoholgehaltes erlaubt war) zu sehr viel Geld kamen. So wundert man sich nicht, dass der größte Produzent der Gegend einen Verkaufsraum vorhält, der eher an einen noblen Supermarkt erinnert. Den höflichen Damen hinter den Theken scheint es ziemlich egal zu sein, wenn Sie aus dem reichhaltigen Angebot (nicht nur Montalcino-Weine) mehr verkosten als hinterher kaufen. Ich vermisse zwar bei den *Banfi-Brunellos* etwas den Charakter, aber Leute, die mehr vom Wein verstehen, sind da anderer Meinung. Besonders lohnen die preiswerteren Nichtbrunellos, der *Centine* (ca. 5 €), der teurere *Mandrielle* (ca. 10 €, das ist nach meinem Geschmack der Geheimtipp bei *Banfi*) oder der piemontesische *Argusto* (ca. 6 €). *Banfi* liegt südlich von Montalcino und San Angelo. Sie erkennen auf Ihrer Karte den Fluss Orcia und die parallel verlaufende Bahnlinie. Unmittelbar nördlich dieser Trasse zweigt ein Weg nach Westen ab, an dessen Anfang unübersehbar die Stahltanks der Fattoria die Landschaft verschandeln. Zur den freundlichen Damen geht es dann noch ein paar Kilometer, bestens beschildert, bergauf nach Westen (beim Ort S. Angelo Scalo, 13 km südlich von Montalcino, auf der Karte als Poggio alle Mura eingezeichnet - zur *Fattoria* gehört auch ein Weinflaschen- und Trinkgefäße-Museum).

der Autor bei *Banfi*

Bei allen Erzeugern können Sie, wie auch sonst überall in der Gegend, statt des teuren *Brunello* den schon mehrfach erwähnten und wesentlich preisgünstigeren ***Rosso di Montalcino*** erwerben, welcher oftmals auch noch ein sehr guter Rotwein ist und noch viel besser wird, wenn Sie ihn zu Hause ein paar Jährchen in Ihrem Keller vergessen (siehe auch unter dem Stichwort *Wein*).

Das hervorragende **Restaurant** zum Weingut ***Poggio Antico*** hat einen in jeder Hinsicht kometenhaften Aufstieg hinter sich, bis zum inzwischen wieder verloschenen Michelinstern und bis in Preisregionen, die Ihnen die Hemmungen nehmen, vollends die Bodenhaftung zu verlieren und einen *Brunello riserva* zu ordern, an den Sie sich noch nach Jahren erinnern werden. Genauso wie an die erlesene Mahlzeit in lockerer Atmosphäre. Vielleicht dürfen Sie sogar auf dem hauseigenen Parkplatz übernachten, wir haben allerdings nicht gefragt, obgleich der Besitzer nach einem kurzen Seitenblick auf unsere Rechnung vom vorangegangen Weinkauf allen Grund hatte, uns gnädig zu sein *(Tel. 0577 849200; im Sommerhalbjahr ohne Ruhetag).* In Montalcino selbst speisten wir gut an den einfachen Holztischen des **Ristorante *Grappolo Blu***, eine Spur zu touristisch und zu deutlich aufgewärmt, aber insgesamt erfreulich *(seitlich der Hauptstraße bei einer Treppe, freitags geschl.; Tel. 0577 847 150).*

Montalcino - Rathaus

Sollen wir Ihnen noch erzählen, wo wir zuletzt zu Abend aßen und was wir dazu tranken? In der **Pizzeria *Giorgio***, (unterhalb der Burg und wenige Häuser neben der Bäckerei), wir tranken ein Bier, und gut war beides. Man kann dort auch ordentlich „richtig" essen, und wenn Sie sich einen *Brunello* auf die papierene Tischdecke stellen lassen, ist der Wirt Ihnen auch nicht böse.

Zum Pflichtprogramm in Montalcino gehört der Besuch der **Festung**, von deren Türme die Sicht vor allem an klaren Tagen weit in die Crete (Teil 2) reicht und ich mir einbilden kann, sogar Montepulciano zu erahnen. Zum Besteigen der Mauer löst man in einer Enoteca, einer Weinverkaufs- und Probierstube, innerhalb der Burg Eintrittskarten. Nur montags *(außer an Feiertagen und im Juli, August)* gibt es hier keinen *Brunello*, der glasweise ausgeschenkt wird. Und auch keine Fernsicht, denn dann ist die ganze Fortezza geschlossen. In der Burg, die im 14. Jahrhundert als Zufluchtsstätte der Bevölkerung (der Adel durfte in einen Turm, das gemeine Fußvolk blieb im Hof) konstruiert worden ist, fand übrigens die Regierung von Siena Schutz, als die Stadt im Jahr 1555 von den Florentinern eingenommen wurde.

Da düstere Stellplatz-Prophezeiungen leider meist eintreten, Montalcino Ihnen also irgendwann nichts mehr wird bieten können, werden Sie nur noch die Winzer und das 10 km von Montalcino entfernte **Kloster Sant'Antimo** besuchen. Die Klosterkirche der Zisterzienser aus dem 12. Jahrhundert gehört zu den Glanzpunkten der südlichen Toskana. Sehenswert ist der schlichte Innenraum, der weniger gedrungen und viel heller wirkt als man dieses von einer romanischen Kirche erwartet. Auf den Emporen sieht man noch die Reste der dort im 15. Jahrhundert eingebauten Bischofswohnung. Zur Steigerung der Stimmung singt der Custode ab und an ein Lied. Vor Jahren haben ein paar Mönche die angrenzenden Häuser restauriert und sie wieder ihrem ursprünglichen, klösterlichen Zweck zugeführt, nach mehr als 500 Jahren der Zweckentfremdung und des Leerstandes.

Kloster Sant'Antimo

Zwar steht das Gotteshaus von 6 bis 21 Uhr den Gläubigen offen, die Zeiten der Besichtigung jedoch sind wegen der Gottesdienste von 10,15 - 12,30 (sonn- und feiertags von 9,15 - 10,45) und von 15 – 18,30 (sonn- und feiertags bis 18) Uhr. Sollten Sie auf den Wiesen vor der Tür warten müssen, ist das nicht so schlimm. Denn das Schönste an Sant'Antimo ist die Landschaft, genauer, die Verbindung von Baukunst, Umgebung und etwas Unbeschreiblichem, das diesen Ort von allen anderen unterscheidet, an denen auch schöne Bauten in anmutiger Landschaft stehen. Sind es die knorrigen Olivenbäume, oder ist es die einsame schlanke Zypresse vor dem kräftigen Turm? Vielleicht sind es die aufgereihten Bäume am gegenüberliegenden Hang vor dem Gipfel des Monte Amiata (siehe unser Titelbild)?

Gerne liege ich seitlich der Kirche auf dem Rücken im Gras und döse mit geschlossenen Augen im Halbschatten eines Ölbaumes. Ab und zu hebe ich den Kopf und stütze mich mit den Armen. Erst wenn ich mich satt gesehen habe, lasse ich mich wieder ins Gras zurückfallen. Ich nehme mir vor, beim nächsten Mal wieder auf der langen, geraden Zufahrtsstraße zu Fuß hierher zu wandern, um das Gefühl, ins Tal von Sant' Antimo einzutauchen, aufs Äußerste auszukosten. Aber die Sonne muss scheinen!

Ich liebäugle auch jedes Mal mit dem Gedanken, hier einmal zu übernachten. Platz wäre vorhanden, und den Reiz des Ortes würde ich schon mal gerne am Abend spüren. Der Respekt vor ihm schickt mich aber Jahr für Jahr auf den Parkplatz in Montalcino. Ich stelle mir nämlich vor, wie in der Abenddämmerung neben der schlanken Zypresse und weißen WOMO-Monstern das Federballspiel zum Einsatz kommt und der liebe Leser mit seinem - meinem - Wohnmobilführer auf Freiheit und Abenteuer pocht und für sich das Recht des Stellplatzes in Anspruch nimmt, weil ich es ihm vermeintlich eingeräumt habe. Oder er es sich mit diesem Buch erkauft zu haben glaubt. Der Stellplatztipp muss trotzdem sein, wenn auch nicht beim Kloster, dafür mit Blick auf dasselbe:

WOMO-Stellplatz: Sant'Antimo

Position: N 42°59.829' E 11°31.322'; **WOMO-Zahl**: 3-4; **Ausstattung**: Wasser (an der Ostseite der Abtei), Gaststätte, Wanderwege; **Zufahrt**: von Montalcino nach Sant'Antimo; vor dem Dorf Castelnuovo (dazu siehe unten im Text) und an der Abzweigung zum Kloster auf den Parkplatz beim Friedhof.

Jahrelang schon haben wir uns vorgenommen, einmal zum Kloster zu wandern. Wir kaufen uns in Montalcino einen italienisch/englischen Wanderführer, um dann festzustellen, dass die dortigen Strecken zwischen 25 und 36 km lang sind und fast nur auf Landstraßen verlaufen. Wir müssen also improvisieren - und auf dem zweiten Teil dann doch entlang der Straße marschieren:

In Montalcino wählen wir oberhalb der Burg die Asphaltstraße Richtung *‚Grosseto'*. Nach 100 m, bei der Gabelung, geht es auf ansteigender Straße geradeaus (Wegweiser *‚Pineta'*) und nach wenigen Minuten, in einer Linkskurve dieser Straße, auf dem ansteigenden Waldweg weiter. Jenseits des auf einem Hügel liegenden Pinienwaldes (wo sich die offizielle Stellplatzzumutung befindet), erreichen wir wieder die Straße, wo wir uns südwärts nach rechts wenden (in der Gegend wurde viel gebaut, vielleicht hat sich der Verlauf etwas geändert). Wir kommen dann erneut auf die Straße nach Grosseto, auf der wir in südlicher Richtung weitergehen. Auf ihr bleiben wir auch, wenn nach rechts eine Straße mit dem Wegweiser *‚Camigliano'* abzweigt. Aber etwa 300 m danach verlassen wir die Straße auf einem nach links führenden Fahrweg mit dem

Villa a Tolli

Schild *‚La Magia - Villa a Tolli'*.
Noch ist die Strecke mit einem Wanderzeichen markiert, das Sie aber gelegentlich im Stich lässt. So müssen Sie darauf achten, dass Sie nicht bergab zu einem einzelstehenden Gehöft laufen (wo der breite Fahrweg dann auch endet), sondern dass Sie zunächst die Höhe einigermaßen halten und die gut befahrbare Staubstraße nicht verlassen. Erst nach einiger Zeit windet sich diese hinab nach Villa a Tolli, einem Minidorf, mit kläffenden Hunden, Brunnen, kleiner Kapelle und viel Romantik. Dort gehen Sie bei der Gabelung nach links (Wegweiser *‚Fattoria La Magia'*) und weiter bis zu einem Anwesen, dessen Betreten unmissverständlich verboten ist. Genau an der Stelle des Verbotsschildes schlendern Sie nun nach links abwärts, wobei der Weg zunehmend schlechter wird. Zunächst, am Rande eines Weinberges, ist er noch befahrbar, später kann davon keine Rede mehr sein. Sie können den bergabführenden Weg nun kaum noch verfehlen, zumal bald die Kirche von Sant' Antimo auftaucht. Der Abstieg zum Kloster Sant' Antimo dauert höchstens eine halbe Stunde, er gehört aber zu den **schönsten Wanderpassagen**, die wir in der Toskana kennen. Sie gelangen dann unten im Tal auf einen Querweg, auf dem Sie rechts und bei nächster Gelegenheit wieder links gehen. Da Sie die Kirche mehr oder weniger im Blick haben, kann nichts mehr schief gehen.

Es lohnt sich sehr, noch bis zum nahe liegenden Dorf **Castelnuovo dell'Abate** (beim oben erwähnten Stellplatz) durchzuhalten, weil man von dort einen besonders schönen Blick in alle Richtungen hat. Zur Rast eignen sich sowohl die Klosterwiese wie auch in Castelnuovo schattige Bänke und die ***Osteria Bassomondo***, wo Sie statt beim leckeren, warmen Essen auch bei ebenso köstlichen, belegten Broten, vor allem bei der reichhaltigen Käseauswahl, reinhauen können *(montags geschlossen; Tel. 0577 835619)*. Und zu guter Letzt dann doch die Bedenken wegen der Übernachtung am Friedhof über den Haufen werfen.

Für den Rückweg von Castelnuovo nach Montalcino können Sie vermutlich den Bus nehmen, an der Haltestelle (unterhalb von Castelnuovo) kommen Sie vorbei. Wir machen keine halben Sachen und bewältigen auch den Rückweg per pedes, auch wenn wir ständig am Rand der wenig befahrenen Landstraße Castelnuovo-Montalcino laufen müssen und vergeblich hoffen, irgendwo Abkürzungen, vielleicht sogar Markierungen, durch freies Gelände zu finden. Es klingt schlimmer als es ist, wenn ich Ihnen von dem Heimweg entlang der Straße berichte, denn Sie kommen an vielen schönen Gehöften und Weingütern vorbei, ehe Sie die 10 km von Castelnuovo nach Montalcino erstaunlich schnell hinter sich gebracht haben. Die ganze Strecke misst gute 20 km, inzwischen gibt es die *Kompass-Karte Nr. 653, Pienza - Montalcino.* Wir haben uns nur einmal oberhalb von Villa a Tolli verlaufen, ansonsten ist die Orientierung einfach.

Müde verschieben wir die Weiterfahrt auf den nächsten Morgen. Ruhig soll der Tag zu Ende gehen. Ein Glas *Brunello* in der Fortezza und einen *Cappuccino*, womöglich noch einen *Brunello,* in dem wohl schönsten Café der Toskana, der ***Fiaschetteria, Cantina di Brunello***, wo es so aussieht wie in einer Großstadt zur Zeit der Eröffnung im Jahr 1880, runden den Tag ab. Als wir schließlich noch ein paar Schritte um die breiten Mauern der Festung gehen, blinken weit hinten im Osten die Lichter von Montepulciano. Dort werden wir uns in den nächsten Tagen die Beine vertreten (Teil 2) und statt eines *Vino Nobile* ebenfalls nur einen *Rosso* entkorken.

Wir brechen beizeiten in Montalcino auf, **San Quirico d' Orcia** ist unser erstes Ziel. Hier fahren die Touristen gewöhnlich vorbei, schon weil die Umgehungsstraße den Ort kaum berührt. Uns kann das nur Recht sein, denn so sehen wir in Ruhe die noch gut erhaltenen Reste der Stadtmauer und eine Kirche mit drei sehenswerten Portalen, die so genannte **Collegiata**, aus dem 12. Jahrhundert. Wir schlendern auch noch ein wenig durch die *Horti Leonini*, einen bekannten, geometrisch ausgerichteten Park aus dem 16. Jahrhundert, nicht ohne Abneigung gegen die geschorenen Hecken. Den offiziellen Stellplatz (mit Entsorgungsstation) können wir nicht empfehlen. Mehrere Leser berichteten uns von der guten ***Trattoria Al Vecchio Forno*** im Zentrum.

Die meisten übersehen auch den Wegweiser, der gut 5 km südlich von San Quirico von der SR 2 nach **Bagno Vignoni** zeigt. Der kleine Ort überrascht aber mit einer erstaunlichen Attraktion: Die wenigen Häuser stehen um ein großes, rechteckiges Badebecken, das sozusagen den Dorfplatz bildet und bei entsprechend niedrigen Außentemperaturen vor sich hin dampft. Schon die Medici und vor ihnen Etrusker sowie Römer haben hier im kalkhaltigen, warmen Wasser ihren Rheumatismus kuriert. Später, unter anderem im Jahre 1983 für den Film *Nostalghia* des Regisseurs Tarkowski, diente das Bassin als

Bagno Vignoni

Kulisse. Nur heute hat es, außer schön auszusehen, keine Funktion mehr; das Baden ist nämlich (seit 1989) verboten, was wirklich schade ist. Seien wir aber froh, dass das Bassin überhaupt noch da ist, denn wäre es nach dem Willen der allgegenwärtigen Mailänder „Investoren" gegangen, würde hier heute eine gigantische Kurstation nebst Golfplatz stehen. Die 20 Einwohner des kleinen Ortes wussten sich aber erfolgreich zu wehren und den Fall landesweit zu publizieren, so dass bleiben kann, was Jahrhunderte schon war. Und dem langsamen Versiegen der warmen Quellen oder dem veränderten Fluss des Wassers ist man erfolgreich mit neuzeitlicher Pumptechnik begegnet. Und die Karte bei der Touristeninfo verrät uns, dass die Planungen längst noch nicht abgeschlossen sind. Im Spätjahr 2004 wurden neue Parkplätze in Betrieb genommen (weshalb sich auch die Stellplatzsituation ändern könnte), und wo früher die Pkw parkten, links vor dem Ort, soll ein neuer Badekomplex entstehen.

Als wir bei unserem Besuch im warmen Wasser baden wollten, genauer im Pool des *Hotels Posta*, der legalen Alternative, schwand beim Anblick des Preisschildes am Eingang unser Elan. Rund 30 Euro für die ganze Familie (der halbe Tag war und ist etwas billiger) waren uns zu viel. Nur unsere Beine kamen in den Genuss des angenehm prickelnden Nass, denn seitlich des Parkplatzes kann man das in einer Rinne abfließende Wasser etwas stauen und sich - schmale Körpermaße vorausgesetzt - sogar hineinsetzen. Inzwischen haben wir Versäumtes nachgeholt und dürfen Ihnen anraten, sich ebenfalls den Spaß zu gönnen. Das Schwimmbad in toller Landschaft ist sein Geld wert, wenn man sich auf ein kürzeres Badevergnügen beschränkt *(9-13 und 14,30-18 Uhr, im Som-*

Thermalbad des Hotels *Posta*

mer auch abends; Badekappen erforderlich, kann man vor Ort erwerben).

Ein geräumiges, kostenloses Badebecken, in das man sich genussvoll setzen kann, das Wasser ist allerdings nicht mehr sehr warm, finden Sie in freier Landschaft direkt oberhalb eines unserer beiden Stellplätze, von denen der „Badeplatz" eine wirkliche Überraschung ist, auch dass man mit dem WOMO überhaupt dorthin fahren kann:

WOMO-Stellplatz: Bagno Vignoni *(offiziell)*

Position: N 43°01.784' E 11°37.210'; **WOMO-Zahl**: >5; **Ausstattung**: Toilette, Geschäft, Gaststätten, Bademöglichkeit in der Nähe, etwas einsam, aber gut besucht; **Zufahrt**: von der SR 2 abbiegen, am Anfang von Bagno Vignoni zeigt bei den ersten Häusern ein blaues 'P' mit WOMO-Symbol nach rechts bergauf.

WOMO-Badeplatz: Bagno Vignoni *(Parco dei mulini)*

Position: N 43°01.540', E 11°37.155'; **WOMO-Zahl**: 3-4; **Ausstattung**: Gaststätten, Badestelle. **Zufahrt**: An der Zufahrt nach Bagno Vignoni sehen Sie noch vor den Häusern links einen geschotterten Weg schräg entlang des Hangs abwärts; auf ihm fahren Sie, bis er sich im Tal ausweitet; bei Überfüllung wird gelegentlich in den oberen Teil des Weges ein bewegliches Absperrgitter gestellt.

Das kostenlose Badebecken direkt oberhalb dieses Stellplatzes ist entstanden, als man in neuerer Zeit den **Parco dei**

Bagno Vignoni - Badebecken im Parco dei Mulini

Mulini restauriert hat, das Ensemble mehrerer Wassermühlen, die bis zum Beginn des letzten Jahrhunderts durch das warme Wasser angetrieben worden sind. Auf vielen Schautafeln und in einer Mühle ist der Mechanismus anschaulich erklärt. Sie können sich bei der Besichtigung der Mühlen den unteren Stellplatz ansehen oder umgekehrt.

Wenn Sie im teuren Pool in Bagno Vignoni Ihre Urlaubskasse auf den Kopf hauen, sollten Sie nicht auf halber Strecke inne halten, sondern noch ein nicht überteuertes Essen in der ***Osteria del Leone*** anhängen, die mit dem besticht, was man bei uns ‚Hausmacherküche' nennt. In schlichten, weiß gekalkten Räumen kommen in dickem Porzellan phantastische Pasta, Perlhuhn *al vin santo* und Kanincheneintopf, um nur einiges zu nennen, auf die blanken Holztische *(montags geschlossen; Tel. 0577 887300, spätestens am vorgerückten Nachmittag vor Ort reservieren).*

Sie werden das alles noch ausprobieren, denn Bagno Vignoni ist einer der Orte, in die man immer wieder gerne zurückkehrt.

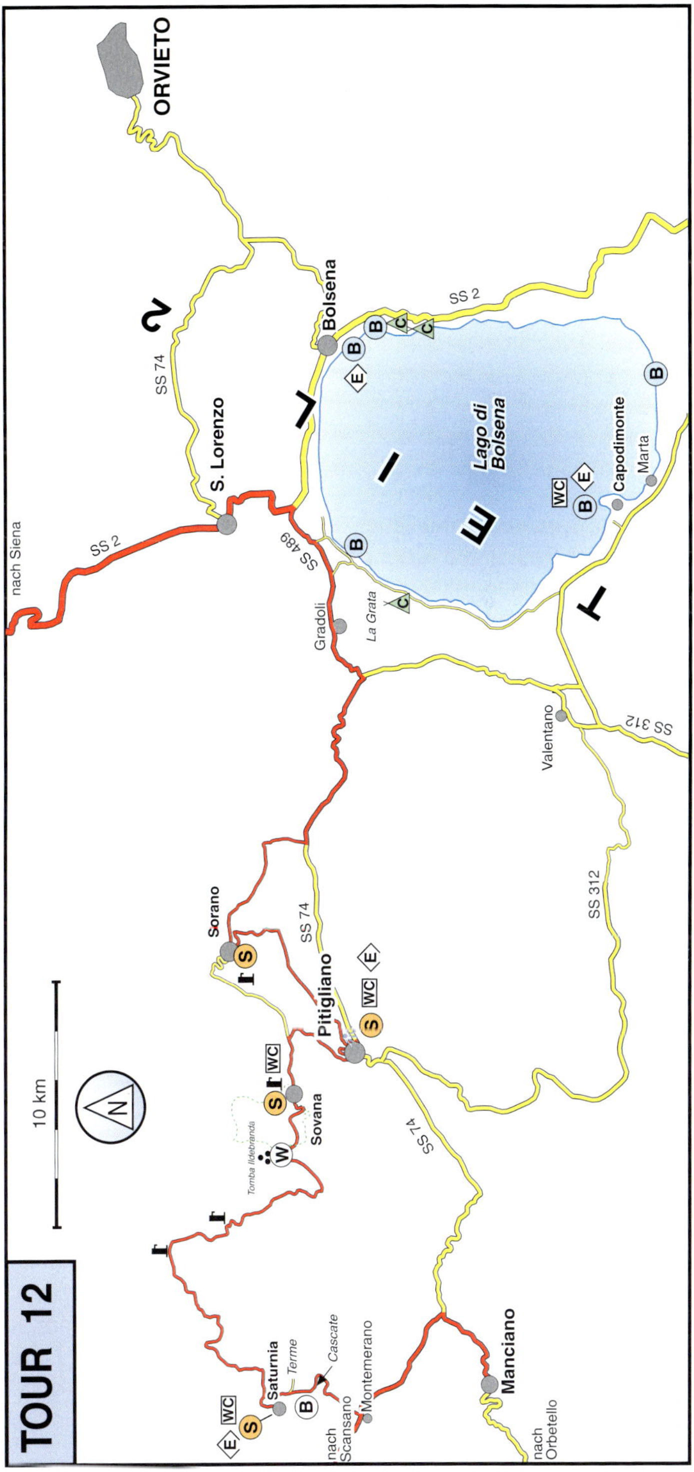
TOUR 12
ORVIETO
Bolsena
SS 2
SS 74
S. Lorenzo
nach Siena
SS 489
Lago di Bolsena
Capodimonte
Marta
Gradoli
La Grata
Valentano
SS 312
Sorano
SS 74
Pitigliano
Sovana
Tomba Ildebranda
SS 74
10 km
N
Saturnia
Terme
Cascate
Montemerano
nach Scansano
Manciano
nach Orbetello

Tour 12: Tufftour

Sorano - Pitigliano - Sovana - Saturnia

Stellplätze:	in Sorano, in Pitigliano, in Sovana, in Saturnia
Besichtigen:	die Felsennester Sorano und Pitigliano, Sovana und die dortigen Etruskergräber, Wasserfall von Saturnia
Wandern:	zu den Etruskergräbern und Wanderung bei Sovana
Essen:	Pizzeria *Chalet Il Noce* in Pitigliano, Restaurants *Taverna Etrusca* in Sovana, *I Due Cippi* in Saturnia und *Da Caino* in Montemerano
Karte:	Seite 177

Sie verlassen nun für ein Stück unser Reisegebiet, es sei denn, Sie hätten Teil 2 auf den Knien. Dort kommt der Lago di Bolsena nun vollständig vor, während es hier, im Westteil, mit den bekannten Tuffdörfern weitergeht.

Sorano

Das erste Kaff auf Tuff ist **Sorano**. Es ist das unbekannteste, nach meinem Geschmack aber das typischste, vielleicht gerade weil man hier noch nicht so sehr auf die Touristen setzt. So klettern wir im linken Teil des Dorfes immer noch, wenn auch nicht mehr in dem Maß wie früher, zwischen verlassenen Häusern, die erst allmählich wieder restauriert werden. Denn die Einheimischen sind größtenteils in die Betonklötze der neuen Oberstadt umgezogen (worden). Aber es gibt einen Stellplatz:

WOMO-Stellplatz: Sorano

Position: N 42°40.887' E 11°42.942'; **WOMO-Zahl**: >5;
Ausstattung: Wasser, Mülleimer, Gaststätte, Geschäft;
Zufahrt: in Sorano beim Friedhof *(cimitero)* und der Festung nicht zu verfehlen.

Die beste Tageszeit für Sorano ist wegen des Sonnenstandes der frühe Abend. In **Pitigliano** (4.000 Einwohner) ist es hingegen der Vormittag, denn die malerischste Seite der auf einen Tuffsteinfelsen geklebten Stadt betrachtet und fotografiert man von Osten - und dazu braucht man die Sonne im Rücken. Auch nicht schlecht ist der Blick von Süden, wo bei der Kapelle Mad. di Grazie ein Parkplatz angelegt ist, an dem Sie auch den bekannten örtlichen Weißwein verkosten dürfen.

Zur Stadtbesichtigung ist es von hier aber noch zu weit, weshalb Sie das WOMO am besten oberhalb der Altstadt längs eines kleinen Terrassenparks an den Straßenrand rangieren, der besten Stelle für das Foto. Genau dort finden Sie neben einer Treppe bei einem Zebrastreifen auch einen Wasserhahn. Hier können Sie auch, wenngleich nicht ideal und etwas laut, aber mit besonders schönem Blick auf die Stadt (siehe unser Foto), übernachten:

Pitigliano

WOMO-Stellplatz: Pitigliano

Position: N 42°38.012' E 11°40.242'; **WOMO-Zahl**: höchstens 5;
Ausstattung: Wasser, Toilette, Mülleimer, Gaststätten, Geschäfte, Leser haben von einem Verbotsschild berichtet, das ich bei meiner letzten Nachschau nicht gesehen habe; nicht für sehr große WOMOs geeignet;
Zufahrt: wenn man von Bolsena kommt, von der SS 74 kurz vor dem nordöstlichen Anfang der Altstadt nach links in Richtung *‚cimitero'* und bald parken.
Unschön ist und liegt der **offizielle Stellplatz** weiter im Norden des Ortes, nördlich und oberhalb der Straße nach Bolsena (**Position**: N 42°38.237' E 11°40.796' – *Piazzale Nenni*).

Die Außenansicht der Stadt und ihres von den Medici erbauten, heute noch benutzten Aquädukts ist auch mit Abstand das Lohnendste an Pitigliano, dessen Inneres zu unserer großen Überraschung (noch) nicht touristisch verdorben ist. Nur mit Mühe finden wir in der **Pizzeria *Chalet Il Noce*** an der Piazza Garibaldi hinter dem Stadttor noch einen Tisch. Dort vertilgen wir in einem Stollen des ehemaligen, aus dem Tuff herausgemeißelten Burgbrunnens Pizzas und Spaghetti, nachdem wir wegen der kühlen Kellerräume aus dem Auto warme Jacken geholt haben *(Tel. 0564 615125; montags geschlossen).*

Dem dritten Tuffdorf, **Sovana**, greift die Natur zwar nicht mit einer so pittoresken Lage unter die Arme greift, vielleicht investiert man gerade deshalb mehr in den Tourismus und bindet damit die wenigen Einwohner an den Ort. Das Ergebnis dieser Politik lässt sich trotz einiger Souvenirshops sehen, zumal eine Tourismusstruktur in Maßen für den Urlauber, der auch was essen und trinken will, nicht nur Nachteile hat.

Meine Ängste, dass der touristische Aufstieg kometenhaft und demnach unerfreulich verläuft, haben sich nicht bestätigt, weshalb ich das Dorf, einen **WOMO-Lieblingsort**, nur empfehlen kann. Vor allem auch für die Übernachtung:

WOMO-Stellplätze: Sovana

Position: N 42°39.471' E 11°30.266'; **WOMO-Zahl**: >5;
Ausstattung: Toilette (am Fußweg vom erstgenannten Parkplatz ins Dorf sowie am Ende der Straße zum zweitgenannten Stellplatz), Wasser (u.a. vor der Burg, wo sich Parkplatzzufahrt und Weg zum Dorf gabeln), Gaststätten, Geschäfte, Wanderwege;
Zufahrt: folgen Sie dem *,P'*, Sie fahren dann rechts am Ort vorbei bis zu einem leicht abschüssigen und schattenlosen, jedoch schöngelegenen Parkplatz – hier für kleine WOMOs, wie auch direkt gegenüber.
Wenn es Sie mehr nach freier Natur gelüstet, oder wenn Ihnen der Parkplatz zu schräg ist, dürfen Sie einfach daran vorbeifahren, um sich dann seitlich der Sackstraße die Plätzchen auszusuchen.

Die **schönste Stelle** kommt kurz bevor Sie bergab rollen bei römischen Ausgrabungen. Früher war es schöner, noch ein paar Meter bergab zu fahren und bei einer Ölmühle zwischen Olivenbäumen zu stehen (dort ist auch die Toilette). Zuletzt war das nur eingeschränkt möglich. Es war alles etwas vernachlässigt.
Zeitweise wird die Einfahrt nach Sovana verboten Es gibt deshalb noch einen **weiteren, neuen Platz** etwa 300 m östlich der Burg in freier Natur und in einer ehemaligen Kiesgrube.

Im Ort gefällt uns besonders die **Kirche S. Maria**, an der Piazza del Pretorio. Neben einigen Fresken bestaunen wir einen tausend Jahre alten, marmornen Altarbaldachin. Mit dieser Kirche kann der ehemals bischöfliche Dom am Westende des Dorfes nicht mithalten.

Sovana

In Sovana wurde der spätere Papst Gregor VII. unter dem Namen Ildebrando geboren. Er steht in den Geschichtsbüchern, weil er beim Kampf um die Vormachtstellung kirchlicher oder weltlicher Macht den deutschen Kaiser Heinrich IV. vor Canossa büßen ließ. Sein Name musste auch herhalten für das berühmteste, größte und interessanteste Etruskergrab in der Umgebung Sovanas, die **‚Tomba Ildebranda'** aus der Zeit von etwa 200 v. Chr. *(überteuerte 8 €)*. Ich versuche vergeblich, den Rest der Familie zu einer knapp 3-stündigen Wanderung zu überreden. Zu sehr habe ich unseren Töchtern schon den Wasserfall von Saturnia schmackhaft gemacht, und zu heiß ist es heute. Es bleibt daher bei einem Aufstieg zum Hildebrandsgrab, der am nahen Parkplatz beginnt, den man ca. 1 km westlich von Sovana, kurz nach einer kleinen Brücke und gut beschildert findet. Von den ehemals zwölf Säulen steht nur noch eine, an der man, wie auch an der gegenüberliegenden Wand, erkennen kann, dass der Grabtempel früher verputzt und bemalt war. Seitlich der tief unten liegenden und für eine Person vorbereiteten Grabkammer wurde im Jahre 1974 ein weiteres völlig unange-

Tomba Ildebranda

tastetes und dreiseitig mit Totenbetten ausgestattetes Gelass entdeckt. Die in der südlichen Toskana und im nördlichen Latium sehr aktiven und wohl auch erfolgreichen *Tombaroli* (Grabräuber) haben es übersehen. Auf jene warten aber eine Menge anderer noch nicht ausgebuddelter Gräberfelder, inzwischen zum Glück auch saftige Strafen und bei Sovana sogar giftige Vipern. Weitere kostenlose Gräber entdecken Sie - mit Taschenlampe -, wenn Sie vor der ‚Tomba Ildebranda' nach links dem Wegweiser *‚Pola'* folgen.

Oder bei der **Rundwanderung**, die ich später mit einem Freund nachgeholt habe, und die man anhand der großen Karte am Ortseingang von Sovana oder der im Dorf zu kaufenden Spezialliteratur planen kann:

Wir schnüren die Wanderstiefel auf einem der oben erwähnten Parkplätze von Sovana (und nicht bei den Gräbern), von wo wir zunächst durch die Hauptstraße nach rechts bis zum sehenswerten **Dom** laufen. Das Gotteshaus aus der zweiten Hälfte des 12. Jahrhunderts (in den 80er Jahren restauriert) steht außerhalb des Ortes, und ich darf an dieser Stelle mal wieder darauf hinweisen, dass viele toskanische Kathedralen an solcher Stelle errichtet worden waren. Sovana ist aber über die Jahrhunderte nicht mehr gewachsen, weshalb die Häuser den Dom nicht eingeholt haben. Der verlor auch im Jahre 1777 seine Funktion, als der Bischof nach Pitigliano umzog. Am besten gefällt uns das alte Portal, wo offensichtlich Überreste eines noch älteren Vorgängerbaus verarbeitet worden sind.

Der Weg verläuft nun am Dom vorbei, auf einem steingepflasterten historischen Steig, hinunter zum ehemaligen Haupttor des Ortes. Als wir am rechts liegenden Friedhof vorbeigekommen sind, erkennen wir links drei große, von einem Pfeiler gestützte und in den Tuff gehauene Kammern, die vermutlich auch schon etruskischen Ursprungs sind. Nachdem wir auf der Straße den Tunnel durchquert haben, können wir gleich rechts weitere Gelasse, vermutlich Grabkammern, und Kolumbarium-Nischen besichtigen, über deren ursprünglichen Zweck uns nichts bekannt ist. Für den weiteren Wanderweg sollten Sie aber wieder zurück zur Straße klettern und noch ein Stückchen dem Straßenverlauf folgen, um dann bald links den Fußweg über den Bach zu einem der bekanntesten hiesigen Gräber zu wählen, zur **‚Tomba della Sirena'**, die so heißt, weil am Giebel noch eine ‚Sirene', deren Beine in fischförmigen Schwänzen enden, zu erahnen ist.

Wir bleiben nun auf dieser Bachseite und kraxeln am Hang entlang zu zwei weiteren Gräbern; den Weg, der dann auch bald an die so genannte ‚Cava di San Sebastiano' stößt, kann man nicht verfehlen. Letztere ist ein tief eingeschnittener, äußerst schmaler Hohlweg, der schon von den Etruskern benutzt worden ist. Nun wird die Orientierung etwas schwieriger, da der durch den Wald führende Pfad entgegen aller literarischer Prognosen endet. Querfeldein schlagen wir uns das kurze Stück hinunter zum Bach durch und finden auch bald eine Stelle, wo wir diesen überspringen können. Bei zu hohem Wasserstand müssen Sie notfalls bis zur

Straße zurückgehen.

In jedem Falle müssen Sie auf der Straße dann so lange nach Westen laufen, bis Sie am Parkplatz der ‚Tomba Ildebranda', der unübersehbar beschildert ist, ankommen (Näheres siehe oben). Vom Parkplatz führt nun die nicht zu verfehlende, berühmte Etruskerstraße **Cavone** nach Norden. Bis zu 15 m tief ist der Weg in den Tuffstein gehauen, es herrscht im Halbdunkel eine merkwürdige Atmosphäre. Die Feuchtigkeit hat Moose und Farne reich wuchern lassen, wodurch die Zeugnisse aus früheren Jahrhunderten so überwachsen sind, dass wir sie kaum noch, bzw. gar nicht mehr erkennen. Nach 100 m an der linken Seitenmauer erahnen Sie bei genauem Hinsehen ein mittelalterliches Marienbild sowie zwei Grabkammern und, etwa in der Mitte des Cavone in rund 3 m Höhe, eine etruskische Inschrift.

Der Cavone kann auch heute noch befahren werden und steigt langsam an. Er bringt uns auf eine Art Hochebene, von der wir einen schönen Blick zurück zum Dom von Sovana haben.

Blick zum Dom von Sovana

Es folgen nun ein zum Ferienhaus umgebauter Bauernhof und, etwa 5 Minuten später, eine prägnante Eiche, ehe erneut Orientierungsprobleme auftreten. Der Weg müsste nämlich nach rechts abbiegen. Das tut er auch, aber er führt durch eine umzäunte Weide. Da keine wilden Stiere in Sicht sind, klettern wir über das Gatter und bleiben so auf der richtigen Route. Auf jeden Fall ist es absolut notwendig, rechtzeitig vor dem deutlich sichtbaren Berg die Richtung nach Osten zu ändern. Jenseits dieser Weide, die man notfalls auch umgehen kann, finden Sie wieder eine Gabelung, wo Sie den halblinken, grasigen Weg am Rande dicker Felsen wählen, der Sie spürbar bergab zu einem Bach führt. Von hier benötigen Sie etwa 15 Minuten, um auf einem relativ steilen Weg wieder auf die Ebene zu steigen. Sie stoßen nun auf einen breiten Fahrweg, auf dem Sie sich nach rechts wenden. Beim nächsten Bauernhof wandern Sie rechts und halten sich danach links vom Tal. Auch hier ist die Orientierung schwierig. Auf jeden Fall müssen Sie nach dem Bauernhof hinunter ins Tal, wobei Sie auf dem bergabführenden Weg rechts wieder zwei gut erhaltene Etruskergräber ausmachen. Das Tal ist wegen seiner steilen Tuffsteinwände sehr eindrucksvoll, die Richtung ist auch klar. Die Wege verzweigen sich allerdings etwas, und zu allem Überfluss muss der Bach mehrfach überquert werden. Orientierungspunkt ist der am Ende des Tals auftauchende Burgturm, zu dem dann schließlich ein Weg hinauf führt. Verlaufen können Sie sich hier nicht, schlimmstenfalls holen Sie sich nasse Füße.

Der Turm gehört zu einer Burg, die seit dem 10. Jahrhundert den Osteingang Sovanas bewacht hat und deren Lage weit vor den Häusern abermals beweist, dass die Zeit in Sovana über Jahrhunderte stehen geblieben ist.

Die reine Wanderung dauert ohne Besichtigungen etwa 3 Stunden. Eine offizielle Wanderkarte mit eingezeichnetem Weg gibt es nicht, die Orientierung ist stellenweise etwas schwierig, aber man kann sich nicht verlaufen, da man in jedem Falle einen Weg zurück nach Sovana findet.

Nach dieser körperlichen Ertüchtigung löschen wir auf dem schönen Marktplatz von Sovana erst einmal unseren Durst, um uns danach ein **Ristorante** für das Abendessen auszusuchen. Dabei liegen wir mit der ***Taverna Etrusca*** in puncto Essensqualität und Gemütlichkeit goldrichtig. Auch die Preise halten sich in einem vertretbaren Rahmen *(Tel. 0564 616183; montags nie, im August aber doch)*. Am Nachbartisch sitzen Vater und Sohn, die auf einer 10-tägigen Wanderung in den Osterferien ihr Zelt neben unserem WOMO auf dem oben genannten Übernachtungsplatz aufgeschlagen und offenbar auch schon das richtige Gespür dafür entwickelt haben, wann man sein Geld lieber in ein gutes Essen als in ein durchgelegenes Hotelbett investiert.

Zum **Wasserfall von Saturnia** sind es nur noch 28 km westwärts. Es hilft Ihnen heutzutage nichts, wenn Sie nach intensivem Studium von Karte und Literatur entdecken, dass die Natursehenswürdigkeit nicht in Saturnia selbst zu finden ist, auch nicht bei der südlich davon liegenden *'Terme'*, wo ein Hotel unverschämt hohen Badeeintritt fordert, sondern bei der sogenannten *'Cascate del Mulino'*, 3 km südlich von Saturnia. Einen Parkplatz finden Sie dort nämlich nicht mehr (Näheres gleich). Das im Thermalbad mit 37,5 Grad aus der Erde

Saturnia - *'Cascate del Mulino'*

gequollene, letztendlich noch auf die Vulkantätigkeit des Monte Amiata zurückzuführende Schwefelwasser strömt bis zum nächsten Steilhang, wo es dann mit gewaltiger Gischt zuerst zahlreiche mehr oder weniger tiefe Badebecken füllt, um dann nach einer zweiten Kaskade in einem Bach zu enden. Gedanken an das türkische Pamukkale werden wach, nur gibt es in Saturnia mehr Wasser, das auf seinem Weg hierher kaum abkühlt und auch im Frühsommer am Abend den ganzen Hang dampfen lässt.

Das Badevergnügen lockt leider die Massen so sehr an, dass an Sonn- und Feiertagen (besonders an Ostern) die Erträglichkeitsgrenze weit überschritten wird. Auch wenn über die Reinheit des badewasserwarmen Wassers zunehmend Zweifel geäußert werden (nach dem Bad unbedingt duschen und darauf achten, dass Sie kein Wasser schlucken). Der leicht faulige Geruch hat damit nichts zu tun, er kommt vom Schwefel.

Unseren früheren Traum-Stellplatz werden Sie, ich erwähnte es schon, bei den Sinterbecken nicht mehr finden. Ich habe es kommen gesehen und nehme einen Teil der Verantwortung auf mich. Ich nehme aber auch den Stellplatztod zum Anlass, Sie zu bitten, geradezu anzuflehen, dieses Buch nicht als Freibrief zur hemmungslosen Überbelegung der erwähnten Übernachtungsplätze zu missbrauchen. Vor dem Exitus zählte ich an einem Ostersonntag mehr als 50 WOMOs, Tür an Tür und auf einem vom Regen der vergangenen Tage aufgeweichten Untergrund. Zwischendrin, berieselt vom Sound der Stromgeneratoren, saß die Besatzung auf Klappstühlen buchstäblich im Dreck, und die Batterien leerer Flaschen ließen erahnen, dass hier auch nachts die Post abgegangen ist.

Die Obrigkeit hätte einen Altglascontainer aufstellen können oder sogar zwei. Sie hätte hohe Parkgebühren fordern können, sie hätte das Chaos dennoch nicht in den Griff gekriegt. So erhebt die Obrigkeit die hohen Parkgebühren nun woanders: Durch einen freundlichen Herrn oben in Saturnia bei der Zufahrt zum offiziellen Stellplatz, und sie karrt die Besatzung (das Wort Besatzer wäre nicht ganz falsch) stündlich mit einem kostenlosen Shuttle-Bus zu den Badebecken (oder auch nur zur Therme – ich habe es nicht getestet; von der Therme kann man gut zur *Cascate del Mulino* gehen).

Wozu brauchen Sie einen Bus? Endlich kommen Ihre Fahrräder zum Einsatz. Beim Hinweg zur ‚*Cascate*' werden Sie sich fragen, ob Sie in Ihrem Alter noch beim Giro d'Italia antreten sollten. Auf den letzten Metern des Rückweges werden Sie schieben. Womit über das Geländeprofil alles gesagt wäre. Mit anderen Worten, Sie sollten laufen. Sie werden pro Strecke knapp eine Stunde benötigen, falls Sie nicht entlang der Straße spazieren (3,5 km), sondern durch den Ort gehen und an dessen südlichem Ende eine Weg finden, auch kürzer (ich habe das ebenfalls nicht getestet). Der Größe des Stellplatzes nach werden Sie in Begleitung wandern:

WOMO-Stellplatz: Saturnia

Position: N 42°39.371' E 11°30,681'; **WOMO-Zahl**: über 100 !; **Ausstattung**: Toilette, Wasser, Entsorgungsstation, Mülleimer, Gaststätten, Geschäfte, Wanderweg, Bustransfer zur Therme (stündlich von 8-12 und 14-19 Uhr im Preis inbegriffen); **Zufahrt**: am Ortseingang von Saturnia bestens beschildert; **Parkgebühr**: 13 €/24 Stunden.

Wer sich mit dem Bustransfer nicht anfreunden kann, kein Rad dabei hat und niemals wandert, darf trotzdem baden: Ca. 500 m von der *‚Cascate'* in Richtung Saturnia befindet sich direkt gegenüber der Tankstelle seitlich der Straße ausreichend Platz, um mehrere WOMOs sicher abzustellen. Von da sind es dann noch gut 50 m zum Bach, wenn auch nicht zu den Sinterterrassen. Zwar mag dieser Ort nicht so schön sein, aber er ist einigermaßen ruhig und man hat seine Wertsachen und sein WOMO im Blick.

In der Nähe des obigen Stellplatzes, in Saturnia, sollte man sich eines der besten **Restaurants** der südlichen Toskana nicht entgehen lassen. Wenn Sie an einem milden Sommerabend auf der Terrasse des ***I Due Cippi*** ein fast konkurrenzlos gutes Essen genießen, werden Sie gar nicht mehr verstehen, dass Sie am Mittag bei der Cascade noch ein wenig enttäuscht waren *(Tel. 0564 601074; außer von Juli bis September dienstags geschlossen; erfreuliches Preis-Leistungsverhältnis).*

Trotz der Badefreuden sollte man die Kultur nicht vergessen. Nördlich des Dorfes kann man - beschilderte - **Etruskergräber** erwandern, die hier nicht tief in den Tuff, sondern flach in den härteren Travertin gehauen und dafür mit Steinplatten abgedeckt worden sind. Der Fußmarsch dauert auf einfacher Strecke etwa 20 Minuten.

In der Gegend, wie auch im nahen Latium, kann man sich noch Tage aufhalten. Das ist unter Umständen die bessere Idee als zur nahen Küste zu düsen, um sich dort einige Enttäuschungen einzuhandeln. Interessante Etruskergräber gibt es vor allem bei der südlichen gelegenen Stadt **Tarquinia**. Oder Sie bummeln einfach nur durch die nahe Umgebung, über **Montemerano**, **Manciano** und **Scansano** und schließen dann wieder nördlich von Grosseto an unsere 10. Tour an. Scansano ist ein malerisch gelegener Flecken, und in Montemerano ergötzen sich die Feinschmecker im hochgelobten, mit zwei Michelinsternen dekorierten und entsprechend teuren **Ristorante *Da Caino***, das wir aber noch nicht selbst erlebt haben *(Tel. 0564 602817; mittwochs und donnerstags mittags geschlossen).* Vielleicht sollten Sie in einem dieser Städtchen noch zwei Tage bleiben, einen stillen Stellplatz suchen und einen Winzer. Der ***Morellino di Scansano*** ist ein im Kommen begriffener Rotwein zu noch erschwinglichen Preisen.

Obwohl die Orte von außen netter wirken als bei genauem Hinsehen, da viele Häuser in den letzten Jahren ziemlich stillos verschandelt wurden. Aber wenn Sie die ruhige Süd-Toskana dem Meeresgestade vorziehen, ist das eine Idee, zu der Sie sich vermutlich ein paar Tage später am Strand noch nachträglich beglückwünschen werden.

TOUR 13

nach Grosseto
Principina a Mare
B
Ombrone
Parco Naturale d. Maremma
S
E
WC
Marina di Alberese
Alberese
SS 1
B
10 km
Talamone
B
Fonteblanda
SS 1
SS 74
nach Pitigliano
B
Tombola d. Gianella
Orbetello
SS 1
Monte Argentario
S
S
E
B
Porto Ercole
Capálbio
S
Ansedonia
Via Aurelia
Giardino d. Tarocchi
W
Lago di Burano
SS 1
Ghiarone
C

Tour 13: Bunte Farben, Moskitos und viel Natur
Die Küste ganz unten

Capalbio - Orbetello - Monte Argentario - Alberese

Stellplätze:	in Capalbio, bei Orbetello, in Talamone, in Alberese
Campingplätze:	bei Capalbio, bei Talamone,
Besichtigen:	*Giardino dei Tarocchi* bei Capalbio, Ansedonia
Wandern:	im Naturpark der Maremma, zur Ombronemündung
Essen:	Ristorante *La Buca* in Talamone

Unsere West-Toskana-Reise ist eine Rundreise, die es mit sich bringt, dass wir den lohnenswerten Teil der toskanischen Küste, der erst deutlich unterhalb von Livorno anfängt, von Süden nach Norden aufrollen. Dabei habe ich als Reiseführerautor die zwiespältige Aufgabe, Sie wahrheitsgemäß zu informieren und trotzdem positiv zu stimmen. So gesehen wäre es mir früher und in den Vorauflagen am liebsten gewesen, in der Toskana gäbe es gar kein Meer. Da ich aber weder die Welt erschaffen, noch die Grenzen des ehemaligen Großherzogtums gezogen, mich aber dennoch zu diesem Reiseführer entschlossen habe, musste ich bei der 1. Auflage mit dem Gedanken liebäugeln, die Küste literarisch einfach zu unterschlagen. Das tue ich aber schon mit den Inseln (obwohl Elba ein lohnendes WOMO-Ziel ist), also mussten die Küstentouren sein, und zwar gerade in der Hochsaison. Erst recht musste ich diesen Touren immer wieder nachfahren, um aus den Gebieten nahe der Meeresgestaden das Letzte herauszukitzeln. Die Beharrlichkeit hat sich gelohnt, wenngleich manche Stellplatzentdeckung nur eine Auflage hielt. Aber die südliche Toskana-Küste rangiert, was freie Stellplätze betrifft, inzwischen am nördlichen Mittelmeer auf Platz eins.; allerdings erst im Bereich unserer 14. Tour.

Blättern Sie am besten erst mal nach hinten in den allgemeinen Teil dieses Buches zu meinen Warnungen unter den Stichworten *Strände/Bademöglichkeiten*. Danach sollten Sie sehr sorgfältig überlegen, ob Sie sich wirklich dem Frust der Küste aussetzen. Der bleibt nämlich nach wie vor nicht ganz aus, auch wenn ich mich bemühe, Sie an die schönsten Meeresplätze südlich von Livorno zu führen. Nördlich von Livorno, ich erinnere an mein Klagen bei Tour 1, sieht es allerdings weiterhin düster aus, woran sich auch in Zukunft nichts ändern wird. Fangen wir ganz unten an:

Wir kommen vom Bolsena-See und zweigen noch in Latium, kurz vor dem Beginn der Toskana, von der SS 1, der *Via Aurelia*, meerwärts ab. Das Ziel ist, wie vielfach an der Küste, leider kein freier Stellplatz, sondern ein Campingplatz direkt am wirklich einladenden, breiten Strand. In den Pfingstferien, in denen wir weiter im Norden schon fast volle Plätze gesehen haben, sind nur die schönsten Nischen in den Dünen von Dauercampern belegt, das restliche Gelände ist ziemlich leer, weshalb Sie trotz der bescheidenen Sanitäranlagen hier mal nachsehen sollten, wenn es Sie nach ein paar sehr ruhigen Badetagen gelüstet:

Campingplatz-Tipp: Chiarone *(Campeggio di Capalbio)*
Ortszentrum: 1 km; **Zeiten**: Mitte April – Mitte Sept.;
Tel: 0564 890101 oder 0564893243; www.ilcampeggiodicapalbio.it;
Ausstattung: direkt am breiten Strand, Laden, Restaurant;
Zufahrt: von der SS 1 bei km 124 oder 120 meerwärts abbiegen, noch 5 km, beim Bahnhof von Chiarone die Bahnlinie überqueren

Wir mieten uns zunächst nur notgedrungen ein (und bleiben dann aber wegen des Badevergnügens zwei Nächte), weil wir vor dem verschlossenen Tor des **Giardino dei Tarocchi** (Tarock-Gartens) von **Niki de Saint-Phalle** standen, einer wenig bekannten, aber umso größeren Toskana-Sehenswür-

digkeit. Die mit ihrem Brunnen in Paris, beim Centre Pompidou, bekannt gewordene, im Mai 2002 im Alter von 71 Jahren verstorbene Künstlerin, hat hier ihren Lebenstraum verwirklicht und zugleich ihr Meisterwerk. In einem einsamen, verwunschenen Olivenhain sind in surrealistischen Darstellungen die Bilder der Tarock-Karten, eines italienischen Kartenspiels (für 3 Personen), modelliert; einige kleinere aus bunt

bemaltem Polyester, die meisten aus Stahlbetonkernen, die mit vielen Spiegeln sowie unglaublich kunstvollen und farbenfrohen Keramikfliesen beklebt sind. Man staunt über einen Rausch von Farben und Formen, der an Gaudi aus Barcelona und an Hundertwasser erinnert und natürlich auch an weitere Werke von Niki de Saint-Phalle. Man darf alles anfassen und in viele Gebilde sogar hineinklettern. Im gewaltig dimensionierten Brustkasten der 'Kaiserin' möchte man, wie die Künstlerin während der Bauarbeiten am Garten, am liebsten ein paar Tage wohnen, in verspiegelten Höhlen schlafen, die komplett funktionierende Küchenzeile benutzen, das Bad und die Toilette. In den Spiegeln des Büroturms flirren die Ölbäume und in kleinen Becken tummeln sich knallbunte Figürchen. Wir können uns an Tausenden mit der Hand bemalter Kacheln nicht satt sehen und verharren gebannt vor der Mechanik der Wasserbrunnen (von Jean Tinguely, dem schon 1991 verstorbenen Lebensgefährten von Niki de Saint-Phalle). Da die Sonne scheint, die unbedingt (!) knallen muss, um dem Farben- und Lichtspiel seine volle Ausdruckskraft zu verleihen, habe ich nach 2 Stunden eine Unmenge von Fotos gemacht und später kein Bild bereut. Kurz, die weiteste Anfahrt lohnt sich nach Garravicchio, 8 km südöstlich von Capalbio *(von der SS 1 etwa 1,5 km nach Norden; an Ostern und von ca.10.5. - ca. 20.10.; 14,30-19,30 Uhr; 10,50 €; in der restlichen Zeit ist der Park nur an jedem ersten Samstag im Monat*

von 9-13 Uhr bei freiem Eintritt geöffnet; www.typus.com/niki).

Die Pflicht, die Küste zu erkunden, ruft zu eindringlich, weshalb das Städtchen **Capalbio** nach unseren Eindrücken im Giardino dei Tarocchi etwas zu kurz kommt; aber ich glaube, dass Sie auch hier neben vielen Zweitwohnsitzen hinter der Stadtmauer noch manch schönen Winkel ausmachen können. Und davor den

WOMO-Stellplatz: Capalbio

WOMO-Zahl: >5; **Ausstattung**: Wasser, Gaststätte, Geschäfte;
Zufahrt: an der Straße vom Giardino dei Tarocchi nach Capalbio links vor Capalbio.

Wieder am Strand wählen wir die Straße entlang der **Lagune von Burano**, um die ein Naturschutzgebiet für Wasservögel, Stachelschweine und anderes Getier abgegrenzt ist, das nur von September bis Mai begangen werden kann. Im Frühsommer begeistert uns ein Blütenmeer von rotem Mohn und gelben Margeriten, das mich als Fotografen mehrfach zum Anhalten zwingt.

Weniger erfreulich ist die bald abzweigende Zufahrt nach **Ansedonia**, einer ehemaligen römischen Ansiedlung mit entsprechenden „Trümmern“ und Traumblick. Von beidem wissen wir aber nur aus der Literatur, denn die Zufahrt in das Dorf ist für Wohnmobile aller Klassen verboten. Aber die ‚*Tagliata Etrusca*', ein in den Fels geschnittener Kanal, der in Wirklichkeit von den Römern stammt, um die Versandung des Hafens von Cosa, dem heutigen Ansedonia, zu verhindern, müsste angefahren werden können - denken wir. Es gibt zunächst auch kein Verbotsschild, aber dafür eine Bahnunterführung, die nur WOMOs bis 3 m Höhe (mit Vorsicht geht auch etwas mehr) durchlässt. Dahinter kann man mit Mühe dann zwar parken und den Kanal betrachten, übernachten darf man nicht mehr. Wer will, kann hoch nach Ansedonia laufen oder im eingezäunten, prächtigen Pinienwald des Schutzgebietes der ‚*Duna Feníglia*', das sich bis zur Halbinsel des Monte Argentario erstreckt, spazieren. Alle diese Unternehmungen lassen sich aber besser von der anderen Seite des ‚*Tómbola (Duna) di Feníglia*' angehen, weil dort die Parkmöglichkeiten deutlich besser sind.

Der ‚*Tómbolo di Feníglia*' ist wie seine beiden nördlichen Nachbarn ein künstlich aufgeschütteter Damm (*Tómbolo*), um die ehemalige Insel des Monte Argentario mit dem Festland zu verbinden. Das brackige Meer zwischen diesen Dämmen ist alles andere als ein Badegewässer, so dass der dort angelegte Stellplatz, obgleich landschaftlich gar nicht mal so schlecht, ein Übernachtungsplatz ist, den man ansteuert, weil an vielen

Stränden die Nacht im WOMO verboten ist; vielleicht auch, weil man von hier zum Strand wandert, radelt oder sich mit dem Bus fahren lässt:

WOMO-Stellplatz: Le Miniere

Position: N 42°24.965' E 11°12.276'; **WOMO-Zahl**: >5; **Ausstattung**: Toilette, Wasser, Entsorgungsstation, Mülleimer, Wanderwege, Strand in 600 m Entfernung, kostenloser Bustransfer zum Strand, tagsüber laut; **Zufahrt**: zwischen Porto S. Stefano und Porto Ercole; gut als *'Sosta Camper'* beschildert; **Parkgebühr**: 13 €/24 Stunden.

Auf der mittleren Landzunge liegt die wenig reizvolle Stadt **Orbetello**, die nun auch einen offiziellen Stellplatz eingerichtet hat, logischerweise ebenso wenig ein Badeplätzchen, dafür ortsnah, was ja bisweilen ein Vorteil ist:

WOMO-Stellplatz: Orbetello

Position: N 42°26.350' E 11°13.183'; **WOMO-Zahl**: >5; **Ausstattung**: Mülleimer, Gaststätten, Geschäfte, Spielplatz, **nicht in der Nacht auf Samstag**; **Zufahrt**: südöstlich der Stadt auf dem Weg über den mittleren Damm zum Festland gut beschildert.

Im Sommer haben wir beide Plätze noch nicht getestet, so dass es nur der Lebenserfahrung entstammt, wenn ich am Ufer des stehenden Gewässers Schwärme von Moskitos befürchte und vermute, dass es so ähnlich wie hier noch in den ersten Jahren des letzten Jahrhunderts gewesen sein muss, als die Maremma - so heißt das Land hinter dem Meer - noch malariaverseucht war. Denn seit dem Aussterben der Etrusker, die ausgezeichnete Wassertechniker waren, funktionierte die Trockenlegung der Sümpfe nicht mehr, und ein ausgedehnter Landstrich wurde unbewohnbar.

Am **Monte Argentario** erlebt man eine weitere Enttäuschung: So schön die - nicht vollständig - um den Halbinselberg verlaufende Panoramastraße ist (für WOMOs oberhalb der Kleinbusklasse zum Teil schwierig), so ernüchternd ist die

Suche nach einem Badeplatz. Es gibt nur eine einzige, kleine Felsbucht, zu der man noch ein Stück hinabsteigen muss. Ansonsten findet man entweder keinen Zugang zur Küste oder dieser wurde von reichen Zweitwohnungsbesitzern eingezäunt.

Besser ist es, man fährt gar nicht so weit, sondern bleibt am Rand des nördlichen Damms und sucht sich dort unter den Pinien in einem Abstand von etwa 100 m zum Meer einen Badeplatz. Tagsüber dürfen Sie hier stehen, die Nacht indessen ist verboten, was längst nicht jeder Italiener befolgt. Sie können ja am Abend zu einem der vorgenannten Plätze wechseln. Der Strand ist schön und für Kinder besonders gut geeignet:

WOMO-Badeplatz: Tómbolo della Gianella
Position: N 42°27.822' E 12°11.145'; **WOMO-Zahl**: >5; **Ausstattung**: Mülleimer, Bademöglichkeit, **die Übernachtung ist offiziell verboten**; **Zufahrt**: am nördlichen Damm zum Monte Argentario.

Die weitere Küste nach Norden, seitlich der vierspurigen Via Aurelia, müssen Sie abhaken. Proppenvolle Campingplätze sind dort zwischen Straße und Wasser gequetscht. Wie stark muss die Sehnsucht dieser Urlauber nach Meer und Strandleben sein, dass sie die Lastwagen fast durchs Vorzelt donnern lassen? Auch unser früherer Stellplatz südlich von Fonteblanda ist nicht mehr am Leben.

Ein wenig besser ist die Situation vor und in Talamone, wenn auch nicht ganz legal. Genaugenommen ist das freie Übernachten verboten. Aber schauen Sie sich unser Foto an! Sieht so ein gesperrter Stellplatz aus? Dabei habe ich nur einen Teil der an Ostern hinter dem Strand versammelten Gesetzesbrecher abgelichtet:

Stellplatz bei Talamone und Fonteblanda

WOMO-Badeplatz: Fonteblanda/Talamone

Position: N 42°33.840' E 11°09.868'; **WOMO-Zahl**: >5;
Ausstattung: Wasser (an der Straße nach Talamone auf der Seite des Meeres), Mülleimer, Badestelle - das Meer ist aber flach und seicht;
Zufahrt: biegen Sie von der SS 1 nach Talamone ab, der Stellplatz liegt dann etwa dort, wo die Straße auf das Meer stößt.
In Talamone selbst gibt es zwischen Ort und Hafen einen **großen Parkplatz**, der nach der Beschilderung nur für Pkw erlaubt ist. Die Nacht im WOMO wird nach unseren Beobachtungen geduldet, aber die Verantwortung tragen natürlich Sie!

Die zuletzt genannte Stelle ist nämlich nicht schlecht, und hoch in das Dorf, das im letzten Krieg stark beschädigt wurde und deshalb von außen schöner aussieht als bei näherer Betrachtung, sind es nur wenige Schritte. Wenn Ihnen dort ein Herr begegnet, der aussieht wie der Fußballtrainer Trappatoni, ist es Trappatoni höchst selbst, der hier im alten Ortskern ein Ferienhaus besitzt. Vielleicht speist er auch mal im **Ristorante *La Buca*** an, wo man sich auf Fisch spezialisiert hat *(wer früh kommt, muss nicht reservieren; Tel. 0564 887067; außer Juli/ August montags geschl.).* Wir bestellen eine *Orata* (Goldbrasse), und der schlitzohrige Wirt zeigt uns ein Riesenvieh, das erst nach unserer Genehmigung in die Pfanne wandert. Dort wird es überaus köstlich und saftig zubereitet, bevor es der Koch auf einer Platte anrichtet. Daneben legt er jedoch einen zweiten, nicht minder großen und ebenso schmackhaften Kameraden. Wir sind ja auch zwei Esser! Vier hätten die Portion nicht gepackt - und danach immer noch über die Rechnung gestöhnt. Unsere Proteste werden mit reichlich Grappa auf Rechnung des Hauses ertränkt. Wie Sie sehen, ist es dem Geschäftemacher gelungen, uns übers Ohr zu hauen und uns trotzdem als Werbeträger zu gebrauchen. Aber dafür ist dann doch mehr sein Koch verantwortlich.

bei Talamone

Wenn Sie ebenfalls Fische zählen möchten, müssen Sie nicht unbedingt auf dem Parkplatz nächtigen. Sie können bei Talamone sogar richtig erholsam tagelang urlauben, wenn Sie sich für den Campingplatz entscheiden, der reizvoll an einem Hang liegt:

Campingplatz-Tipp: Talamone *(International Camping)*
Ortszentrum: 1,5 km, zu Fuß nach Talamone am Meeresrand- 30 Minuten - das Platztor im Rückenerst links die Straße entlang und bei erster Gelegenheit rechts runter zum Meer; **Zeiten**: Ostern bis 30.9.; **Tel**: 0564 887026; www.talamonecampingvillage.com;
Ausstattung: Schwimmbad, Laden, Restaurant;
Zufahrt: von der SS 1 Richtung Talamone abbiegen (beschildert).

Sie stehen zwischen steinalten Olivenbäumen und die Sicht vom tollen Pool ist Spitze! Nur der nahe Strand ist unschön, weil die Bucht vom offenen Meer durch den Felsklotz von Talamone abgeschirmt wird. Einen besseren, im Sommer aber gut besuchten Badeplatz finden Sie jenseits, nördlich des Dorfes am Anfang unserer Wanderstrecke:

Der sonnige Apriltag ist wie geschaffen für einen Rundweg durch den **südlichen Zipfel des Naturparks der Maremma**. In Talamone stiefeln wir bergauf in den Ort, wenden uns an dessen Rand nach Norden und folgen der rot-weißen Markierung, zunächst auch dem Wegweiser *,Aquario'*. Vorbei an der kleinen Badebucht geht es durch ein Neubaugebiet länger bergauf, bis wir am Rand des Naturparks ankommen. Ein Tor scheint den Eintritt zu verbieten (dazu gleich mehr), wir spazieren seitlich daran vorbei. Die prachtvollen Fernsichten über das Meer werden nun seltener, dafür wandern wir durch schattigen Wald.

Bald helfen uns Wegweiser an einer Gabelung: T 1 ist der kurze Weg, T 2 der längere (nicht schon dort abbiegen, wo beide Wege von rechts auf unsere Strecke treffen). Beide enden an der selben Stelle, einem Parkplatz zwischen Camping und Talamone. Mit dem T 2 sind Sie gut beraten und insgesamt rund 3 Stunden unterwegs (weitere Wege mit Meerzugang sind in Arbeit). Eine Karte ist nicht erforderlich - eine Wanderkarte!! Am Ende der Strecke, auf jenem Parkplatz, dem sogenannten **Besucherzentrum Caprarecce**, lehrt uns aber ein Schild, dass wir eine **Eintrittskarte** gebraucht hätten, ohne die man den Naturpark nicht betreten darf (daher die Tore an seinem Rand, es gibt auch Zeitenbeschränkungen). Die Tickets können Sie in Talamone an der Strecke kaufen *(stolze 6 €)*.

Die klassische Wanderung im **Naturpark der Maremma** startet man weiter im Norden. Wir kennen sie nur von Ostern, obgleich wegen der Strände eigentlich der Sommer die vermutlich bessere Zeit wäre (dann allerdings ist ein Teil der Strecken wegen Brandgefahr gesperrt). Man muss aber schon einen Fußmarsch auf sich nehmen, will man den eigentlich nur wegen seiner Strände und der Wanderwege lohnenden Naturpark erkunden:

Der Ruhetag wurde abgeschafft, so kann man sich inzwischen das ganze Jahr über auf die Socken machen. Bis 11 Uhr sollten Sie aber schon am Informationskiosk von **Alberese** Ihre Euros für die Eintrittskarte abgelegt haben, sonst lohnt sich das Unterfangen nicht mehr. Ein Bus bringt Sie nach 10 Minuten Fahrt von Alberese ins Naturschutzgebiet. Alles Weitere entnehmen Sie einer mit dem Eintrittsbillett (ist zugleich das

im Naturpark der Maremma - Wanderweg A 4

Busticket) ausgehändigten Landkarte. Es gibt eine Reihe bestens ausgeschilderter Wanderwege, von denen der A 4 (klingt nach Autobahn, ist am Wochenende auch so ähnlich!) der Königsweg ist; mit herrlichen Blicken, großenteils schattig und am Ende, das heißt am Beginn des Rückweges, mit prächtiger Sandbucht. Es ist kurz vor Ostern, weshalb wir dort nur in der Sonne liegen und auf das Baden noch gerne verzichten. Im Frühsommer (der Weg ist vom 1.7. bis 30.9. geschlossen) müssen Sie unbedingt Badesachen und was zu lesen einpacken. Denn der A 4 ist eine richtige **Badewanderung**. Geht man auf demselben Weg zurück, braucht man ohne die Strandpause insgesamt drei Stunden, bis man wieder an der Bushaltestelle steht.

Badebucht am Wanderweg

So sehr die Wanderung auch lohnt (eine der schönsten in der Toskana), ist die Schwärmerei von wilden Tieren, Vögeln pp. eine Mär. Ein paar Eichelhäher, Eidechsen und das (hingelegte ?) Gerippe eines Rindes sind alles, was uns die Fauna zu bieten hat. Die oft erwähnten Wasservögel sieht man über Winter (!) eher im Mündungsgebiet des Ombrone, wohin Sie eine Strandwanderung ab Principina - dazu gleich mehr - oder eine Kanutour (Tickets beim Kiosk in Alberese) führt.

Der A 4 kostet satte 8 €, A 1 und A 2 sind nur im Rahmen einer Führung zugänglich, Sie gelangen dabei an den Kanal, in dem es zwischen Gräsern und Schilf angeblich von europäischen Sumpfschildkröten wimmelt. Einzelheiten erfahren Sie in den Besucherzentren, vor allem in dem von Alberese. Die Bedingungen und Preise haben sich in den letzten Jahren öfters geändert.

In die Nähe der Ombronemündung, an den weitgehend unberührten Strand von **Marina di Alberese**, dürfen Sie leider nicht fahren. Die Strecke ist nämlich für Wohnmobile verboten. Vielfach habe ich davon gehört, dass hier trotzdem, zumindest tagsüber, WOMOs stehen. Ich beschließe also die ruchlose Tat. Es bleibt aber beim Versuch. Denn schon kurz hinter dem Verbotsschild stehen mir Gesetzeshüter gegenüber, mit einem Blick als hätte ich ihnen das Pausenbrot geklaut. Allerdings an einem Sonntag mit Traumwetter und entsprechendem Ausflugsverkehr.

Aber ein Schlafplätzchen für die Nacht vor dem Naturparkausflug dürfen wir empfehlen: In **Alberese** kann man in Ruhe und ganz offiziell auf einer Fußballfeld großen und mittelmäßig romantischen Fläche Kraft für die Taten des nächsten Tages sammeln:

WOMO-Stellplatz: Alberese

Position: N 42°40.220' E 11° 06.202'; **WOMO-Zahl**: >5;
Ausstattung: Toilette (im Zentrum), Wasser, Entsorgungsstation, Mülleimer, Gaststätten, Geschäfte, gut besucht, an Ostern regelmäßig überfüllt;
Zufahrt: der Stellplatz liegt am nördlichen Ortsrand von Alberese, man kommt daran vorbei.

Sie möchten noch wissen, wie Sie außer mit dem Kanu legal zur Ombronemündung kommen? Fahren Sie nach **Principina a Mare**, einem gesichtslosen Badeort, und halten Sie sich dort kurz vor dem Ende der Straße und dem Erreichen der Küste links. Sie kurven dann noch ein paar hundert Meter weiter nach links, also nach Süden, durch ein Villengebiet, bevor die Straße direkt am Strand auf einem engen, für sehr große Wohnmobile ungeeigneten Parkplatz endet. Den ich nicht mehr als Stellplatz empfehle, weil hier nachts angeblich Drogen den Besitzer wechseln. Tagsüber ist größte Vorsicht vor WOMO-Knackern geboten!! Zumindest die Benutzer von Alarmanlagen können hinter der Düne ausgiebig sonnen und baden. Und, wenn sie die Wertsachen eingepackt haben, sich zu einer Strandwanderung nach Süden, also weiter nach links, aufmachen und nach einer guten Stunde am Ombrone Einsamkeit und Natur genießen.

TOUR 14
zu weiteren Camping- und Badeplätzen
Golfo di Baratti
Populonia
Calamoresca
Salívoli
PIOMBINO
SS 1
SS 398
Campiglia M.
Venturina
10 km
Aurelia
Torre Mozza
nach Massa Maritt.
Follónica
SS 1
Aurelia
Portiglione
Punta Ala
SS 322
le Rocchette
SS 1
Vetulónia
Buriano
nach Roccastrada
Castiglione della Pescaia
SS 322
Marina di Grosseto
SS 322
SS 1
nach Roselle
GROSSETO
Principina a Mare
nach Istia d'O.
Ombrone
nach Alberese
nach Orbetello

Tour 14: Die Etrusker- und Maremmaküste

Grosseto - Castiglione d. Pescaia - Golf von Baratti - Cécina

Stellplätze:	bei Marina di Grosseto, in Castiglione d. Pescaia, in Le Rocchette, bei Punta Ala, bei Follónica, bei Piombino, am Golf von Baratti, bei Venturina, in Campiglia Marittima, bei Marina di Castagneto, in Marina di Bibbona, bei Marina di Cécina
Campingplätze:	bei Castiglione d. Pescaia, bei Punta Ala, bei Marina di Castagneto, in Marina di Bibbona, bei Antignano
Besichtigen:	Grosseto, Ausgrabungen von Roselle, Etruskergräber bei Populonia, das Dorf Populonia, Therme von Venturina, Pineta bei Marina di Bibbona
Wandern:	von der Calamoresca an den Golf von Baratti; Radfahren durch die Pineta bei Marina di Bibbona
Essen:	Ristoranti *Terzo Cerchio* in Istia d'Ombrone, *La Pineta* oder *Aragosta* in Marina di Bibbona

Nach dem schönen Ausflug und der Nacht in Alberese verabschieden wir uns für ein paar Stunden von der Küste zu einem Stadtbummel in Grosseto und einem anschließenden Besichtigungsrundgang in Roselle. **Grosseto** ist mit seinen 67.000 Einwohnern, wenn man erst die Vorstädte durchquert hat und im kleinen Altstadtzentrum angekommen ist, wo wir problemlos einen Parkplatz finden, eine angenehme Stadt. Es gibt zwar keine bedeutenden Kunstwerke zu sehen, aber auch so gut wie keine Touristen. Das pure Italien! Zentrum der Stadt ist die nette Piazza Dante, mit Arkadengängen und einem gewaltigen Denkmal. Es erinnert an Leopold II., der ab dem Jahre 1828 begonnen hat, die Maremma trockenzulegen, sie von der Malaria zu befreien und überhaupt bewohnbar zu machen. Erst damals erlebte Grosseto seinen Aufschwung, so dass die Gebäude am Platz auch aus dieser Zeit stammen und nur Imitationen des Mittelalters sind. Aber der Dom ist echt, wenngleich mit im Jahre 1845 gefälschter Fassade, in die nur ein paar ältere Bauteile eingearbeitet wurden. Wirklich alt

hingegen ist der Mauerring, der aus dem Ende des 16. Jahrhunderts stammt, und jenseits dessen sich am Donnerstag ein riesengroßer und sehr lebhafter Markt ausbreitet, auf dem wir den vielfältigen Kram so ausführlich bestaunen, dass wir am Ende länger in der Stadt bleiben als wir dies ursprünglich vorhatten.

röm. Pflaster bei Roselle

Von Grosseto ist es nur ein Katzensprung nach **Roselle**, womit wir nicht das heutige Dorf meinen, sondern die nördlich davon gelegene **römische Ausgrabungsstelle**. Man braucht gar nicht viel Phantasie, um sich auf den bestens erhaltenen Pflastersteinen 2.000 Jahre alter Straßen in eine römische Provinzstadt zurückzuversetzen. Die Archäologen haben uns auch sehr anschaulich dargestellt, wie die Römer die Reste der etruskischen Ansiedlung einfach überbaut haben. Und wenn der Blick von der leichten Anhöhe hinunter in die Ebene schweift, weiß man auch, warum sich gerade hier die alten Völker eine Stadt gebaut haben *(9-18.30 oder 19,30 Uhr; 4,50 €)*.

Falls Sie nun Hungergefühle überkommen, ist es nicht weit nach **Istia d'Ombrone**, einem Kaff, das kein Mensch besuchen würde, gäbe es dort nicht eine **Vermietstation** für **Kanus**, mit denen man auf dem Ombrone flussabwärts schippern kann. Und das Restaurant ***Terzo Cerchio*** mit seiner typischen Maremma-Küche. In einem von außen unscheinbaren Gebäude wird in einem urigen Gastraum mit alter Gewölbedecke, im Sommer auch im Freien, ein hervorragendes Mahl zelebriert. Es gibt keine Karte, man lässt sich auf das ein, was gerade frisch zusammengestellt worden ist *(preislich etwas oberhalb der Mitte, aber mit dem Ruhetag im Trend, nämlich montags; Tel. 0564 409235; möglichst vorbestellen)*. Wer nun nicht mehr weiterkommt, kann auf dem Parkplatz des nahen Tennisclubs übernachten.

Man kann aber abends auch getrost über Grosseto den Weg zurück zur Küste suchen. Kurz vor Marina di Grosseto wurde an der Straße nach Principina a Mare eine Entsorgungsstation eingerichtet. Principina und seinen Strand haben Sie bei der letzten Tour kennen gelernt. Seit Jahren wird nördlich von **Marina di Grosseto** das freie Übernachten geduldet. Sagen wir lieber, es wird praktiziert. Denn unter den Pinien ist seit einiger Zeit die Nacht von 22 bis 7 Uhr offiziell verboten. Falls viele Italiener das weiterhin ignorieren, ist die Wahrscheinlichkeit, dass Sie sich Ärger einhandeln, gering. Dennoch darf ich Ihnen einen solchen Stellplatz natürlich nicht empfehlen, und verweise Sie daher auf die nahen Alternativen. Die haben zwar keinen Schatten, dafür liegen sie direkt am Strand:

WOMO-Badeplätze: Marina di Grosseto

Position: N 42°43.724' E 10°58.043'; **WOMO-Zahl**: >5;
Ausstattung: Toilette, Entsorgungsstation (in der Nähe), Mülleimer, Gaststätten, Strand.
Zufahrt: Wählen Sie die nördlichste Abfahrt von der SS 322 (Richtung Castiglione), nördlich von Marina di Grosseto, aber südlich der Flussbrücke, und Sie kommen nach 200 m und fast 1 km nördlich von Marina di. G. durch einen schönen Pinienwald, wo es vielfältige Picknick- und Stellplatzmöglichkeiten gibt (das sind die Plätze, die Sie nachts verlassen müssen). Zum Meer sind es vielleicht 100 m.
Sie können sich legal, aber schattenlos, direkt an die Düne stellen, wenn seitlich des Selbstbedienungsrestaurants noch Platz ist. Diese Kneipe hat auch Toiletten und Duschen, in denen mit Münze jeder duschen darf (Zugang vom Strand).

Oder in Sichtweite direkt hinter dem Strand und ebenfalls ohne Schatten, dafür aber **‚offiziell'**:

Position: N 42°43.501' E 10°58.385';
WOMO-Zahl: >5;
Ausstattung: Entsorgungsstation (in der Nähe), Mülleimer, Gaststätten, Strand.
Zufahrt: Wie zum vorigen Platz; dann an der Straße hinter dem Strand ein kleines Stück nach Süden (beschildert);
Parkgebühr: an Sonn- und Feiertagen von 8-20 Uhr 1 €/Stunde.

Witzig ist der kleine Tierpark am südlichen Ende von Marina di Grosseto. Hinter einem Zaun stehen ein paar Rehe und Hirsche. Und am Gatter hängen mehrere Warnschilder. '*Füttern verboten*' - denken wir. Verboten ist aber die *Jagd!*

Nördlich von Marina di Grosseto zieht sich eine Pineta bis nach Castiglione. In diesem Waldgürtel finden Sie mehrere Rastplätze, deren schönster 1 km nördlich der (im Norden von Marina di G. kommenden) Flussbrücke liegt. Auf jeden Fall kann man hier prima baden; die Schranke wird zumindest im Sommer von 22 bis 7 Uhr geschlossen. Sie können vorher auf den ‚offiziellen' Stellplatz umziehen.

Schönster Ort der Maremma-Küste und deshalb im Laufe der Jahre unser wiederholter Anlaufpunkt für ein paar Strandtage ist **Castiglione della Pescáia** (7.600 Einwohner). Es gibt aber Licht und Schatten: Richtige Fischerboote sind hier noch

beim nachgenannten Stellplatz

vertäut, während die Fischverkaufsstände auf dem Uferkai daneben heimlich von Kühllaster aus Grosseto beliefert werden. Die malerische Kulisse des Ortes, mit Festung und mittelalterlicher Oberstadt, gaukelt mehr Romantik vor als es sie bei genauem Hinsehen gibt. Und wir suchen noch immer ein richtig gutes Restaurant. Abzuraten ist beispielsweise von dem *Le Terazze* oberhalb des Hafens mit lieblosem Essen und Kellnerinnen, die sich erfolgreich um Unfreundlichkeit und Arroganz bemühen. Berühmt, edel und teuer ist das *Corallo* in einer Seitenstraße Richtung Livorno; etwas preiswerter, gut, aber zu touristisch präsentiert sich das *Pierbaco* in der Fußgängerzone. Aber es gibt mehrere Übernachtungsplätze. Der schönste liegt am südlichen Ortseingang und ist auf Teilen der Fläche auch nicht ganz legal, weil nur für Pkw:

WOMO-Stellplatz: Castiglione della Pescáia *(Hafen)*

Position: N 42°45.941' E 10°53.194'; **WOMO-Zahl**: >5;
Ausstattung: Gaststätten, Geschäfte;
Zufahrt: am südlichen Ortseingang von Castiglione von der SS 322 nördlich der Brücke nach rechts (Osten) auf einen großen Parkplatz, der zwar nicht mehr am Strand, aber doch noch ganz schön in der Nähe der Fischerboote liegt (Vorsicht: samstags ist Markt!). Im vorderen Teil dieses Platzes dürfen nur Pkw stehen, was aber niemand so eng sieht.

Der offizielle Wohnmobilübernachtungs- und Entsorgungsplatz liegt etwa 2 km nordwestlich der Stadt; bei seinem Anblick kommt allerdings kaum Urlaubsstimmung auf: Baumlos, nahe der SS 322 und vom Meer wenigstens 300 m weit weg. Von den meisten Italienern wird dieser Platz daher gemieden, zugunsten der oben erwähnten stadtnäheren Alternativen am Kanal:

WOMO-Stellplatz: Castiglione della Pescáia *(offiziell)*

Position: N 42°46.422' E 10°50.737'; **WOMO-Zahl**: >5;
Ausstattung: Wasser, Entsorgungsstation, Mülleimer, Strand in der Nähe - gehen Sie rechts des Campingplatzes über einen Pfad;
Zufahrt: an der SS 322, etwa 2 km nordwestlich von Castiglione (beschildert), gegenüber dem Campingplatz.
Etwa auf halbem Weg zum offiziellen Stellplatz. Illegal, aber dennoch beliebt, ist ein größerer, **sandiger Parkplatz**, 400 m nordwestlich von Castiglione, direkt am Strand (beim Hotel *Le Dune* - mit Bademöglichkeit).

Ruhiger, schattiger, aber 250 m von einem kostenpflichtigen Privatstrand entfernt, liegt ein Stellplatz, den Sie finden, wenn Sie etwa 4,5 km nordwestlich von Castiglione zum **Strand von Le Rocchette** abbiegen. Bis zum Ende der Sackgasse dürfen inzwischen im Hochsommer nur noch die Besitzer einer Sondererlaubnis vordringen, die anderen werden von einem Wächter auf einen Parkplatz unter Pinien umgeleitet, eben jenen Stellplatz, den inzwischen auch ein Verbotsschild verunstaltet. Das verbietet aber (noch) nicht die Nacht, sondern nur Markisen, Tische und Klappstühle (*,No Camping'*, wegen des Platzes und aus Rechtsgründen - abends wird sich niemanden gestört fühlen, wenn Sie vor dem WOMO Ihre Limo nippen):

WOMO-Badeplatz: Le Rocchette

Position: N 42°46.788' E 10°47.987'; **WOMO-Zahl**: >5;
Ausstattung: Strand in der Nähe, Entsorgungsstation (zeitweise);
Zufahrt: nordwestlich von Castiglione von der SS 322 nach Le Rocchette abbiegen; **Parkgebühr**: 10€/Tag.

Es fehlt aber die freie Stelle, an der man ein paar Tage bleiben kann, wo etwas Gemütlichkeit aufkommt. Dieses Plätzchen ist an der Küste nur schwer zu finden. Nachdem wir mit leichtem Schaudern anderen Campingplätzen den Rücken gekehrt haben, mieten wir uns deshalb 2 km nordwestlich von Castiglione auf dem *Camping Maremma Sans-Souci* ein, wo es in den Pfingstferien noch, wenn auch wenig, Platz gibt (im Juli und August findet man ohne Voranmeldung keinen Einlass). Man hat sich hier wirklich Mühe gegeben, fast jeden Stellplatz durch Büsche abzuschirmen, was allerdings große WOMOs in Schwierigkeiten bringt. Wer ein paar geruhsame Badetage erleben, auch mal auf seiner Liege dösen oder die Kinder unbeaufsichtigt herumstreunen lassen will, hat an der Toskanaküste zum Campingplatz kaum Alternativen. Und wenn schon, dann '*Sans-Souci*'. Das heißt '*Ohne-Sorgen*'. Damit Ihnen diese erspart bleiben, sollten Sie in der Saison rechtzeitig vorher anrufen. Diesen Rat gab ich früher nur ungern, aber ich habe dazugelernt. Ich habe zuletzt vor zu vielen Verbotsschildern gestanden, und zu häufig habe ich laut und unschön genächtigt. Dafür habe ich pro Nacht rund 40 € gespart. So viel zahlen nämlich vier Nasen plus WOMO in der Hochsaison:

Campingplatz-Tipp: Castiglione (*Maremma Sans-Souci*)
Position: N 42°46.424' E 10°50.652';**Ortszentrum**: 2,2 km;
Zeiten: 1.4.-31.10. - im Juli/August nur nach Vorbestellung;
Tel. 0564 933765; www.maremmasanssouci.it;
Ausstattung: direkt am Strand, Laden, Restaurant;
Zufahrt: nördlich von Castiglione an der SS 322.

Bei einer unserer Reisen stehen wir Ende Juli unangemeldet vor dem Campingplatztor - und dem Schild *completo*. Der andere am Meer gelegene Campingplatz, weiter nördlich und Richtung Le Rocchette, ist ebenso dicht, also biegen wir 19 km nördlich von Castiglione nach **Punta Ala** ab. Nicht, um dort die „freie" Offenbarung zu finden. Punta Ala ist eine - zugegeben in schöner Lage - aus dem Boden gezauberte Ansiedlung für besser gestellte Hotel- und Appartement-Urlauber und verfügt über einen beachtlichen Hafen für Freizeitboote, präziser formuliert, für Yachten. Es gibt einen Golfplatz für Schicki und Micki, aber keinen WOMO-Übernachtungsplatz. Auf den meisten Plätzen dürfen WOMOs nicht mal parken. Wir haben es nicht anders erwartet.

Aber 6 km davor, an einem wirklich schönen Strand, hat man für die weniger Betuchten gesorgt. Relativ gesehen, denn der Campingplatz *Punta Ala* ist (nach dem von Eurodisney bei Paris) der zweitteuerste, auf dem ich je war: 55 € im Sommer für vier Personen mit WOMO, und die Duschmarken noch nicht mitgerechnet. Dieser Horrorpreis wird allerdings nur vom 20.7. bis 25.8. gefordert, außerhalb dieser Superhochsaison ist es deutlich billiger. Der Gegenwert? Einer der schönsten Zeltplätze Italiens, in einem lichten Pinienwald mit riesigen Stellplätzen in aus dichtem Buschwerk ausgeholzten Nischen. Die grenzen an eine bewaldete Düne, und davor liegt ein breiter, aber gut besuchter Strand. Ich kenne keinen Campingplatz direkt am

beim *Punta Ala Camping*

Mittelmeer, wo es im Hochsommer mehr individuellen Freiraum gibt. Der hohe Preis ist der Garant! Auch dafür, dass man überhaupt noch Platz findet:

Campingplatz-Tipp: Punta Ala *(Punta Ala Camping)*

Ortszentrum: 2 km; **Zeiten**: Ostern bis Ende Oktober; **Tel**: 0564 922294 und 0564 922557; www.campingpuntala.it; **Ausstattung**:direkt am Strand, Laden, Restaurant; **Zufahrt**: von der SS 322 Richtung Punta Ala abzweigen, nach 4 km meerwärts und hinter dem nächstgenannten Platz.

Eigentlich wollten wir uns preiswerter einmieten, weshalb wir auf dem Weg von der SS 322 nach Punta Ala zunächst den *Camping Baia Verde* ansteuern (der *Camping Punta Ala* liegt an derselben Zufahrtsstraße direkt hinter *Baia Verde*). Es ist Freitagmittag, eigentlich eine gute Zeit für die Ankunft auf einem Campingplatz, nachdem am Morgen die Heimfahrer aufgebrochen, die frischen Urlauber aber noch nicht angekommen sind. Doch unser Optimismus wird jäh gedämpft, als wir merken, dass die Schlange von vielleicht zehn vor dem Schlagbaum wartenden Fahrzeugen auf einem eigens eingerichteten Wartegelände erst richtig losgeht und zwischen 30 und 40 Autos beträgt. Bei der Frage nach der Wartezeit werde ich an der Rezeption beschwichtigt: „Höchstens 1 ½ Tage! - und die Einrichtungen des Campingplatzes dürfen Sie schon kostenlos benutzen". So fahren wir 500 m weiter - und werden an vier Tagen 225 Euros ärmer! Baia Verde ist ebenfalls ein schön gelegener Campingplatz, wenn auch nicht so großzügig dimensioniert wie der Nachbar. Aber allemal besser als viele anderen Plätze der Toskana-Küste. Sogar das Warten kann sich für einen längeren Aufenthalt lohnen, der in der Hochsaison auf diesem Campingplatz mindestens eine Woche betragen muss:

Campingplatz-Tipp: Punta Ala *(Baia Verde)*

Ortszentrum: 2 km; **Zeiten**: Ostern bis Ende Oktober; **Tel**: 0564 922298; www.camping.it/toscana/baiaverde; **Ausstattung**: direkt am Strand, Laden, Restaurant; **Zufahrt**: wie zum vorgenannten Platz.

Auf der Fahrt nach Norden dürfen Sie an **Follónica** vorbei fahren. Trotz gelegentlich in der Literatur angedeuteter Schönheiten ist es mir auch auf der letzten Reise nicht gelungen,

Gründe zu finden, mein notorisch schlechtes Urteil zu revidieren. 7 km danach jedoch darf ich mir bei jener Revision erfreut notieren:

WOMO-Badeplatz: Torre Mozza

Position: N 42°56.844' E 10°41.556'; **WOMO-Zahl**: >5; **Ausstattung**: u.U. Entsorgung, Mülleimer, nur durch ein schmales Pinienwäldchen vom schmalen und gut besuchten Strand getrennt, kein Schatten, landschaftlich reizvoll; **Zufahrt**: überqueren Sie ca. 7 km nördlich von Follónica beim Wegweiser *'Torre Mozza'* die Schnellstraße, und der Weg endet beim unübersehbaren Stellplatz nördlich eines alten Turms; **Parkgebühr**: an den meisten Wochenenden im Sommer 8,50 € für die Zeit von 9-18,30 Uhr. Das Toilettenhäuschen am Eingang dient ausschließlich dem Parkwächter, der allerdings nur am Wochenende präsent ist.

Dafür wurde der Badeplatz bei Piombino auf das Maß der Erwartungen zurückgefahren. Jenseits der Fabrikschlote hatten wir auch früher weder schöne Strände noch einen Stellplatz vermutet. Aber wir hatten beides gefunden. Geblieben ist die wunderbare Badebucht der **Calamoresca**. Am direkt darüber liegenden Parkplatz hat man hingegen eine hässliche Kette gespannt. So müssen Sie von einem nicht besonders lauschigen Asphaltgelände ein paar Meter laufen, wenn Sie statt naher Wohnhäuser in der Ferne Elba sehen möchten. Zum Strand und einer (noch nicht getesteten Kneipe) müssen Sie weitere 150 m absteigen:

WOMO-Badeplatz: Calamoresca

Position: N 42°56.125' E 10°30.088'; **WOMO-Zahl**: >5; **Ausstattung**: Wasser, Gaststätte, Wanderweg, Strand in der Nähe, die eigentlich für Pkw vorgesehenen Parkbuchten sind am Wochenende tagsüber oft belegt und für ein großes WOMO überwiegend zu kurz, abends gibt es aber viel Platz. **Zufahrt**: Fahren Sie am Ortseingang von Piombino rechts, Richtung *'Salívoli'*, und halten Sie sich weiter rechts. Sie sehen nun einen Wegweiser zum Strand der *'Calamoresca'*. Die Straße lässt dann den Hafen von Salívoli links liegen und endet bald auf einem geräumigen, zumindest gegen Abend leeren, schattenlosen Parkplatz kurz vor der Calamoresca.

Hier ist auch der Ausgangspunkt einer lohnenden Wanderung:

Die wunderschöne Aussicht nach Elba genießen wir auch bei einer **Klippenwanderung**, die ihren Anfang auf den Parkplatz der Calamoresca nimmt. Das Ziel ist der Golf von Baratti, und der Weg ist ausgezeichnet markiert, teilweise schattig und überzeugt im Sommer mit zahlreichen Abstiegsmöglichkeiten zu einsamen Badebuchten. Man braucht festes Schuhwerk und Zeit. Denn 3 Stunden sollten Sie schon einkalkulieren - ohne Badepausen und ohne Rückweg. Wir liebäugeln zunächst mit einer Umkehr auf halber Strecke. Aber dann reizt uns der Strand des Golfes von Baratti (dazu gleich) so sehr, dass wir auf einen Bustrip für die Rückfahrt hoffen. Den gibt es (zumindest werktags) tatsächlich: Abfahrt ab Populonia-Hafen (der Bus kurvt nicht nach Populonia hoch !) um 16,30 und 18,50 Uhr. An der Endstation des blauen Busses in Piombino steigen wir in einen Stadtbus um, der uns fast bis zum Stellplatz an der Calamoresca bringt.

Golf von Baratti

Ursprünglich haben wir den **Golf von Baratti** selbstverständlich nicht per pedes, sondern per WOMO entdeckt. Und damit die eindeutig schönste Stelle zwischen Carrara und Rom. Schon die Etrusker siedelten auf einem hohen Hügel über der malerischen Sandbucht, dem heutigen **Populonia**, das im 4. vorchristlichen Jahrhundert mit 25.000 Einwohnern eine der drei größten Städte Etruriens war.

Bevor wir uns der Kultur widmen, legen wir in dem wunderbaren, von hohen Schirmpinien gesäumten Sand erst einmal eine Badepause ein und freuen uns über einen überraschend leeren Strand, der im Hochsommer aber auch ganz schön beleibt sein kann.

Nach dem Badevergnügen haben wir Lust, uns das **Ausgrabungsgelände** der etruskischen Nekropole, seitlich der Straße, anzusehen. Die Gräber wurden dort fast zufällig entdeckt, als man vor und nach dem ersten Weltkrieg eine antike Schlackenhalde ein zweites Mal ausgebeutet hat. Nachdem den Etruskern im 5. Jahrhundert v. Chr. auf der nahen Insel Elba das Holz ausgegangen war, verlagerten sie (und später die Römer) ihre Hüttenwerke auf das Festland, wo mit Hilfe von Holzkohle Eisen- und Kupfererze aus dem Gestein geschmolzen wurden. Wegen der primitiven Methoden blieben aber mehr als 50 Prozent des Erzes in der Schlacke zurück. Die wanderte auf die Halde, von der schließlich auch die Gräber zugeschüttet worden waren, und die ein, wenn auch bescheidenes Rohstoffreservoir bildete. Wir heben die merkwürdig leichten Steine vom Boden auf und können in der Schlacke noch immer das Metall glitzern sehen. Das Gräberfeld des einstmals bedeutendsten Industriezentrums von Etrurien ist von Juni bis August von 9 bis 20 Uhr geöffnet, ein Wärter führt uns dort zu den einzelnen Grabstätten *(Sept. bis Mai montags geschlossen und nur bis 14 Uhr, am Wochenende bis Sonnenuntergang; 6,20 €).*

Leider dürfen Sie nicht mehr mit dem WOMO hochfahren (nur bis 2 m Breite erlaubt) und müssen daher etwa eine halbe Stunde laufen, um im heutigen **Populonia** vom Turm der alten Festung eine prächtige Rundsicht auf den schönsten Toskanaküstenabschnitt und die Insel Elba zu bestaunen. Es lohnt sich. Zumindest bei weniger als 25 ° Celsius.

Die Stellplätze unten in Strandnähe sind durchaus brauchbar. Aber die Situation hat sich seit dem ersten Erscheinen dieses Buches von Auflage zu Auflage geändert. Es würde mich wundern, wenn die Bedingungen fortan stabil blieben, ein Total-Verbot halte ich aber für unwahrscheinlich:

WOMO-Badeplätze: Golf von Baratti

WOMO-Zahl: > 5; **Ausstattung**: Toilette und Dusche (beides in der Pineta), Wasser, Entsorgungsstation, Mülleimer, Gaststätten, Strand, einsam, aber sehr gut besucht;

Zufahrt: von der Küstenstraße nach Populonia abbiegen bis in Meernähe.

Platz 1, **Position**: N 42°59.797' E 10°31.132',
ist offiziell verboten, was von vielen WOMOs - nach meinen Erfahrungen unbeanstandet - missachtet wird; es ist das Parkplatzgelände oberhalb der Pineta, nahe des Strandes unweit mehrerer lauschiger Gartenlokale; kurz vor dem Strand rechts abbiegen und zweimal links.

Platz 2, **Position**: N 42°59.452' E 10°30.647',
liegt etwa 400 m weiter Richtung Populonia, links der Straße, nach einem Parkplatz mit Querbalken, aber noch vor dem Ausgrabungsgelände; es ist der sehr geräumige offizielle Stellplatz, der vom Strand etwa 250 m entfernt ist, dafür näher am Hafen mit weiteren Lokalen.

Parkgebühr: am Wochenende bis zu 11 €/24 Stunden (von den Jahreszeiten abhängig, häufig kostenlos).

am Golf von Baratti

Echte Geheimtipps offerieren wir Ihnen ein paar Kilometer abseits der Küste: Eher etwas für die Osterferien als für heiße Sommertage - und wegen des hohen Preises zugleich ein Ostergeschenk - ist das geräumige Becken des **Thermalbades** von **Venturina** *(Il Calidario - 14 €; ab der SS 1 beschildert, mit 36° C nicht ganz so heiß wie andere Quellen)*. Der nahe Stellplatz liegt landschaftlich reizvoll über der Ebene:

Thermalbad von Venturina

WOMO-Badeplätze: Venturina

Position: N 43°02.243' E 10°35.995';
WOMO-Zahl: > 5;
Ausstattung: Toilette, Wasser, Mülleimer, Gaststätte (mit leckerer Pizza), Badestelle.
Zufahrt: Biegen Sie von der SS 1 nach Venturina ab und folgen Sie dort der Beschilderung *'Il Calidario'*; fahren Sie an dem Bad vorbei bergauf und dann rechts auf den Parkplatz.

In Frage kommt unten an der Durchgangsstraße auch die **andere Therme** *'Valle del sole'* (beschildert) samt dem dazugehörigen Parkplatz **Position**: N 43°02.336' E 10°35.434'.

Campiglia Marittima

Nach dem Genussbad bietet sich ein Bummel in der beschaulichen toskanischen Kleinstadt an, deren bunte, an den Hang gebaute Häuser schon den ganzen Tag in Ihrem Blick liegen. **Campiglia Marittima** ist eine nette, unaufregende mittelalterliche Stadt mit einem Stellplatz, von dem man das Meer sieht:

WOMO-Stellplatz: Campiglia Marittima

Position: N 43°03.409' E 10°36.872'; **WOMO-Zahl**: >5;
Ausstattung: Wasser, Entsorgungsstation, Mülleimer, Gaststätten und Geschäfte in der Nähe, teilweise schräg;
Zufahrt: an der Straße von Venturina schickt Sie kurz unterhalb von Campiglia ein blaues ‚P' nach links.

Sie wollen das Meer nicht nur sehen, sondern auch riechen und bei Seegang vielleicht sogar hören? Nördlich von San Vincenzo, bei **Marina di Castagneto**, können Sie sich im Sand eines wunderbar breiten Strandes aalen. Zum Beispiel nahe des

WOMO-Badeplatzes: Marina di Castagneto

Position: N 43°11.602' E 10°32.484';
WOMO-Zahl: > 5;
Ausstattung: Tische und Bänke, Toilette und Dusche (am Strand), Wasser, Entsorgungsstation, Mülleimer, Strand (180 m), einsam, aber gut besucht, an einem Bachlauf (Moskitos!), im Frühsommer phantastisches Vogelkonzert, **höchstens 48 Stunden**;
Zufahrt: von der SS 1 nach Marina di Castagneto; an dessen Ortseingang nach rechts (Wegweiser zur Entsorgungsstation); vorbei an einem weiteren Stellplatz und durch ein Neubaugebiet in eine Pineta (weiter beschildert);
Parkgebühr: im Sommer 5 €/24 Stunden.

Nicht ganz so stimmungsvoll, dafür weniger einsam, sind die Stellplätze von **Marina di Bibbona**. Es gibt im Ort nicht nur einen besonders schönen Campingplatz (dazu gleich), sondern auch mehrere freie Alternativen:

WOMO-Badeplätze: Marina di Bibbona

Position: N 43°15.131' E 10°31.661'; **WOMO-Zahl**: >5;
Ausstattung: Wasser (zu Fuß am Weg zum Strand), Mülleimer, Gaststätten, Geschäfte, vom Strand nur durch eine wunderbare Pineta getrennt, vielfältige Möglichkeiten im Schatten und zwischen Büschen;

Zufahrt: in Marina di Bibbona dem Wegweiser *‚Camping Esperidi'* folgen (nördlich des Ortes), am Campingplatz vorbeifahren und etwa 120 m danach rechts des Weges eine Nische suchen;
Hinweis: offiziell ist in M. di Bibbona das freie Übernachten nur auf gekennzeichneten Plätzen erlaubt, vorgenannter gehört nicht dazu; aber ich sah hier stets viele Italiener, bis zu 40 WOMOs!
Es gibt auch zwei **offiziellen Plätze**: Den ersten, am Ortseingang rechts, können Sie vergessen. Der andere, Sie fahren am Ortseingang links, liegt südlich des Ortes vor der Pineta. Der Strand (200 m) ist sehr schön und breit, der Stellplatz hingegen ist wegen seines Asphaltes und des geringen Schattens nicht so lauschig, zudem auch ein wenig einsam;
Position: N 43°13.972' E 10°32.060'.

Die **Pineta** zwischen Marina di Bibbona und Cécina, ein Naturschutzgebiet, darf unter Ihren sommerlichen Urlaubszielen nicht fehlen. So wie die mehrfach erwähnten Thermalbäder besser in die Zeit des Eierfestes passen, gehört die Pineta in den heißen August, in dem die Bäume am spürbarsten ihre Kühlung sowie ihren guten Geruch abgeben und nahe belebter Strände Rückzüge in die Stille ermöglichen. Man kann wunderbar von Marina di Bibbona nach Cécina **radeln** (30 Minuten die einfache Strecke) und unterwegs sogar im Hochsommer am helllichten Tag fast so viele Hasen wie Rehe sehen und nur kaum mehr Menschen (ich untertreibe, aber um Sie in die Pineta zu locken ist mir jedes Mittel recht).

Einmal sollten Sie auch am Abend quer durch den Pinienwald promenieren, weil am anderen Ende des Weges, der an unserem (eigentlich verbotenen, aber dennoch so intensiv genutzten) Stellplatz in den Forst sticht, eines unserer **Lieblingslokale** am Strand liegt. Noch von ziemlich nah würden wir dem Wirt der Bretterbude nur eine gut sortierte Eistruhe zutrauen, bestenfalls, dass er fragt, ob wir unseren *Averna* mit oder ohne Eis nehmen. Stattdessen ist ein in Maßen distinguierter Ober sogar fähig, uns auch einen *Ramazotti* zu kredenzen und danach vielleicht fünfzig verschiedene Flaschenweine. Er würde uns nicht verraten, in welchem Weinkeller ein auf Sand ans Meer gebautes Ristorante die Schätze einer solchen Präsens hortet. Aber er gibt unser Lob an die

Köche weiter, die, so unsere Phantasie, in einer engen Kombüse schwitzend den dort aufgestellten Gaskochern schier Unmögliches abverlangen. Auf den Punkt gebracht: Das **Ristorante *La Pineta*** ist, wenn man mal Platz genommen hat, gediegener als angenommen, man sitzt, besonders auf dem Balkon, schön am Strand und das Essen hat uns ohne Einschränkung überzeugt. Aber 40 Euro pro Person sind das Mindeste. Sie lohnen sich wie kaum in einem anderen Lokal! Vom benachbarten Campingplatz (gleich, wie versprochen) können Sie über den Strand hin laufen *(Sie müssen reservieren, Lokale dieser Qualität sind hier rar, Tel. 0586 600016; montags und dienstags mittags geschlossen).*

Wenn wir schon beim Thema sind und weil Marina di Bibbona, das ich übrigens in unserer ersten Auflage des Jahres 1991 als hässlich verteufelt habe (es wurde nicht schöner, nur meine Ansprüche sanken und ich habe genauer hingeschaut), so gute Bedingungen hat, noch eine Adresse für schmalere Geldbeutel, wo auch nicht die reine Abfütterung im Vordergrund steht: Das **Ristorante *Aragosta*** ist bei Einheimischen sehr beliebt. Sie finden es im nördlichen Ortsteil unweit unseres mehrfach erwähnten, im Grunde illegalen, aber doch so schönen Stellplatzes *(Tel. 0586 600017).*

Nach **Cécina** sind Sie schon fast geradelt. Der Weg ist das Ziel, die Stadt samt ihrer Marina hingegen gehören nicht zwingend ins Programm. Auf Ihrem Radweg durch die Pineta haben Sie zwei Stellplätze inspiziert, einen offiziellen und einen Insidertipp:

WOMO-Stellplatz: Marina di Cécina *(offiziell)*

Position: N 43°17.569' E 10°30.490'; **WOMO-Zahl**: >5;
Ausstattung: Wasser (nur zu bestimmten Zeiten gegen Bares – die restliche Zeit ist der Wasserhahn mit mehreren Schlössern gesichert), Entsorgungsstation, Mülleimer, kleiner Kiosk im Sommer, 400 m zum Strand, einsam, der Platz ist aber sehr gut besucht, obwohl er eigentlich nicht schön ist;
Zufahrt: folgen Sie in Marina di Cécina den Wegweisern *'Le Tamerici'* und später *'Area di Sosta'* oder *'Camper Service'*;
Parkgebühr: im Sommer 8 €/24 Std.

Um Klassen schöner liegt unser Geheimtipp:

WOMO-Badeplatz: Marina di Cécina *(Pineta)*

Position: N 43°16.535' E 10°30.960'; **WOMO-Zahl**: >5;
Ausstattung: Mülleimer, Tische und Bänke, vom Strand nur durch eine wunderbare Pineta getrennt, einsam;
Zufahrt: der Platz liegt am Rand der Pineta südlich von Cécina; Wegweiser wie zum vorgenannten Platz; am Kreisverkehr bei der Pineta, den vorgenannten Platz in Sichtweite, fahren Sie nicht links, sondern geradeaus, entlang des Waldes, am Ende über eine Brücke, jenseits derer sich der Weg schön weitet.

An diesem Teil der Küste, man nennt den Bereich zwischen Livorno und Piombino gerne „Etruskische Riviera“, finden Sie auch die meisten Campingplätze, von denen wir drei erwähnen, wahrscheinlich die drei besten. In der Hauptsaison sollten Sie auf allen sicherheitshalber anrufen, falls Sie länger bleiben möchten. Ab etwa 20. August scheint es überall Platz zu geben:

Campingplatz-Tipp: Marina di Castagneto *(Intern. Camping Etruria)*

Ortszentrum: 0,7 km; **Zeiten**: 1.4-30.9.; Mittagspause;
Tel: 0565 744254; www.campingetruria.it;
Ausstattung: direkt am Strand, Laden, Restaurant;
Zufahrt: ab der SS 1, Ausfahrt Donorático und dann beschildert.

Campingplatz-Tipp: Marina di Bibbona *(Le Esperidi)*

Ortszentrum: 0,5 km; **Zeiten**: 1.4.-15.10., Mittagspause;
Tel: 0586 600196, **www.esperidi.it,**
Ausstattung: direkt am Strand, Laden, gutes Restaurant, schöne Nischen im Unterholz; **Zufahrt**: im Ort beschildert.

Und, an der Felsküste, schon fast in Livorno:

Campingplatz-Tipp: Antignano *(Miramare)*

Ortszentrum: 1 km; **Zeiten**: 1.5.-30.9.;
Tel: 0586 580402; www.campingmiramare.com;
Ausstattung: schöne Terrassen mit Zugang zum felsigen Strand, Laden, Restaurant; **Zufahrt**: an der SS 1.

In fünf Vorauflagen haben wir uns an dieser Stelle des Buches, ein wenig mit gerümpfter Nase herabblickend auf die Banausen, denen nichts über einen Strandurlaub geht und die dafür auch einen schlechten Stell- oder Campingplatz in Kauf nehmen, zurück nach Volterra bewegt, um dort bei untergehender Sonne literarisch Urlaub und Buch zu Ende zu bringen. Nie haben wir das wirklich so praktiziert, aber es schien sich gut zu lesen.

Schluss mit den Klischees! Ab dieser Auflage riechen wir die Pineta, laufen noch mal an den Strand und trinken dort ein Bier. Danach messen wir den Ölstand und fahren am nächsten Morgen genau so schlecht gestimmt wie Sie, wenn Sie am Vorabend Ölstand und Bier prüfen mussten, nach Hause.

Was wir Ihnen sagen wollten: Die Toskanaküste ist eigentlich ganz nett, auch für Wohnmobile.

Sie sollten dennoch mit uns in Teil 2 den Osten und Umbrien kennen lernen, nun ebenfalls in neuer Auflage und schon bislang ohne getürkten Sonnenuntergang und andere Lügen.

Campingplätze

sind, von der Küste einmal abgesehen, in der Toskana rar, relativ gut besucht und am Meer, in Florenz sowie Pisa für Wohnmobile gelegentlich wegen Überfüllung geschlossen. Außerdem sind die Campingplätze **sehr teuer**. Einer Familie mit vier Personen und einem Wohnmobil zieht man pro Nacht in der Hochsaison gut und gerne zwischen 30 und 50 € aus der Tasche. Gerade in der Toskana kann man angesichts der vielfältigen freien Stellplatzmöglichkeiten öfters auf diesen Aderlass sowie die - häufig mittels eines Merkblattes in die Hand gedrückten - Campingplatzregeln verzichten, die sowieso das meiste von dem verbieten, was man sich vorgestellt hat, als man zum ersten Mal über Camping nachgedacht hat.

Auf fast allen italienischen Campingplätzen pflegt man eine ausgedehnte **Mittagspause** (häufig 13,30 - 16 Uhr), in der Sie sich nicht anmelden können. In der Regel darf man auch nicht auf den Platz fahren. Für die Anreise kommt dieser Zeitraum also nicht in Frage.

Je früher am Tag Sie den Campingplatz beehren, umso größer sind die Chancen auf Einlass. **Die beste Zeit ist vormittags zwischen 11 und 12 Uhr**, wenn andere Leute gerade aufgebrochen sind. Besonders montags, weil viele Italiener das Wochenende erst am Montag gegen Mittag beenden. Wir empfehlen Ihnen ein gültiges ***Camping-Carnet***, ersetzt es nämlich die Hinterlegung des Passes in der Schublade des Campingplatzbesitzers. Sie bekommen das *Carnet* beim ADAC oder dem Deutschen Campingclub für ein paar Euro.

Diebstahl

Niemand von uns ist vor Dieben gefeit, auch wenn unser Reisegebiet nicht zu den besonderen europäischen Gefahrenzonen gehört. Das Diebstahlrisiko ist eher gesunken. Auf dem Lande passiert zwar so gut wie nie etwas, aber in den großen Städten, vor allem in Pisa und Florenz sowie an den Stränden ist Vorsicht geboten. Je sorgloser Sie sind, umso eher schlagen die Diebe zu.

Es gilt eine **Grundregel**, die Sie eisern befolgen müssen: **Verlasse nie dein WOMO mit nichts als dem Autoschlüssel in der Hand**. Denn die Diebe lauern womöglich hinter den Büschen und wissen, dass Sie mehr als diesen Autoschlüssel dabei haben: Geld, eine Fotoausrüstung, ein Notebook und die Damen eine Handtasche. Tragen Sie aber nichts unterm Arm, müssen diese Dinge zwangsläufig im WOMO zurückgeblieben sein. Eine Auto- oder Reisemobiltür ist aber für den Profi ein Klacks. Er öffnet sie in Sekunden.

Das betrifft besonders die Leser, die ein Wohnmobil gemietet haben, weil diese Fahrzeuge gegen Autoknacker schlecht gesichert sind. Die Besatzung solcher Mietmobile muss immer damit rechnen, das schwächste Glied in der Kette zu sein. Den Fahrzeugen, durchweg neuesten Modellen mit wenig individuellen Innereien oder sogar Aufklebern, sieht der erfahrene Gauner schon von weitem an, dass die Mieter unkundiger und sorgloser sind als alte Hasen. **Das dürfen Sie in keiner Minute vergessen**, schon gar nicht auf dem Autobahnrastplatz oder an anderen Stellen, an denen Sie nur kurz Ihr Fahrzeug verlassen. Die wenige Minuten dauernde Einkehr ist oft die beste Gelegenheit, im Auto herumliegende Wertgegenstände einzusammeln. Wenn es irgendwie geht, sollte auf Rastplätzen immer ein Familienmitglied im Auto bleiben, und wenn das nicht geht, müssen die Wertsachen zur kurzen Erfrischung (und Entleerung) mitgenommen werden!

Ihr Wohnmobil sollte über geeignete Sicherungsvorkehrungen verfügen. Diese sind zwar für einen brutalen Einbrecher nur eine Hemmschwelle, denn wer ein derart leicht gebautes Fahrzeug aufbrechen will, über erforderliches

Werkzeug und einen entsprechenden Zerstörungswillen verfügt, kriegt jedes Reisemobil auf. Aber der Bösewicht zaudert eher, wenn er sieht, dass ihm sein Handwerk nicht leicht gemacht wird. Immer wieder wird uns in Leserbriefen von aufgebrochenen Wohnmobilen berichtet, aber noch nie, dass die **Alarmanlage** scharf geschaltet war. Abgesehen davon, dass eine solche Vorrichtung Lärm macht, den Sie in der benachbarten Kneipe oder am nahen Strand möglicherweise selbst hören, dürften schon entsprechende Aufkleber an den Seitenscheiben oder ein blinkendes Lichtchen eine gewisse Warnfunktion haben. Der Einbau ist leider teuer und kostet gut und gerne 500 Euro, aber er belohnt Sie mit einem deutlich sorgenfreieren Urlaubserleben (Sie sollten ab und zu an entlegener Stelle die Funktion testen).

Es gibt auch wirksame **mechanische Hürden**: Der WOMO-Verlag verkauft Ihnen den *WOMO-Knacker-Schreck*, den Sie auch in Mietmobilen einsetzen können und der die Vordertüren wirksam verriegelt. Außerdem vertreibt in Deutschland die Firma Oelmühle (Annoncen in den WOMO-Zeitschriften, *Tel 02174/2223* oder per *www.quick-safe.de*) leicht zu montierende Ketten, mit denen Sie die Fahrzeugtüren verrammeln können, und zwar so gut, dass jeder Dieb sie von außen erkennt und (wie auch beim Produkt des WOMO-Verlages) ahnen kann, dass die Ketten nicht einmal nach dem Einschlagen der Scheibe problemlos auszuklinken sind. Wer über handwerkliche Grundkenntnisse verfügt, ist auch in der Lage, die Schlösser zu montieren, die Oelmühle ebenfalls für die Aufbautüren anbietet, und deren Riegel auch nachts einen optimalen Einbruchsschutz bieten. Es gibt inzwischen auch von mehreren anderen Anbietern wirksame Produkte. Dabei wundert uns nur, dass derlei Zubehör nachgerüstet werden muss, wo doch der Käufer eines Wohnmobils, der stolze 50.000 Euro hinblättert, zu seiner Sicherheit gerne ein paar Euro mehr ausgeben würde (löblich ist das ab Werk lieferbare Zusatzschloss, das beispielsweise *Hymer*, auch zum Nachrüsten für die Aufbautüren neuerer Modelle anbietet). Wie viel mehr haben Sie doch von einem sicheren Fahrzeug als von der aufwändigen Badezimmerarmatur! Aber da Sie, liebe Leser, schon erfahrene Wohnmobil-Reisende sind, oder sich zumindest auf dem Weg dorthin befinden, werden Sie der Industrie ihre an Äußerlichkeiten orientierte Verkaufspolitik lassen, die Ihnen einen gewissen Einbruchsschutz bietet. Denn neben Ihrem WOMO steht zumeist ein schlechter gesichertes, das von den Dieben bevorzugt wird.

Ein ganz wichtiger Tipp: Bewahren Sie wertvolle Dinge und wichtige Utensilien (täglich benötigte Medikamente) nicht in Aktentaschen oder kleinen Koffern auf. Alles, was ein Schloss hat, wir als erstes geklaut. Besonders der Schminkkoffer, der. wie uns die Leserbriefe zeigen, nicht nur zum festen Repertoire eines deutschen Mietmobils, sondern auch zur Lieblingsbeute eines eiligen Womo-Knackers gehört.

Das alles hat mit der **Übernachtungssicherheit** auf freien Stellplätzen nichts zu tun. Nur drei Provencefahrer haben mir im Verlauf von 12 Jahren von einem nächtlichen Überfall berichtet. Und die standen alle auf einem Autobahnrastplatz, wo ich **niemals** übernachten würde. Es gibt nichts Gefährlicheres, auch wenn Sie wohnmobile Nachbarn haben !!!

Falls Ihr Auto einmal aufgebrochen worden ist, brauchen sie unbedingt eine polizeiliche Bestätigung (vorher Gebührenmarke - *Bollata* - im Tabakladen kaufen, sonst warten Sie stundenlang auf der Wache, werden wegen der fehlenden Marke weggeschickt und warten dann nochmals) von der Anzeige, damit Ihre Kaskoversicherung und, in Maßen, auch Ihre Reisegepäckversicherung bezahlen. Ich habe übrigens die Versicherungsbedingungen beider Sparten stets bei mir, um ab und zu nachzulesen, was nicht versichert ist. Ist der Schaden erst einmal eingetreten und hat man die polizeiliche Anzeige aufgegeben oder gar die Meldung an die Versicherung abgeschickt (!), nutzt Ihnen die nachträgliche Lektüre der Versicherungsbedingungen nichts mehr.

Freies Camping/Stellplätze

Wer an freies Camping denkt, also an eine Übernachtung außerhalb der Zeltplätze, hat oft zwiespältige Gefühle. Einerseits will man beim freien Camping alles das erleben, was man sich vorgestellt hat, als man ein Wohnmobil gemietet oder gekauft hat. Man erwartet das leichte, ungeregelte Leben und möchte an den Stellen bleiben, die einem gerade gefallen oder die einem vom WOMO-Führer vorgeschlagen werden. Befragungen haben ergeben, dass erstaunlich viele Wohnmobilfahrer fast ausschließlich Zeltplätze besuchen, obgleich ihnen freie Plätze zumindest zeitweise viel lieber wären. Viele Leser haben also Angst. Insbesondere die Deutschen, die in Betracht ziehen, etwas Verbotenes zu tun. Und genauso vielen ist deshalb bange, weil sie einen nächtlichen Überfall befürchten.

In Nord- und Mittelitalien ist aber die Wahrscheinlichkeit einer nächtlichen Attacke nahe Null, soviel ist sicher. Kein Leser hat uns aus dieser Region je von einem Überfall berichtet. Und der WOMO-Verlag hat, bei aller Bescheidenheit, allein Italien betreffend eine Leserschaft im sechsstelligen Bereich. Die Angst spielt sich also nur in Ihrem Kopf ab, sie ist dort am größten, wo sie am unberechtigtsten ist. Ein einsames WOMO mutterseelenallein im stockdunklen Wald ist gleichbedeutend mit der Garantie für eine unbehelligte Nacht, und doch werden Sie dort von jedem Knacken erschreckt. Der umtriebige Autobahnrastplatz hingegen wiegt Sie weit mehr in Sicherheit, obwohl gerade hier die gelegentlich in der Presse veröffentlichen Überfälle stattfinden (Bösewichte sprühen angeblich Narkosegas ins Auto und knacken dann die schlecht gesicherten Türen; dagegen helfen sowohl die schon erwähnten Zusatzschlösser und -Ketten wie auch ein elektronisches Gerät, das Sie vor Narkosegas warnt und das Sie im Fachhandel kaufen können).

Die Angst vor der Nacht auf den von uns erwähnten Stellplätzen ist objektiv also unbegründet, zumal die Existenz dieses Reiseführers den Vorteil hat, dass Sie in der Ferienzeit sehr häufig neben einem gleich gesinnten Nachbarn stehen.

Genauso unbegründet ist die Angst vor dem Gesetzesverstoß. Wir möchten Sie nicht animieren, sich auf Plätzen zu stellen, die als Verbotszone gekennzeichnet sind, obgleich sich italienische Freunde, die ihre Polizei besser kennen, davon wenig beeindrucken lassen. Zumal es in Italien kein generelles WOMO-Übernachtungsverbot gibt und angeblich auch einzelne Gemeinden nicht die Befugnis besitzen, ein solches für ihr Gebiet anzuordnen. Gehen Sie davon aus, dass Sie auf öffentlichem Gelände (!) überall dort stehen, also parken dürfen, wo kein spezielles Schild angebracht ist, beispielsweise ein Durchfahrt- oder Nachtparkverbot (was Sie sonst beim „Parken“ in Ihrem Auto tun, geht niemanden etwas an!), und verfallen Sie nicht dem Irrglauben, dass ein symbolisch durchgestrichener Wohnwagen/Zelt/Wohnmobil die Übernachtung verbietet. Untersagt ist nicht das Parken, nur das Campen. Das gilt auch für das verbale Verbot *‚No camping‘*, das wir immer wieder an öffentlich beschilderten Stellplätzen feststellen. Damit meint man einen Aufenthalt mit Wäscheleine, Klappstühlen und/oder ausgefahrener Markise, schlimmstenfalls auch geöffnetem Fenster. Wir haben mehrfach bei den Touristeninformationen nach Stellplätzen gefragt, woraufhin uns gerade solche genannt wurden, an denen das Zelten verboten war.

Italien ist **das** Land der Wohnmobile, entsprechend großzügig ist die Obrigkeit. Und wenn Sie wirklich einmal von der Polizei weggeschickt werden, bricht die Welt auch nicht zusammen, allenfalls wird Ihr deutscher Gehorsam angekratzt. Obwohl in fast ganz Italien das freie Übernachten unproblematisch ist, wollen wir an dieser Stelle erneut darauf hinweisen, dass weder Verlag noch Autoren die Gewähr dafür übernehmen, dass Sie auf den in diesem Buch empfohlenen Stellplätzen legal die Nacht verbringen dürfen.

Das freie Übernachten ist sehr viel einfacher als Sie es sich vielleicht vorstellen und ist zumindest in touristisch weniger berühmten Gebieten eine Freude, von der Sie reichlich Gebrauch machen sollten, nicht nur auf den von uns empfohlenen Stellplätzen. Schwieriger ist es freilich an der Küste, wo Sie aber mit hoher Sicherheit erkennen werden, auf welchen Plätzen Sie tatsächlich nicht geduldet werden.

Erfreulicherweise erkennen zunehmend mehr Gemeindeverwaltungen die touristische Bedeutung der Wohnmobile und führen Sie mit den Wegweisern ***Sosta Camper*** oder ***Area di Sosta*** zu offiziellen Stellplätzen, die ganz unterschiedlich, nicht selten auch gar nicht ausgestattet sind.

Und wie **findet** man einen passenden Stellplatz, der in diesem Buch nicht vorkommt? Natürlich braucht man Gespür, Erfahrung und ein bisschen Glück, um einen guten Platz zu entdecken:

Vom kleinsten Dorf bis zur größten Stadt hat man in Italien - bei kleineren Städten zumeist am Ortsrand - Parkplätze eingerichtet. Die üblichen blauen Schilder weisen den Weg zu ihnen. Hier sollten Sie als Erstes ein Nachtlager suchen, falls Ihnen die freie Natur zu unheimlich ist. Oft wird man auch fündig, wenn man den (gelben oder braunen) Wegweisern zu außerhalb von Ortschaften stehenden Burgen, Kirchen oder anderen Sehenswürdigkeiten folgt. Wenn nichts mehr hilft, suchen wir in den Wegweiser zum Sportplatz *(campo sportivo)* oder, da wir nicht abergläubisch sind, zum Friedhof *(cimitero).* Auch Restaurants außerhalb der Ortsbebauung verfügen oft über geräumige Parkplätze, die allerdings ein kostspieliges Abendessen notwendig machen. Wir haben aber schon mehrfach erlebt, dass man uns dann dort regelrecht zum Verweilen eingeladen hat. In Mode kommen auch (kostenpflichtige) Stellplätze bei Bauern *(Agriturismo)*, die wir aber noch nie ausprobiert haben. Sie sind beschildert, und die Gastgeber erwarten wohl auch Konsum, am besten ein Abendessen.

Und machen Sie es sich zur Regel, lieber einen mittelschlechten Stellplatz zu nehmen (einen halbwegs ruhigen Parkplatz finden Sie immer), als genervt und schlecht gelaunt stundenlang in der Gegend herumzukurven.

Die Grundregeln für die Stellplatzsuche lauten stets: Möglichst nie im Dunkeln, möglichst nie müde und nach langer Fahrt und möglichst nicht hungrig; oder man reduziert die Erwartungen auf ein Minimum, also auf einen einigermaßen ruhigen und ebenen Platz. Sie sollten möglichst so stehen, dass Sie jederzeit ohne Rangiermanöver abfahren können.

Ein Problem nimmt in den letzten Jahren gerade auf schön gelegenen Stellplätzen zu, wir führen es darauf zurück, dass junge Italiener immer länger zu Hause wohnen bleiben. Und dass sie fast alle ein Auto besitzen, in dem sie mit der Partnerin einer Tätigkeit nachgehen, für die ein Autositz nicht geschaffen, wenngleich dafür schon millionenfach zweckentfremdet wurde. Man erkennt diese Plätze bisweilen daran, dass sie von Papiertaschentüchern (und anderem) verunziert werden, zumeist erkennt man sie aber nicht. Die Störung tritt daher überraschend ein, in der Regel aber nur in der Nacht von Samstag auf Sonntag, mit Abstrichen auch in der Nacht davor. Lästig daran ist das ständige An- und Abfahren, weil die Verweildauer unerwartet kurz ist. Und das ist eigentlich nur deshalb lästig, weil die Liebenden erstaunlich wenig Schamgefühl besitzen und demgemäss beim Einparken wenig Abstand zu einem Wohnmobil einhalten. Entweder haben Sie einen festen Schlaf, Sie fahren weiter oder Sie stellen sich in eine andere Ecke des Parkplatzes, wo sich Ihnen die fahrbaren Liebenslauben wenigstens nur von einer Seite nähern können. Am besten stellt man sich zwischen zwei schon vorhandene Wohnmobile, und zwar so, dass kein Pkw mehr dazwischen passt.

Gas

Das Stichwort hat an Aktualität verloren, nachdem fast alle Wohnmobile über zwei 11 kg **Flaschen** verfügen, mit denen eine durchschnittliche Leserfamilie ohne zu heizen fast einen ganzen Sommer lang verreisen kann

Wer zur Vorratswirtschaft nicht fähig ist, kann sich in Italien auf vielen Campingplätzen, und in Eisenwaren- /Freizeitgeschäften *(Ferramenta)* eine teure, blaue *Camping-Gaz* Flasche kaufen. Für den Einsatz im WOMO braucht man aber auch ein spezielles Anschlussstück (möglichst schon zu Hause kaufen und ausprobieren, ob es an Ihren Regler passt). Man kann auch die kleine, blaue italienische Gasflasche (5 kg) leihen, die billiger ist als die *Camping-Gaz* Flasche und in den deutschen Flaschenkasten passt. Das Pfand wird bei der Rückgabe ersetzt.

Langzeiturlauber benötigen ein Füll- und Anschluss-Set, mit dem sie in Italien an wenigen Stationen die eigene Flasche füllen lassen können (nach einer Füllstation fragt man bei den zahlreichen Gastankstellen, die nur eingebaute Tanks befüllen). Eine **Füllstation** für Flaschen finden Sie in:

Castiglione della Pescaia (Tour 14) im Campingartikelgeschäft an der Ausfahrtstraße nach Grosseto (11 Liter kosten rund 25 €) - Adapter??;

in Marina di Grosseto (Tour 14) nahe des Hafens in der Via IV Novembre 51, bei *Casalinghi e Gas* - ohne Adapter;

in Grosseto (Tour 14) an der SS 1 (Grosseto-Livorno) vor den Supermärkten *Superal* und *OBI* rechts abbiegen, die 2. Straße rechts, nach ein paar Metern auf der linken Seite - mit Adapter

Mit den genannten Überbrückungsteilen lässt sich der eigene Regler auch an eine italienische Gasflasche schrauben. Hat man das Set nicht zur Hand, ist Vorsicht geboten, denn ein italienischer Regler eignet sich nicht immer für Ihre Gasanlage. Die Wohnmobile schreiben nämlich heutzutage einen unterschiedlichen Gasdruck vor, der auf dem in Ihrem WOMO eingebauten Regler, dem runden Ding an der Gasflasche, aufgedruckt ist, und der **unbedingt** beibehalten werden muss (30 oder seltener 50 mbar).

Wohnmobilbesitzer mit fest eingebautem **Gastank** oder einer **Tankflasche** sind in Italien gut dran, dort ist das Gastankstellennetz so dicht wie sonst nirgends in Europa. Man kommt ständig an den Schildern *,Gasauto'* oder *,G.P.L.'* (das heißt *Gas Propano Liquido*) vorbei. Notfalls kann man auch an einer normalen Benzintankstelle nach der nächsten Gastankstelle fragen. Dort braucht man einen speziellen Adapter für die deutschen Tankstutzen, der jedoch an den Gastankstellen vorrätig ist. Achtung: Gelegentlich sieht man auch Tankstellen mit dem Schild *,Gas Metano'*. Dort bekommt man Methangas, das auf keinen Fall für Ihre Campinggasanlage geeignet ist.

Schrauben Sie, möglichst auch in das gemietet WOMO eine **Schlauchbruchsicherung**, das dauert 15 Minuten. Sie ist unerlässlich, wenn Sie, was fast alle tun (wir nicht auf der Autobahn und auf längeren Strecken) und was derzeit nur in Frankreich verboten ist, unterwegs mit Gas kühlen. Die Sicherung verhindert, dass Gas bei einem Unfall oder einem Schlauchbruch in großer Menge ausströmt.

Geld

Banköffnungszeiten sind nebensächlich (wie hieß noch dieses blaue längliche Papier, irgendwas mit Euro, obgleich es den noch lange nicht gab?). Geld zieht man flächendeckend mit Pin-Code aus dem **Bankautomaten**, am besten mit der **Bank-Karte** (Scheckkarte), fast genauso oft auch mit der **Kreditkarte** (Visa oder Eurocard), was aber deutlich teurer ist. Beim Tanken kann man fast ausnahmslos mit der Kreditkarte bezahlen, in Supermärkten und in Restaurants aber nicht immer. Beim Gaststättenbesuch sollten Sie zur Sicherheit ausreichend Bares dabei haben, oder zumindest vorher fragen, jedenfalls dann, wenn Sie in einem Kaff speisen, in dem es keinen Bankautomaten gibt.

Ein Problem besteht darin, die Bankkarte zu verlieren, weshalb wir peinlich darauf achten, diese von unserer Kreditkarte getrennt aufzubewahren. Zu den Reisedokumenten höchster Wichtigkeit, deren diebstahlgeschützter Ablageplatz niemals in Vergessenheit geraten darf gehört der Zettel mit der

der Kreditkarten- und Scheckkartennummer sowie der Telefonnummer der Frankfurter Zentrale. Beides brauchen Sie für die Kartensperre: ab Herbst 2005 voraussichtlich für alle Karten einheitlich Tel. 0049 116116 bis dahin für VISA 0049 69 66571333 (für Ihre Bankkarte bis dahin je nach Anbieter unterschiedlich). Rufen Sie **umgehend** an, wenn das Ding abhanden gekommen ist, und sei es auch mitten in der Nacht. Nur dann, wenn Sie davon berichten können, dass Ihnen das Stück Plastik gerade erst, vor wenigen Minuten, verlustig gegangen ist (und dass Sie die Geheimzahl nirgends aufgeschrieben haben), zahlt die im Kredit- oder Scheck-Kartenvertrag enthaltene Versicherung, falls der Dieb Missbrauch treibt!

Geschichte

Mit ihr werden wir in der Toskana auf Schritt und Tritt konfrontiert. Es ist daher unumgänglich, dass wir wenigstens ein grobes geschichtliches Raster kennen:

Eine der interessantesten europäischen Hochkulturen macht den Anfang: Um 800 v. Chr. gründeten die **Etrusker** in Mittelitalien staatliche Gemeinschaften und verdrängten dabei die bäuerliche so genannte Villanova-Kultur. Bedeutende etruskische Zentren in der heutigen Toskana waren Arezzo, Volterra, Chiusi, Roselle, Populonia und Vetulonia. Diese Städte bildeten mit sechs anderen einen Staatenbund von 12 Stadtstaaten, die sich untereinander niemals bekriegt haben. Ihre Bewohner hatten ein ausgeprägtes handwerkliches und technisches Geschick, mit dessen Hilfe es ihnen gelang, die Sümpfe der Maremma trocken zu legen und sogar Erze zu schmelzen. Hauptort ihrer Metallindustrie war Populonia, wo man heute noch die Reste etruskischer Schlacke in die Hand nehmen kann. Da die Etrusker auch begabte Seefahrer waren, entwickelte sich ein Wohlstand, dessen Zeugnisse heute in den Museen zu bestaunen sind.

Eine verlorene Seeschlacht leitete im 5. vorchristlichen Jahrhundert den Niedergang ein, so dass sich die Macht **Roms** allmählich nach Norden ausbreiten konnte. Mit der Eroberung der Stadt Veji (396 v. Chr.) begann die Unterwerfung der Etrusker, die damit endete, dass dieses Volk fortan römische Bürgerrechte erhielt und im Kampf der Römer gegen die Kelten den Kopf hinhalten musste. Insgesamt gingen die Römer mit ihrer neuen Provinz ziemlich stiefmütterlich um, sie ließen die Maremma wieder versumpfen, die Erzgruben verfallen, und sie holzten zum Bau von Schiffen und Häusern die Wälder ab. In Etrurien verfolgten sie vorwiegend militärische Ziele, sie bauten dazu Straßen (die heutigen SS 1 und SS 2) und unterhielten strategische Festungen. So kann man heute entgegen der Erwartung nur relativ wenige Zeugnisse der römischen Kultur besichtigen. Zwar wurden einige Städte neu gegründet und, wie auch etruskische Ansiedlungen, mit der römischen Standardausrüstung (Tempel, Amphitheater und Thermen) versehen. Trotzdem sind die spektakulären Zeugnisse des Altertums in der Toskana etruskischen und nicht römischen Ursprungs.

Zwischen dem 5. und 11. Jahrhundert nach Chr. herrschten zunächst die **Westgoten**, die **Byzantiner** und die **Langobarden**. Schließlich wurde ab dem Jahr 774 die Toskana **fränkische Provinz** unter Karl dem Großen. In dieser Zeit, als zum ersten Mal die Bezeichnung Tuskana auftauchte, blühte die Region wieder auf, neue Landstriche wurden kultiviert.

Im 12. Jahrhundert wurde das Feudalsystem zerstört, der Handel entwickelte sich weiter, was zur Folge hatte, dass die größeren Städte unabhängig wurden und wieder **Stadtstaaten** bildeten. Sie mussten sich in den damaligen Machtstreitereien zwischen Papst und deutschem Kaiser auf die eine oder andere Seite schlagen. Zu den papsttreuen, den guelfischen Städten gehörten Florenz, Lucca und San Gimignano, während die Herren von Pisa, Siena und Pistoia die Ghibellinen, also die Anhänger des Kaisers, unterstützten. Beide Gruppen zeichneten sich gleichermaßen durch Machthunger und wirtschaftliche Interessen aus. Wie wenig sich die Geschichte bis heute gewandelt hat!

Der Kampf um die Vorherrschaft wurde schließlich von **Florenz** gewonnen, das zunächst Pisa und diverse andere Städte, im Jahre 1555 schließlich auch Siena unterwerfen konnte. Nur Lucca gelang es, seine Unabhängigkeit zu bewahren. In Florenz war Mitte des 15. Jahrhunderts die Bankiersfamilie der **Medici** an die Macht gekommen, die bis in das Jahr 1737 andauerte. Papst Paul V. ernannte 1569 Cosimo I. zum Großherzog der Toskana und machte damit Florenz zum kulturellen Mittelpunkt Europas.

Dem Geld der Medici (Zinsforderungen bis zu 50%), seiner Macht und einer langen Zeit des Friedens verdanken wir die unermesslichen Kunstschätze der **Renaissance**. Entscheidend für diese Zeit der „Erneuerung" ist die Wiederentdeckung des klassischen Altertums und des Menschen, also das Abrücken von der mittelalterlichen Ausrichtung auf das Jenseits. Ein Kunstwerk sollte fortan ein Abbild der Wirklichkeit sein. Der italienische Modeschöpfer Pucci hat die Bedeutung der Renaissance in der Kunst einmal treffend erklärt: „*Die Renaissance hat der Welt die Angst genommen, weil sie statt schrecklicher Heiliger schöne Madonnen malte.*" Die Renaissance blieb zwar eine stark religiöse Epoche, ihre Kunst wird aber geprägt durch die Merkmale: Individualität, Rationalität und durch die Darstellung einer sinnlichen Welt.

Dekadenz und das Fehlen eines männlichen Nachkommen setzten der Macht der Medici ein Ende. Die Toskana geriet in die Hände der **Habsburg-Lothringer** und unter die Herrschaft des Großherzogs Pietro Leopoldo (1765 - 90), der durch Reformen einen Musterstaat unterhielt. Er schaffte Folter und Todesstrafe ab, hob Steuerprivilegien des Adels auf und verordnete die Gleichheit der Bürger vor dem Gesetz. Napoleon unterbrach die Regierung der Habsburger, die aber nach der Verbannung des französischen Kaisers ihr Reformwerk fortsetzen konnten. Ihr letzter Regent räumte 1859 mehr oder weniger freiwillig das Feld. Damit war im Jahre 1860 der Weg frei für einen durch Volksentscheid eingeleiteten Beitritt der Toskana zum **italienischen Königreich** und zum vereinten Italien. Florenz wurde nach Turin von 1865 - 1871 italienische Hauptstadt, ehe in Rom die Macht des Kirchenstaates gebrochen war.

Die Toskana gehört heute zu den reicheren italienischen Regionen. Das Wirtschaftswunder hat sie aber auch stark verändert: Die Industrialisierung führte zur Landflucht und zu einem rapiden Anwachsen der Städte und Ballungsgebiete. Obgleich der relative Wohlstand die Toskana innerhalb Italiens zum Einwanderungsgebiet machte und die Einwohnerzahl trotz Geburtenrückgang der Einheimischen immer noch zunimmt, wurden viele bäuerliche Landstriche entvölkert. Die Landwirtschaft spielt nur noch eine untergeordnete Rolle. An die Stelle einer Jahrhunderte alten Bauernkultur ist die kleinerer und mittlerer Industrie- und Handwerksbetriebe getreten, wodurch allerdings der Lebensstandard beträchtlich gewachsen ist. So nimmt die Toskana heute teil an den Problemen mitteleuropäischer Gesellschaften - nur die Hektik und deutscher Konsumrausch konnten noch nicht vollends über die Alpen vordringen.

GPS

Das GPS (Global Positioning System) ist ein vom US-Verteidigungsministerium entwickeltes Satellitensystem zur weltweiten Standortbestimmung. Bereits ab 150 € bekommt man ein handy-ähnliches Gerät, mit dem man auch bei Nacht und Nebel jederzeit feststellen kann, wo auf der Welt man steht und wie man zu einem Platz findet, von dem man die Koordinaten kennt.

In diesem Reiseführer sind für die meisten Stellplätze die Koordinaten (Kartendatum: WGS 84 = World Geodetic Survey 1984) angegeben. Besitzer von GPS-Geräten (man bekommt sie in den Elektronik- oder Campingläden, beispielsweise im Internet unter www.fritz-berger.de) geben die Koordinaten vor dem Urlaub in das Gerät ein (Sinnvollerweise per PC über ein mitgeliefertes Kabel und mit kostenlosem Programm aus dem Internet – www.easyGPS.com). Wer es noch bequemer möchte, erwirbt beim WOMO-Verlag die „GPS-Diskette zum Buch" – und die GPS-Daten werden automatisch vom Computer aufs GPS-Gerät überspielt. Sie sollten dazu allerdings ein Navigationsgerät kaufen, an das ein PC-Interface-Kabel überhaupt angeschlossen werden kann.

Landkarten

Im Gegensatz zu früher, als ich mit einer **Straßenkarte** ausgekommen bin, benutze ich inzwischen zwei mit unterschiedlichem Maßstab: Die Michelin-Karte Nr. 430 ‚*Italien Mitte*' im Maßstab 1:400.000 (die Sie beim WOMO-Verlag bestellen können), weil sie einen hervorragenden Überblick bietet, weil man dort die Etappen optimal abschätzen kann und weil hier auch alle Campingplätze eingezeichnet sind (darunter auch der eine oder andere den es nicht mehr gibt). Daneben braucht man aber auch die offizielle Karte des Touring-Club Italiano im Maßstab 1:200.000, die in Deutschland von Kümmerly + Frey vertrieben wird (auch beim WOMO-Verlag erhältlich). In Italien bekommt man sie überall, wo es Straßenkarten gibt. Sie ist sehr präzise und für diverse kleinere Nebenstraßen, auf denen wir uns bewegen, unerlässlich. Genauso geht auch die Generalkarte Nr. 5 im selben Maßstab. Ich setze eine von beiden in diesem Buch voraus!

Falls Sie ab und zu wandern möchten, suchen Sie natürlich nach **Wanderkarten**, die es inzwischen von den meisten Wandergebieten gibt; Näheres können Sie unter der Überschrift *Wandern* nachlesen.

Sie fragen vielleicht noch nach **Stadtplänen**? Ich kann auch in diesem Buch nicht damit dienen. Was daran liegt, dass Zeichnungen von Konkurrenzverlagen urheberrechtlich geschützt und gar nicht oder nur für teures Geld zu bekommen sind, und ich nach Zeit raubenden und aufwendigen Versuchen dem Beispiel anderer Reiseführer, dem Leser mit unzulänglichen Plänen Orientierungshilfen nur vorzugaukeln, nicht folgen will. Die Lücke in unserem Reiseführer schließen Sie problemlos, wenn Sie sich den Michelin Restaurantführer leisten (Stichwort: *Restaurants*), wo Sie einen Stadtplan von jedem halbwegs großen Ort finden. Brauchbar sind auch die Pläne bei Michael Müller (Stichwort: *Literatur*). Und wenn Sie weitere Geldausgaben scheuen, bekommen Sie bei den meisten örtlichen Fremdenverkehrsbüros kostenlose Pläne.

Literatur

Sie werden sich sicher noch einen Reiseführer kaufen, der sich mit Dingen beschäftigt, die bei uns zu kurz kommen; dies sind in erster Linie Kunst, Kunstgeschichte und Architektur. Dafür hat der ***DUMONT Kunstreiseführer, Toscana*** von **Klaus Zimmermanns** nicht ohne Grund den größten Bekanntheitsgrad; das Buch ist bezüglich seiner Schwerpunkte sehr ausführlich und informativ. Es ist aufgrund seines Anspruchs und wegen der Materie für den durchschnittlichen Leser aber ausgesprochen trocken.

Dass man Kunst und Kultur dem Reisenden auch kurzweiliger näher bringen kann, beweist **Chistoph Hennig** mit seinem ***Landschafts- und Erlebnisführer, Toskana,*** erschienen im ***Oase-Verlag***, Badenweiler. Für mich der beste Toskana-Reiseführer mit sehr vielen Adressen und Restaurant-Tipps. Für uns störend sind allenfalls die vielen Hotelempfehlungen.

Hervorragend, wenn auch reichlich spröde, ist der grüne ***Michelin-Führer, Florenz und die Toskana*** (gibt's beim WOMO-Verlag), mit den besten Stadtplänen.

Der Reiseführer mit den meisten Details, mit einer unglaublichen Fülle von gut recherchierten Informationen, stammt von **Michael Müller**, er ist typisch für den hervorragenden **Michael-Müller-Verlag** und heißt erstaunlicherweise ebenfalls ***Toscana***.

Notfälle

Hoffentlich müssen Sie hier nie genau nachlesen.

Ärzte:
Ab dem Jahre 2006 wird es einfach, dann gilt die neue *'Europäische Krankenversicherungskarte'*. Bis dahin stellt Ihnen Ihre Krankenkasse (zumindest in Deutschland, die nicht deutschen Leser müssen sich selbst erkundigen) eine *'Bescheinigung als provisorischer Ersatz für die Europäische Krankenversicherungskarte'* aus, die auch für die Schweiz gilt. Damit gehen Sie zum Arzt oder ins Krankenhaus. Das Papier nehmen Sie dort aber wieder mit, nachdem man Ihre Daten abgeschrieben hat. Falls der Arzt den Schein nicht akzeptiert, was nicht unwahrscheinlich ist, können Sie zu Hause die Rechnung bei Ihrer Kasse vorlegen, die Ihnen voraussichtlich einen Teil der Kosten erstatten wird. Wer eine private Krankenversicherung (wenn auch nur für den Urlaub) abgeschlossen hat, ist besser abgesichert. Der muss dann zwar bezüglich aller Leistungen das Geld vorlegen, mit der späteren Erstattung gibt es jedoch in der Regel keine Probleme. Wir empfehlen **dringend** eine (bis zu 45 Tagen) sehr preisgünstige **Auslandskrankenversicherung**.

Adressen deutschsprachiger Ärzte erhält man bei den Konsulaten oder vom ADAC, München (Tel. 0049 89 222222), aber auch bei den örtlichen Touristenbüros oder beim Campingplatzverwalter.

Im schlimmsten aller schlimmen Fälle: Wenn Sie einen Auslandsschutzbrief haben, werden Sie, Ihre Familie und das WOMO kostenlos nach Hause transportiert; ADAC siehe eben.

Apotheken:
Die Öffnungszeiten: 9-13 und 16-20 Uhr; die Anschrift der Nachtapotheke kann man an jeder anderen Apotheke erfahren, zumeist unter der Überschrift *turno*.

Konsulate/Botschaften:
Deutsche Botschaft in Rom, Tel. 06 49213-1, Fax: 06 445 26 72, www.deutschebotschaft-rom.it/
Generalkonsulat der Bundesrepublik Deutschland, Milano, Tel. 02 623 1101;
Österreichische Botschaft in Rom, Tel. 06 8440141, Fax: 06 8543286;
Österreichisches Konsulat, Corso G. Matteotti 28, 10121 Turin, Tel. 011 563 58 76;
Schweizer Botschaft in Rom, Tel. 06 809 571, Fax: 06 808 85 10; Schweizer Generalkonsulat Piazza Brignole 3/6 , 16122 Genova, Tel. 010 54 54 11

Notruf:
Polizeinotruf und Rettungsdienst: 113, Feuerwehr: 115, Carabinieri: 112 (funktioniert alles auch per Handy)

Pannendienst:
Automobil Club Italiano - ACI: 116
Deutschsprachiger Notrufdienst des ADAC in Italien Tel. 02 661591 und in München: Tel. 0049 89 222222
ÖAMTC-Notrufzentrale Wien: 0043 1 3831111

Preise

Nichts ist teurer als Campingplätze und Fassbier! Billig sind Speiseeis und Pizza aus der Hand. Der Rest kostet ähnlich viel wie in Deutschland, wo sich auch italienische Gastwirte ein Beispiel genommen und mit dem Euro die Preise kräftig angehoben haben. Restaurants in Italien sind leider nicht mehr preiswert, wenngleich im Piemont noch wesentlich günstiger als am Meer, in der Toskana - und in weiten Teilen Deutschlands.

Reisezeit/Klima

Unter dieser Überschrift muss man zuallererst ein weit verbreitetes Vorurteil ausräumen: In der Zeit um Ostern sind weder Wetter noch Klima wesentlich anders als in unseren mitteleuropäischen Regionen. Das heißt: Es regnet, es ist kühl und die Bäume sind auch kaum grüner als weiter im Norden. Es ist umgekehrt so, dass wir auf der Durchreise in der Po-Ebene schon blühende Frühlingslandschaften erlebt haben, während sich südlich von Florenz kaum grüne Blattspitzen an den Bäumen gezeigt haben. Wer also in der Erwartung des „warmen Südens" seine Osterferien in der Toskana verbringt, wird wahrscheinlich sehr enttäuscht sein. Gewiss, wir haben in dieser Jahreszeit auch schon Tage im T-Shirt genossen und im April auch schon mal gebadet. Aber das waren Ausnahmen, denn zahlreicher sind die Tage, an denen wir die Wohnmobilheizung nur während der Fahrt und in der Nacht ausgeschaltet haben. Die meisten Regentage verzeichnen die Meteorologen in den Monaten März, April, Mai sowie Oktober bis Dezember. Die geringste Niederschlagsmenge fällt in den Monaten Januar und Februar, dann ist es auch wesentlich milder als beispielsweise in Süddeutschland. Temperaturen unter dem Gefrierpunkt kann man im Winter nur im Gebirge messen, so dass ein Urlaub im Januar oder Februar gar nicht so abwegig ist.

Sie würden uns aber gründlich missverstehen, würden Sie annehmen, wir wollten Ihnen eine Toskana-Reise zur Osterzeit ausreden. Ganz und gar nicht! Wenn man mit durchwachsenem Wetter rechnet und für jeden Sonnentag dankbar ist, wird im April die Toskana-Reise besonders attraktiv. Nur eignen sich nicht alle Regionen der Toskana für alle Jahreszeiten gleich gut:

Das sehr gern besuchte Chianti-Gebiet zwischen Florenz und Siena sollte man intensiv erst ab Anfang Mai bereisen. Da die Region stark bewaldet ist und die Bäume frühestens Ende April Blätter bekommen, fährt, radelt oder wandert man vorher durch eine bräunliche, laublose Landschaft, deren viel gepriesene liebliche Züge erst mit dem grünen Laub richtig zu Tage treten.

Andererseits ist im April, ja sogar schon Ende März, die Crete, südlich von Siena, besonders interessant, wenn nämlich das Getreide gerade junge, saftige Triebe bekommen hat und das ganze Land mit einem leuchtenden, wogenden Grün überzieht. Diese Landschaft verliert im Mai stark an Reiz, wenn die Getreidefelder grünlich-bräunlich werden, und gewinnt erst wieder im Spätsommer, nach der Ernte, wenn die Hügel karg und braun an eine Mondlandschaft erinnern.

Die schönste Zeit für das Chianti-Gebiet wiederum ist sicher der Spätsommer um die Zeit der Weinlese, während die Küstenregionen, vor allem die Maremma, von den übervollen Campingplätzen einmal abgesehen, im Juni und im Hochsommer am empfehlenswertesten sein dürften. Vor Hitze flimmernde Luft, braunes Gras und ein seltenes Gewitter passen am besten zu dieser Region, die zu allen Jahreszeiten auch deutlich regenärmer ist als die übrige Toskana.

Überhaupt ist es westlich der höheren Gebirgszüge am regenreichsten, weil die von Westen kommenden Wolken dort stärker abregnen. Dieses merkt man auch als Tourist ganz deutlich. Während es beispielsweise im Chianti-Gebiet regnet, können andere Urlauber zur selben Zeit weiter westlich an der Küste am Strand liegen. Wenn man, um ein anderes Beispiel zu nennen, Anfang Juni in der Maremma schon durch braune Wiesen fährt, die deutlich zeigen, dass es seit Wochen nicht mehr geregnet hat, steht im Chianti das Gras in saftigem Grün.

Schließlich muss man berücksichtigen, dass das Becken von Florenz im Sommer brütend heiß werden kann, weshalb man dann abends raus aus der Stadt und hoch auf die Hügel fahren sollte. Insgesamt ist der Hochsommer keine sehr günstige Zeit für Reisen in die Toskana.

In der Sommerferienzeit ist an der Küste natürlich Hochbetrieb, der sich eher noch verstärkt. Auf Campingplätzen am Meer findet man dann nur schlecht oder gar keinen Platz. Die Hauptreiswelle der Italiener schwappt am Wochenende nach dem 15.8. (dem so genannten *Ferragosto*, Mariä Himmelfahrt und in Italien Feiertag) über. Es ist der Kardinalfehler schlechthin, sich am Samstag oder Sonntag dieses Wochenendes zwecks Heimfahrt (umgekehrt ist es möglich) auf die Autobahn zu begeben. Sie setzen dann Ihre ganze Erholung auf's Spiel. Auch den größten Optimisten sei gesagt, dass sie an diesem Wochenende mit absoluter Sicherheit auf der Autobahn wertvolle Urlaubs- und Lebenszeit vertun. Wenn es Ihr Terminplan irgendwie möglich macht, verlängern Sie den Urlaub so, dass sie erst nach diesem Wochenende starten oder gönnen Sie sich einen Urlaubsabschluss in Südtirol, in Österreich, der Schweiz oder in Süddeutschland. Gerne bringe ich an dieser Stelle auch wieder das Elsass zu Gehör.

Die angenehmste Reisezeit liegt nach unseren Erfahrungen um Pfingsten. Wenn die Natur blüht, wenn der rote Klatschmohn den rechten Kontrast zum blauen Himmel bildet, wenn weiße Wölkchen über die Hügel ziehen, wenn man auf bunten Blumenwiesen die Decke zum Picknick ausbreiten kann, wenn ab und zu ein Gewitter Abkühlung verschafft und wenn am nächsten Tag klare Luft wieder den Blick in die Ferne ermöglicht, erlebt man die Toskana von ihrer schönsten Seite. Aber auch im September und noch in den Herbstferien, wenn sich das Laub braun färbt, wenn die Abende länger werden und man mit Freuden und Freunden in einem gemütlichen Restaurant sitzt, ist die Toskana nicht minder liebenswert.

Für alle Jahreszeiten gilt: Achten Sie darauf, dass Sie Ihre Aktivitäten dem Wetter anpassen. Trotz aller Kunstschätze lebt auch der Toskana-Urlaub von der Natur. Bei Regen haben Sie nichts von der Landschaft, aber viel von den Städten, den Kirchen und den Museen. Bei Sonne und klarer Luft müssen Sie aber raus auf die Hügel um Volterra und San Gimignano, auf die Berge des Chianti und in die Einsamkeit der Crete. Seien Sie also flexibel, planen Sie kurzfristig und dem Wetter angepasst.

Restaurants

siehe Teil 2

Sehenswürdigkeiten/Öffnungszeiten

Montags sind außer den Kirchen fast alle Sehenswürdigkeiten geschlossen!

Auch an anderen Tagen scheitern Besichtigungen häufig an **Öffnungszeiten**, die für Mitteleuropäer ungewohnt sind. Sie müssen nämlich grundsätzlich davon ausgehen, dass über Mittag, also zwischen 13 und 15 Uhr, alles dicht ist, wobei wir auch die Kirchen mit einbeziehen. Es gibt zwar Gotteshäuser und Museen, die den ganzen Tag über offen sind, gerade bei den Kirchen ist das aber die Ausnahme. Unangenehm ist aber, dass es keine Gesetzmäßigkeit oder Verlässlichkeit gibt. Soweit wir bei den Reisebeschreibungen Öffnungszeiten angegeben haben, sind diese also mit Vorsicht zu genießen!!

An den Pforten der Museen knöpft man Ihnen stattliche **Eintrittsgebühren** ab, kleinere Schulkinder lässt man oftmals umsonst hinein. Dabei ist man bezüglich des Alters der Kinder großzügig. Staatliche Museen müssen Bürgern der EU, sind diese unter 18 oder über 64 Jahre alt, kostenlosen, Schülern und Studenten (gegen Ausweis) zum halben Preis Eintritt gewähren. Kirchen sind fast ausnahmslos eintrittsfrei. Oft gibt es preiswerte Sammelbillets, Sie müssen fragen oder schauen.

Kirchen sind überwiegend eintrittsfrei, hier wird mittels Beleuchtungsautomaten kassiert. Will man Fresken, ein Altarbild oder eine Kanzel richtig genießen, muss man ständig Geldstücke in der Tasche klimpern lassen und darf damit nicht knausern. Das Licht wirkt oft Wunder.

Telefonieren

Fast alle Leser hantieren im Urlaub mit einem Handy (*telefonino*) - und wundern sich später zu hause über die hohen Kosten. Freuen Sie sich auf Italien, wo es mehr Funktelefone als Festnetzanschlüsse gibt. Entsprechend flächendeckend ist das Netz. Falls Sie Ihre Mailbox vom Ausland abhören möchten (und dafür viel Geld bezahlen), müssen Sie sich schon daheim eine Geheimzahl einrichten, sonst werden Sie unruhige Zeiten verbringen, immer mit der Angst, Ihr Haus wäre abgebrannt. Wenn man sich rechtzeitig darum kümmert, kann man seinen Telefonvertrag auf einen günstigen Auslandstarif umstellen.

Die ewig Gestrigen sparen viel Geld, wenn sie sich der öffentlichen Telefone bedienen. Aber die Anzahl von dem, was man früher Telefonzellen nannte, ist niedrig, weshalb man Ferngespräche häufig aus der Bar tätigen wird. Dort hängt der Telefonapparat einfach an der Wand, und wenn man sich nicht das freie Ohr zuhält, ist die telefonische Kommunikation fast unmöglich. Gespräche von Italien nach Deutschland sind teurer als in umgekehrter Richtung, und eine Gebührenermäßigung gibt es nur in der Zeit zwischen 22 und 8 Uhr sowie an Sonntagen. Fast alle Telefonhäuschen sind auf Magnetkarten (*carta telefonica*) umgestellt, diese kann man in vielen Bars und bei allen Tabakverkaufsstellen zum Wert von 5 oder 10 Euro besorgen. Ist die Karte leer, kann die neue während des Telefonats ohne Unterbrechung nachgeschoben werden.

Die **Ländervorwahlziffer** nach Italien ist stets die 0039, danach **muss die 0 der Ortsvorwahl mitgewählt** werden. Von Italien sind die Ländervorwahlziffern (ohne 0 der Ortsvorwahl):

von Italien nach Deutschland 0049
von Italien in die Schweiz 0041
von Italien nach Österreich 0043

In Italien wird (außer bei Notruf) immer die Ortsvorwahl einschließlich der 0 mitgewählt – auch aus dem selben Ortsnetz - wie aus dem Ausland !! Alle Angaben gelten auch für Funktelefone.

Toiletten

Viele Leser werden dabei nur an die legalen Entleerungsmöglichkeiten für das Chemieklo denken. Eine saubere **öffentliche Toilette** entlastet aber auch das eigene Klo und spart Chemie; darauf kann man gar nicht oft genug hinweisen.

Wir unterstellen einmal, dass jeder, der dieses Buch zur Hand nimmt, sich darüber im Klaren ist, dass auch die „umweltfreundlichen" Chemikalien Kläranlagen und Umwelt belasten. Fast alle Mittel arbeiten nach dem Prinzip, Bakterien zu zerstören. Leider tun sie dieses auch in der Kläranlage, wo aber gerade Bakterien die Abwässer reinigen. Wer auf diese Chemie nicht verzichten kann, oder gar nicht weiß, wie das Mittelchen wirkt (insoweit müsste von den Herstellern die Beschreibung auf den Flaschen verbessert werden), muss unbedingt richtig dosieren, damit die Chemie von den eigenen Fäkalien weitgehend aufgebraucht wird. Bei aller Chemie gilt der Grundsatz: So wenig wie möglich! Der gute Vorsatz nutzt aber dann nichts, wenn man von vornherein so viel Sanitärflüssigkeit in den Fäkalienbehälter kippt, wie es dessen gesamten Fassungsvermögen entspricht. Wenn man dann nämlich bei guter Gelegenheit ein erst halb volles Klo ausleert, ist die Hälfte der Chemie noch gar nicht aufgebraucht. Der verantwortungsvolle Wohnmobilist dosiert (mittels der im Einfüllstutzen der meisten heutigen portablen Toilettenbehälter eingebauten Messeinrichtung) also zunächst höchstens für ein Drittel des Fäkalbehälterinhalts und füllt dann nach Bedarf auf.

Noch besser ist es, zunächst gar keine keimtötende Flüssigkeit einzufüllen, denn einen Tag lang geht es - außer im Hochsommer - auch ohne. Und wer sich umsieht, findet fast täglich eine Toilette zur Entsorgung. Wir haben Sie daher bei den Reisebeschreibungen und auf den Karten immer wieder auf ausgewählte **öffentliche WC** hingewiesen, an die man einigermaßen nahe heranfahren kann. Italien ist fast flächendeckend mit solchen Örtchen ausgestattet, man muss sich nur die Mühe machen, sie auch zu finden. Und leeren Sie bei sich bietender Gelegenheit das Klo aus, bevor es zu spät ist und Sie mit dem Gesträuch seitlich der Straße liebäugeln müssen.

Gar nicht mehr dünn und wesentlich dichter als in anderen Ländern, ist - außerhalb der Campingplätze - das Netz der **Entsorgungsstationen**. Wir weisen auf viele, längst nicht auf alle, hin.

Etwas wundert uns besonders: Wir sind wahrlich mit dem Wohnmobil viel unterwegs, und uns begegnen unzählige andere WOMOs. Aber die Leute, die wir mit einem Fäkalbehälter in einer öffentlichen Toilette gesehen habe, können wir über die Jahre an einer Hand abzählen. Liebe Leser, geht in Euch! Muss es denn immer der Straßengraben sein?

Unfall

Wenn das Schicksal Sie ereilt, sollten Sie als erstes daran denken, dass Sie auf sich selbst gestellt sind. So Sie einen Unfallgegner haben, notieren Sie sofort dessen Kennzeichen und unbedingt seine Versicherungsgesellschaft sowie die Versicherungsnummer. Beides können Sie von einem viereckigen Aufkleber hinter der Windschutzscheibe (bei Motorrädern in einer kleinen Plastiktasche am Vorderbau des Fahrzeuges) ablesen. Es ist nämlich unmöglich, nur anhand des Kennzeichens den Haftpflichtversicherer zu ermitteln. Machen Sie möglichst eine Vielzahl von Fotos von Kennzeichen und Versicherungsplakette, den Unfallendständen, den Verkehrszeichen, Bremsspuren und der Gesamtsituation. Die Polizei kommt nur bei schweren Sachschäden, oder wenn Personen verletzt wurden. Falls der Unfallgegner keine Polizei möchte und Sie eindeutig schuld sind (die Verkehrsregeln sind im Wesentlichen die gleichen wie bei uns), falls niemand schwer verletzt worden ist, können Sie auch mit Ihrem Kontrahenten Formalitäten austauschen, ohne die Polizei zu rufen. Dann ersparen Sie sich nämlich mit hoher Wahrscheinlichkeit ein nicht geringes Bußgeld oder gar eine Kautionszahlung. Ihr **Haftpflichtversicherer** wird den Schaden nämlich auch regulieren, wenn Sie ohne Zuhilfenahme der Polizei über den Unfall wahrheitsgemäß berichten. Nur unverzüglich, das heißt so schnell Sie können, also spätestens am nächsten Tag, sollten Sie die Haftpflichtversicherung telefonisch informieren und Weisungen zu weiteren Verhaltensmaßnahmen entgegen nehmen. Einzelheiten können Sie meistens in der Heimat nach Rückkehr aus dem Urlaub nachreichen. Unterschreiben Sie nichts, was Sie nicht verstehen und lassen Sie sich nicht von gegnerischen Mitfahrern oder von Passanten beeinflussen.

Haben Sie eine **Rechtsschutzversicherung**, in der Ihr WOMO auch mitversichert ist? Prüfen Sie diesen Punkt sehr genau rechtzeitig vor Urlaubsantritt. Legen Sie eine Fotokopie Ihres Rechtsschutzversicherungsscheines ständig ins Wohnmobil und rufen Sie bei gravierenderen Schäden sofort bei Ihrer Rechtsschutzversicherungsgesellschaft an. Diese wird Ihnen einen deutschsprachigen Anwalt in der Nähe Ihres Unfallortes nennen, mit dem Sie dann sogleich Kontakt aufnehmen sollten. Sie haben noch keine Rechtsschutzversicherung, aber ein Wohnmobil im Wert von zig-tausend Euro? Sie sind ein unverbesserlicher Optimist! Denn ohne die Hilfe eines italienischen Anwaltes, den Sie auch als schuldloses Unfallopfer selbst bezahlen müssen, können Sie die Regulierung Ihres Schadens vollkommen vergessen. Eine italienische Haftpflichtversicherung reagiert nämlich bislang auf Schreiben aus Deutschland so gut wie gar nicht (bei Drucklegung arbeitet die EU an nachhaltigen Verbesserungen, die Ihnen die Rechtsschutzversicherung allerdings auch nicht ersparen). Schadensersatzleistungen sind in Italien überdies in vielfacher Hinsicht schlechter als bei uns, so dass wir Ihnen auch dringend eine **Vollkaskoversicherung** empfehlen.

Sie haben ein Wohnmobil **gemietet**? Fragen Sie Ihren Vermieter *vor* Abschluss des Mietvertrages, ob das Fahrzeug auch vollkaskoversichert ist. Fragen Sie Ihren Vermieter nach der Rechtsschutzversicherung. Falls er keine unterhält, Sie sich aber selbst rechtsschutzversichert haben, beispielsweise für Ihr normales Auto, genießen Sie Rechtsschutzversicherungsschutz auch als Fahrer eines fremden Autos, sofern Ihre eigenen Rechte betroffen sind. Dieses gilt für den gesamten strafrechtlichen Bereich, also für Geldstrafen, Freiheitsstrafen (manch einem kann der Urlaub nicht alternativ genug sein) und auch für die Durchsetzung Ihrer eigenen Schadensersatzansprüche, wenn Sie einen Körperschaden erlitten haben. Achten Sie darauf, dass Ihre Familienmitglieder in dieser Rechtsschutzversicherung mitversichert sind. Wir können Sie, um dieses unheilvolle Kapitel zu beschließen, nicht eindringlich genug bitten, alle diese Dinge nicht auf die leichte Schulter zu nehmen.

Schließen Sie nach einem Unfall sofort das **Gasflaschenventil**. Weitere Tipps geben wir Ihnen oben unter dem Stichwort *Notfälle* und zur **Schlauchbruchsicherung** an der Gasflasche unter *Gas*.

Zuletzt verweisen wir auf das Stichwort *Notfälle*. Sowie darauf, dass unsere versicherungsrechtlichen Ratschläge nur für Deutschland überprüft sind.

Verkehr/ Tankstellen

Gemeint sind die Vorschriften in Italien, wir nennen Ihnen die überraschendsten:

Ein **Reservekanister** ist verboten. Aber Sie wären vermutlich der erste Leser, der kurz vor der Grenze die 5 l in den Fahrzeugtank umfüllt.

Ein Bußgeld riskieren Sie, wenn Sie keine **Warntafel** an Ihrem überstehenden Heckgepäckträger angebracht haben, selbst wenn dieser hochgeklappt ist. Der sogenannte *Panello* muss aus Alu sein, die früher gebräuchliche Plastiktafel ist bei Einheimischen noch häufig im Einsatz, sie wurde aber schon vor Jahren verboten. Und es hört sich nicht an wie ein Gerücht, wenn gemunkelt wird, die Warntafelindustrie habe Dankesschreiben an die Bürokratie geschickt.

Die Empfänger solcher Post sind dieselben, denen nun die Warnwestenindustrie die Füße küsst, muss doch ab Sommer 2004 in Italien jeder, der pannen- oder unfallbedingt sein Auto verlässt, eine gestreifte **Leuchtweste** tragen, also auch die Beifahrer. Beflissen, wie wir nun mal sind, empfehlen wir, nur in Warnweste hinter das Steuer zu klettern und während der Fahrt auch die Familie genauso einzukleiden. Stellen Sie sich vor, sie steigen bei einem Unfall oder einer Panne alle eilig aus! Das dürfen Sie nämlich nicht - ohne Weste!!

Die Glühlampenindustrie wird sich über verstärkten Birnenverbrauch freuen und ebenfalls Danke sagen: Seit dem Jahr 2003 ist in Italien außerorts auch tagsüber auf allen Straßen **Abblendlicht** vorgeschrieben.

Die Strafen sind saftig: 200 €, wenn der *Panello* fehlt. 1.000 € und der Führerschein sind nach einer Geschwindigkeitsüberschreitung von mehr als 40 km/h in den Händen der Polizei. Für Geschwindigkeitsüberschreitung unter 40 km/h können zwischen 100 und 400 € fällig werden. Selbst wer nur bis zu 10 km/h zu schnell ist, zahlt zwischen 25 und 100 €. Kurvenschneiden oder das Befahren des Sicherheitsstreifens bringen ebenfalls den Führerschein in Gefahr.

Auf den Autobahnen ist an den **Mautstellen** größte Vorsicht geboten. Wer sich auf der falschen Spur eingeordnet hat, weil er zum Beispiel die *Telecard* mit der *Via Card* verwechselt hat (erstgenannte muss man kaufen, während anstelle der zweitgenannten die Visa Karte, nicht allerdings die ec-Karte, funktionieren) und dann rückwärts fährt, muss sich einen Ersatzfahrer suchen, falls die Polizei zuschaut. Die zieht nämlich dann sofort den Lappen ein, weil man auf der Autobahn bekanntlich nicht rückwärts fahren darf. Wenn Sie also in die falsche Spur gelangt sind, bleiben Sie stur stehen und warten Sie, bis Ihnen das Personal zu Hilfe kommt.

Zur Schonung Ihrer Urlaubskasse nachfolgend eine Tabelle über die erlaubten Höchstgeschwindigkeiten (km/h):

	Autobahn	**Landstraße**	**Ortschaft**
Schweiz	120	80	50
Österreich	130	100	50
Italien	130	90	50

Eine **grüne Versicherungskarte** ist für Italien wie auch für die Transitländer nicht erforderlich, sie wird aber allgemein empfohlen. Wir empfehlen Ihnen auch dringend eine **Vollkaskoversicherung** und einen **Schutzbrief**, beides halten wir, genauso wie die **Rechtsschutzversicherung**, auf die wir unten noch zurückkommen werden, für eine Selbstverständlichkeit wie die Auslandskrankenversicherung.

Das **Tankstellennetz** ist in Italien dicht. Aber die meisten Säulen sind über Mittag zwischen 12,30 und 15 Uhr geschlossen. Auch sonntags ist es oft sehr schwierig, eine offene Zapfstelle zu finden. Beides gilt nicht für Autobahnen, wo Sie 24 Stunden tanken können und wo die Preise genauso hoch sind wie anderswo, da der Kraftstoffpreis in Italien behördlich festgelegt ist. Falls die Tankstellen bestreikt werden, gibt es auf den Autobahnen trotzdem Sprit, weil dort der Streik verboten ist. Die Urlaubskasse wird entlastet, wenn Sie an den zunehmenden Selbstbedienungssäulen tanken, die es teilweise innerhalb einer Tankanlage gibt, stellenweise aber auch schon als Selbstbedienungstankstellen. Sie können sie an der Beschriftung *fai da te (mach es selbst)* erkennen.

Vorsicht ist beim weit verbreiteten **Tanken per Automaten** geboten. Leser haben berichtet, dass kein Diesel geflossen ist, obwohl der Automat den Geldschein geschluckt hat. Bei uns hat das Tanken allerdings stets funktioniert, wenn auch erst nach längerem Austesten der richtigen Bedienungsreihenfolge (Sprache wählen, Nummer des Zapfhahns wählen, Geldschein einführen, Zapfhahn in den Tankstutzen - und der Technik vertrauen). Probieren Sie sicherheitshalber den Tankvorgang erst mit einem kleinen Schein aus !

Wanderungen

Wir wollen Sie bei den Reisebeschreibungen mit einigen selbstgetesteten Vorschlägen zu Wanderungen und Spaziergängen verleiten. Wandern oder, wie die Italiener sagen, *Trekking*, ist in der Toskana längst in Mode gekommen. Nur sind leider die äußeren Voraussetzungen dafür nicht gerade ideal. Damit meine ich weniger die Landschaft, wenngleich auch hier ein paar Einschränkungen zu beachten sind: Im Sommer ist es heiß, und lange schattige Wege dürfen Sie längst nicht überall erwarten. Ein größeres Problem liegt aber darin, dass es alles in allem relativ wenig markierte Wanderwege gibt. Hier hat deutscher Pioniergeist Hilfestellung geleistet: Rund um Greve, im Chianti-Gebiet, hat sich der Odenwald-Club durch professionelle Wanderzeichen verewigt. Überhaupt ist das Chianti markierungsmäßig noch recht gut versorgt, das gilt auch für die Apuanischen Alpen. In punkto Wanderzeichen besteht aber die Toskana aus riesengroßen, weißen Flecken auf der Landkarte.

Immerhin gibt es aber inzwischen mehrere ausreichende **Wanderkarten**: Der Südtiroler Kompass-Verlag (www.kompass.at) hat im Maßstab 1:50.000 mehrere ordentliche Karten herausgegeben, die Sie in der Toskana in fast jedem touristisch orientierten Ort bekommen. Sie können sie auch schon in der heimischen Buchhandlung bestellen. Mit Hilfe dieser Karten ist ein großes Gebiet abgedeckt, zumal auf den Karten Wanderwege eingezeichnet sind. Auch außerhalb dieser markierten Strecken können Sie sich mit den Karten meistens orientieren. Fast flächendeckend sind nun auch italienische Katen im Maßstab 1:25.000 im Handel *(Carta dei sentieri).* Sie sind gewöhnungsbedürftig, weil viele Wanderwege nicht verzeichnet sind, aber deutlich genauer als die Kompass-Karten. Man benötigt sie in der Regel dennoch nicht.

Falls Sie ernsthaft wandern wollen, empfehle ich Ihnen das schöne Buch von **Helmut Dumler**, **Toskana**, aus der Reihe *Wandern & Erleben* des Bruckmann-Verlages. Sehr gut ist auch der **Rother-Wanderführer** von **Heitzmann/Gabriel**, **Toskana Nord**, den Sie auch beim WOMO-Verlag bestellen können.

Wasserversorgung

Wir haben noch in keinem anderen Reisegebiet so viele öffentliche Wasserzapfstellen gesehen.

Wir verfügen allerdings über einen etwa 8 m langen Wasserschlauch und setzen Ähnliches auch bei Ihnen voraus. Wenn Sie nämlich nur ein kurzes Schläuchlein mit einem einzigen Anschlussstück mitführen, wird es gelegentlich Probleme geben. Denn die meisten italienischen Wasserhähne haben ein Schraubgewinde, entweder in der Größe ½ Zoll oder ¾ Zoll. Sie sollten unbedingt einen Schraubanschluss in beiden Maßen dabei haben, den Sie dann je nach Bedarf auf Ihren Schlauch stecken können. Wir besitzen außerdem verschiedene, etwa 4o cm lange Schlauchenden (es gibt in den Baumärkten bei uns durchsichtige PVC-Schläuche, bei denen der jeweils

kleinere genau in den nächst größeren hineingesteckt werden kann), mit deren Hilfe man seinen Schlauch jeder Dicke eines Wasserhahns, der vorne kein Gewinde hat, anpassen kann. Notfalls kann man den Schlauch auch in den Wasserhahn hineinstecken. Außerdem gibt es im WOMO-Handel (zumeist mit einem Duschkopf) einen kurzen Schlauch mit einem dehnbaren Gummianschluss, den man über die meisten Wasserhähne schieben kann. Befestigen Sie dieses Gummiteil an Ihrem Füllschlauch!

Wir hantieren seit Jahren mit einer 10 l Gießkanne, es gibt nichts Praktischeres, wenn man diese sauber hält und unterwegs Platz für sie hat. Alternativ empfehle ich einen faltbaren Wasserkanister, bei dem das Umfüllen in den eigenen Tankstutzen allerdings schwieriger ist (außerdem reißen die Dinger leicht; einen weiteren zur Reserve mitnehmen!).

An den öffentlichen Zapfstellen bekommen Sie durchweg Trinkwasser, dessen Qualität von uns natürlich nicht analysiert werden kann, dafür entkeimen wir ziemlich regelmäßig mit Micropur, einem geruchs- und geschmacklosen Mittelchen auf der Basis von Silberionen, frei von Chlor und Jod, das auch der Veralgung Ihrer WOMO-Wasserleitungen vorbeugen soll.

Wein

Auch in Italien gilt inzwischen die **0,5 Promille-Grenze**. Allzu tief sollten Sie also bei der Weinprobe nicht ins Glas schauen.

Italienischer Wein wird nach bestimmten Kriterien in Qualitätsklassen gruppiert, die auf dem Etikett genannt sein müssen. Das EU-Normen angepasste italienische Weingesetz wird seit einem Methanol-Skandal im Jahre 1986 (jedenfalls in der Toskana) bei Weinen, die in den offiziellen Handel gelangen, genau überwacht. Es erlaubt in den beiden höchsten Kategorien die Bezeichnungen **DOC** (*denominazione di origine controllata*) und **DOCG** (*denominazione di origine controllata e garantita*), was bedeutet, dass die Herkunftsbezeichnung geschützt und falls das 'G' noch hinzugefügt wird, obendrein noch garantiert ist. Die höchste Echtheitsgarantie, also DOCG, dürfen in der Toskana nur der *Brunello di Montalcino*, bestimmte Weine des Chianti und teilweise der *Vino nobile di Montepulciano* tragen. Womit allerdings noch nicht gesagt ist, dass Weine, welche diese Buchstaben auf dem Etikett haben, unbedingt auch die besten sind. Es gibt nämlich durchaus Gewächse, die nur die Bezeichnung der untersten Kategorie, nämlich **Vino da tavola** (Tafelwein), führen dürfen, aber gleichwohl zu den besten Weinen Italiens zählen. Das liegt daran, dass dann die Traubenzusammensetzung dieser Weine nicht den Anforderungen entspricht, welche ein Qualitätswein des jeweiligen Anbaugebiets eigentlich haben müsste. Abgesehen davon gehören normalerweise die Tafelweine, die sich in der Regel noch mit irgendwelchen Fantasiebezeichnungen schmücken, zu den einfachen, aber durchaus schmackhaften Tischweinen.

Häufig findet man bei Rotweinen noch die Bezeichnung *riserva*, die nur dann auf der Flasche stehen darf, wenn der Wein eine für das Anbaugebiet festgelegte Fasslagerzeit hat. Derartige Tröpfchen sind meist edel und entsprechend teuer. Ein geschmacklicher Reinfall ist bei ihnen höchst selten, wenngleich das Preis-Leistungsverhältnis nicht unbedingt gewahrt sein muss. Aufgrund unserer jahrelangen Geschmackstests können wir aber feststellen, dass nur das Wörtchen *riserva* dem Unkundigen wirkliche Qualität garantiert.

Nach diesen Allgemeinheiten fragen Sie sich, wie Sie einen guten Wein finden. Der einfachste Weg: Halten Sie sich an die - wenigen - Empfehlungen dieses Buches. Die schlechteste Alternative: Sie kaufen im Touristen-Shop drei Flaschen und tragen diese im Pappkarton mit Henkel zu Ihrem WOMO. Sie können das Problem auch strategisch in Angriff nehmen: Sie sitzen an einem schönen Abend im Restaurant, Sie müssen hinterher nicht mehr fahren und bestellen sich eine Flasche Wein. Hat sie Ihnen geschmeckt, dann schreiben Sie sich die Bezeichnung des Weins, den Jahrgang und die

Lage, ferner den Namen und die Ortschaft des Weinguts auf. Wenn Sie zu mehreren sind, können Sie im Restaurant verschiedene Weine testen. Beim Essen macht eine Weinprobe auch viel mehr Spaß als mitten am Tag, wenn man gar keine Lust auf Alkohol hat und noch mit dem Auto fahren muss. Wenn Sie so einmal eine Anlaufadresse gefunden haben, können Sie beim Winzer in der Regel noch verschiedene Rebsorten und Jahrgänge verkosten. Allerdings ist man diesbezüglich in der Toskana nicht unbedingt freigebig, man muss den Erzeuger schon regelrecht um ein Gläschen bitten. Leider gibt es in der Toskana so gut wie keine halben Flaschen (mit 0,37 l Inhalt), so dass man auch bei einem ausgedehnten Abendessen nur wenige Weine, wenn man zu zweit ist, in der Regel nur eine Flasche, einem Test unterziehen kann. Insgesamt gilt aber: Haben Sie keine Scheu, direkt zum Erzeuger zu gehen, er freut sich über Sie und belohnt Sie mit einem Preis, der meist niedriger ist als im Weingeschäft.

Die Auswahl von **Weißweinen** ist in der Toskana relativ einfach, diesbezüglich werden ohnehin keine Superlativen geboten, dafür schmeckt aber auch schon die Flasche *Vernaccia di San Gimignano* oder *Bianco di Pitigliano* für etwa 5 €. Die Weißweine eignen sich nach unserer Meinung nicht zum Mitnehmen, da füllen wir freien Gepäckraum schon lieber mit Rotem.

Vieles, was als **Rotwein** mit der Qualitätsbezeichnung DOC in den Regalen der Geschäfte steht, ist höchst mittelmäßig, eher sogar schlecht. Wenn Sie eine solche Flasche für weniger als 6 € im Supermarkt erstanden haben, werden Sie wahrscheinlich keine Offenbarung erleben. Das gilt besonders für Chianti-Weine, wo das Angebot riesengroß ist. In der Supermarkt-Preisklasse bis 10 € trinkt man mindestens neun mäßige Flaschen aus, bevor man auf eine beachtenswerte trifft. Ihnen muss klar sein, dass man für diesen Preis normalerweise keinen wirklich guten Wein herstellen kann, jedenfalls nicht, wenn daran noch der Handel verdient hat.

Die Rotweinpreise sind leider in den letzten Jahren erbarmungslos gestiegen und haben kein Anbaugebiet verschont. In den Vorauflagen durfte ich Ihnen vom *Brunello di Montalcino* vorschwärmen und von seinem kleinen Bruder, dem *Rosso*. Ich tue das nicht mehr. Der *Brunello* von *Lisini*, einem guten Weingut aus dem mittleren Preissegment, kostete im Sommer 2004 im Restaurant ca. 50 €, im Weingeschäft 30 € und beim Erzeuger noch 28,50 € - pro Flasche. Für einen *Rosso* von *Lisini* musste man im Restaurant 20 €, im Weingeschäft 15 € und im Weingut 14 € bezahlen. Diese Beispiele können auf andere Güter übertragen werden. Lassen wir es lieber sein.

Früher, in der Jugend, tranken wir auch keinen *Brunello* und hatten Spaß. Heute trinken wir höchstens noch *Rosso* (außer sehr vereinzelten *Brunellos*), der ist allemal besser als der *Lambrusco* oder *Kalterer See* von früher, als wir noch Spaß hatten. Und viele modernen Chiantis sind sowieso besser als die Chiantis von früher und um Klassen besser als die Chiantis von heute, wenn sie aus den Regalen bestimmter, hier ungenannter Ladenketten stammen.

Und der Spaß, den ich hatte, als ich mich bei der Neuauflage intensiv mit der Toskana beschäftigt habe, muss auch nicht mehr mit einem *Brunello* abgerundet werden. Weder literarisch noch real am Schreibtisch. Ich trinke ein Bier. Und ich trinke es aus der Flasche wie früher, als ich auch schon ein ordinäres Bier jedem schlechten Rotwein vorgezogen habe. Zu Zeiten, als die schlechten Rotweine wenigstens billig waren.

Stichwortverzeichnis

Der WOMO®-Pfannenknecht

ist die saubere Alternative zum Holzkohlengrill.

* Kein tropfendes Fett,
* Holz statt Holzkohle,
* vielfältige Benutzung –
* vom Kartoffelpuffer bis zur Gemüsepfanne.

Massive Kunstschmiedearbeit, campinggerecht zerlegbar, Qualitäts-Eisenpfanne von Rösle, bequeme Handhabung im Freien, einfachste Reinigung.

Nur 45,50 € – und nur bei WOMO!

Der WOMO®-Aufkleber

* passt mit 45 cm Breite auch auf Ihr Wohnmobil.
* ist das weit sichtbare Symbol für alle WOMO-Freunde.

Nur 2,90 € – und nur bei WOMO!

Der WOMO®-Knackerschreck

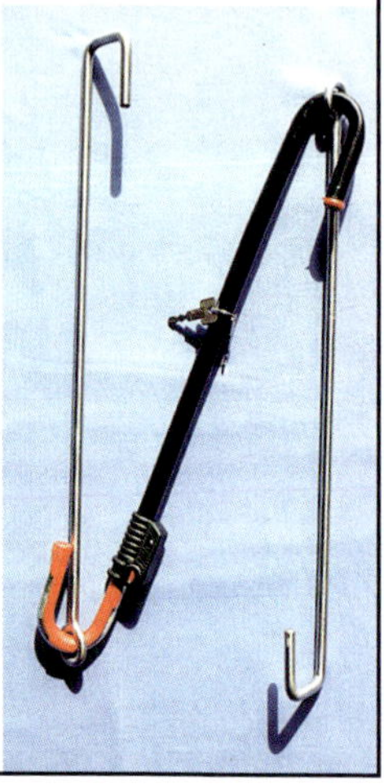

* ist die universelle und **sofort sichtbare Einbruchssperre**.
* Wird einfach in die beiden Türarmlehnen eingehängt, zusammengeschoben und abgeschlossen. (tagsüber unter Einbeziehung des Lenkrades, nachts direkt, somit ist Notstart möglich).
* Passend für Ducato, Peugeot, MB Sprinter sowie VW (LT & T4).
* Krallen aus 10 mm starkem Edelstahl, d. h. nahezu unverwüstlich.

Nur 37,50 € – und nur bei WOMO!

Info-Blatt für das WOMO-Buch: T&U(W)'05

(ausgefüllt erhalte ich 10% Info-Honorar auf Buchbestellungen direkt beim Verlag)

Lokalität: Seite: Datum:
(Stellplatz, Campingplatz, Wandertour, Gaststätte, usw.)
unverändert gesperrt/geschlossen folgende Änderungen:

Lokalität: Seite: Datum:
(Stellplatz, Campingplatz, Wandertour, Gaststätte, usw.)
unverändert gesperrt/geschlossen folgende Änderungen:

Lokalität: Seite: Datum:
(Stellplatz, Campingplatz, Wandertour, Gaststätte, usw.)
unverändert gesperrt/geschlossen folgende Änderungen:

Lokalität: Seite: Datum:
(Stellplatz, Campingplatz, Wandertour, Gaststätte, usw.)
unverändert gesperrt/geschlossen folgende Änderungen:

Lokalität: Seite: Datum:
(Stellplatz, Campingplatz, Wandertour, Gaststätte, usw.)
unverändert gesperrt/geschlossen folgende Änderungen:

Lokalität: Seite: Datum:
(Stellplatz, Campingplatz, Wandertour, Gaststätte, usw.)
unverändert gesperrt/geschlossen folgende Änderungen:

Meine Adresse und Tel.-Nummer:
(nur komplett ausgefüllte Infoblätter können berücksichtigt werden)

Info-Blatt für das WOMO-Buch: T&U(W)'05

(ausgefüllt erhalte ich 10% Info-Honorar auf Bestellungen direkt beim Verlag)

Lokalität: Seite: Datum:
(Stellplatz, Campingplatz, Wandertour, Gaststätte, usw.)
unverändert gesperrt/geschlossen folgende Änderungen:

Lokalität: Seite: Datum:
(Stellplatz, Campingplatz, Wandertour, Gaststätte, usw.)
unverändert gesperrt/geschlossen folgende Änderungen:

Lokalität: Seite: Datum:
(Stellplatz, Campingplatz, Wandertour, Gaststätte, usw.)
unverändert gesperrt/geschlossen folgende Änderungen:

Lokalität: Seite: Datum:
(Stellplatz, Campingplatz, Wandertour, Gaststätte, usw.)
unverändert gesperrt/geschlossen folgende Änderungen:

Lokalität: Seite: Datum:
(Stellplatz, Campingplatz, Wandertour, Gaststätte, usw.)
unverändert gesperrt/geschlossen folgende Änderungen:

Lokalität: Seite: Datum:
(Stellplatz, Campingplatz, Wandertour, Gaststätte, usw.)
unverändert gesperrt/geschlossen folgende Änderungen:

Meine sonstigen Tipps und Verbesserungswünsche:

Wir bestellen:

- ❑ Allgemeines Wohnmobil Handbuch .... 14,90 €
- ❑ Allgemeines Wohnmobil Kochbuch .... 12,90 €
- ❑ Heitere Wohnmobil Geschichten .... 5,90 €
- ❑ Mit dem Wohnmobil durch Belgien & Luxemburg .... 14,90 €
- ❑ Mit dem Wohnmobil in die Bretagne .... 14,90 €
- ❑ Mit dem Wohnmobil nach Dänemark .... 14,90 €
- ❑ Mit dem Wohnmobil ins Elsaß .... 14,90 €
- ❑ Mit dem Wohnmobil nach England .... 14,90 €
- ❑ Mit dem Wohnmobil nach Finnland .... 14,90 €
- ❑ Mit dem Wohnmobil an die franz Atlantikküste (Nordhälfte) . 14,90 €
- ❑ Mit dem Wohnmobil an die franz Atlantikküste (Südhälfte) . 14,90 €
- ❑ Mit dem Wohnmobil nach Griechenland .... 14,90 €
- ❑ Mit dem Wohnmobil nach Irland .... 14,90 €
- ❑ Mit dem Wohnmobil nach Island .... 14,90 €
- ❑ Mit dem Wohnmobil nach Korsika .... 14,90 €
- ❑ Mit dem Wohnmobil nach Kroatien (Dalmatien) .... 14,90 €
- ❑ Mit dem Wohnmobil durch Languedoc/Roussillon .... 14,90 €
- ❑ Mit dem Wohnmobil in die Normandie .... 14,90 €
- ❑ Mit dem Wohnmobil nach Norwegen (Nord) .... 14,90 €
- ❑ Mit dem Wohnmobil nach Norwegen (Süd) .... 14,90 €
- ❑ Mit dem Wohnmobil auf die Peloponnes .... 14,90 €
- ❑ Mit dem Wohnmobil durch Piemont/Ligurien .... 14,90 €
- ❑ Mit dem Wohnmobil nach Polen (Norden/Masuren) ..... 14,90 €
- ❑ Mit dem Wohnmobil nach Portugal .... 14,90 €
- ❑ Mit dem Wohnm. durch Provence & Côte d'Azur (Osthälfte) . 14,90 €
- ❑ Mit dem Wohnm. durch Provence & Côte d'Azur (Westhälfte) 14,90 €
- ❑ Mit dem Wohnmobil durch die Pyrenäen .... 14,90 €
- ❑ Mit dem Wohnmobil nach Sardinien .... 14,90 €
- ❑ Mit dem Wohnmobil nach Schottland .... 14,90 €
- ❑ Mit dem Wohnmobil in die Schweiz (West) .... 14,90 €
- ❑ Mit dem Wohnmobil nach Schweden (Nord) .... 14,90 €
- ❑ Mit dem Wohnmobil nach Schweden (Süd) .... 14,90 €
- ❑ Mit dem Wohnmobil nach Sizilien .... 14,90 €
- ❑ Mit dem Wohnmobil nach Slowenien .... 14,90 €
- ❑ Mit dem Wohnmobil nach Spanien (Nord/Atlantik) .... 14,90 €
- ❑ Mit dem Wohnmobil nach Spanien (Ost/Katalonien) ..... 14,90 €
- ❑ Mit dem Wohnmobil nach Spanien (Süd/Andalusien) ... 14,90 €
- ❑ Mit dem Wohnmobil nach Süd-Italien (Osthälfte) .... 14,90 €
- ❑ Mit dem Wohnmobil nach Süd-Italien (Westhälfte) .... 14,90 €
- ❑ Mit dem Wohnmobil nach Süd-Tirol .... 14,90 €
- ❑ Mit dem Wohnmobil durch Toskana & Umbrien (Osthälfte) . 14,90 €
- ❑ Mit dem Wohnmobil durch Toskana & Umbrien (Westhälfte) 14,90 €
- ❑ Mit dem Wohnmobil durchs Trentino/Gardasee .... 14,90 €
- ❑ Mit dem Wohnmobil durch die Türkei (West) .... 14,90 €
- ❑ Mit dem Wohnmobil durch Ungarn .... 14,90 €
- ❑ WOMO-Pfannenknecht mit Qualitäts-Eisenpfanne .... 45,50 €
- ❑ WOMO-Knackerschreck mit Edelstahlkrallen .... 37,50 €
- ❑ WOMO-Aufkleber "WOMO-fan" .... 2,90 €

Hinweis:

Die besten zu unseren Büchern passenden Autokarten und Wanderführer finden Sie in unserem Internet-Buchshop unter www.womo.de.

Alle Preise in € [D]. Preisänderungen vorbehalten.

Absender:

Datum

Unterschrift

T&U(W)'05

WOMO®-VERLAG

Versandabteilung

Wiesenweg 4-6

98634 Mittelsdorf/Rhön